미래는 우리의 것이다

한국 페미니즘의 기원, 근우회

미래는 우리의 것이다

한국 페미니즘의 기원, 근우회

제1판 제1쇄 발행일 2021년 8월 15일

글 _ 이임하
기획 _ 책도둑(박정훈, 박정식, 김민호)
본문 삽화 _ 이임하
디자인 _ 토가 김선태
펴낸이 _ 김은지
펴낸곳 _ 철수와영희
등록번호 _ 제319-2005-42호
주소 _ 서울 마포구 월드컵로 65, 302호(망원동, 양경회관)
전화 _ (02)332-0815
팩스 _ (02)6003-1958
전자우편 _ chulsu815@hanmail.net

ISBN 979-11-88215-62-1 93910

철수와영희 출판사는 '어린이' 철수와 영희, '어른' 철수와 영희에게 도움 되는 책을 펴내기 위해 노력하고 있습니다.

미래는 우리의 것이다

한국 페미니즘의 기원, 근우회

이임하 지음

철수와영희

일러두기

- 단행본은 『　』로, 신문·잡지 등은 <　>로 표기하였습니다.
- 일제 강점기 발간된 신문·잡지에 실린 글은 원문 그대로 실었으나, 띄어쓰기 등 일부는 현대 맞춤법을 기준으로 수정하였습니다.

세 가지가 없었던 근우회

『조선의 페미니스트』 2권을 준비하던 중이다. 2권에서 소개하고 싶은 페미니스트들은 1890~1910년대에 태어났다. 이들은 대개 근우회 활동 경력을 갖고 있다. 작업을 하다가 근우회 자료를 여러 번 찾아 읽었다. 이 일이 반복돼 근우회 자료를 먼저 정리해야겠다는 생각이 들었다.

그래서 글쓰기를 잠시 멈추고 근우회 자료를 정리했다. 자료를 정리하는 동안 심장이 요동쳤다. 아침마다 근우회의 여성들이 생각났다. 그들이 어떤 일을 벌였는지 너무나 궁금했다.

『조선의 페미니스트』 2권을 써야 하는데 '근우회의 여성들'을 쓰고 있는 나를 마주하곤 했다. 그렇게 난 사회적 거리 두기가 한창이었던 2020년 근우회의 여성들을 만나 설레고 두근거린 시간을 보냈다.

서프러제트(suffragette), 19세기 후반에서 20세기 초 영미 여성들은 청원과 호소, 시위, 방화, 폭파를 감행하며 여성 참정권을 주장했다. 그리고 수많은 여성이 구속되었다. 감옥에 들어가서도 단식으로 투쟁을 이어갔다. 감옥 가는 일을 두려워하지 않고 훈장처럼 자랑하는 여성들이다. 이 영화를 보면서 또는 이 역사를 들으면서 한국 여성들은 한편으론 감동했고 또 한편으론 부러운 감정이 일었다.

감동을 받을지언정 부러워할 필요는 없다. 한국 여성에게도 그런 역사가 있기 때문이다. 다만 알리지 않고, 감추었을 뿐이다. 94년 전, 1927년 5월 29일에 창립된 근우회가 바로 그 역사이다.

다양한 성향을, 지향을, 이력을 가진 여성들이 한자리에 모였다. 그들은 동지로서 사랑하고, 싸우고, 미워하기도 하면서 정열적으로 일했다. 그리고 날마다 새로운 실천과 경험을 펼쳐나갔다. 근우회의 여성들은 뜨거운 여름 전국 곳곳에서 강연했고, 길거리에서 헝겊 단추를 팔며 근우회를 알렸고, 회원을 모집하러 집집마다 돌아다녔고, 한국 역사상 처음으로 전국대회를 열었다. 한반도를 넘어 일본의 도쿄, 오사카, 중국의 창춘까지 지회가 설립되었다. 일제 경찰은 대회를, 강연을, 야유회를, 음악회를, 회의를 금지했다. 금지한 이유는 '불온해서'였다. 근우회의 여성들은 아무 때나 체포돼 조사받고, 감금되었다. 강연 중 '3·1운동', '여성해방'이란 말을 하면 그 자리에서 강연은 중지당하고 경찰서로 가서 조사를 받았다. 새벽 가택 수사도 빈번하게 당했다. 경찰서에는 근우회 명단과 사진을 비치해 두었다. 거리를 다닐 때, 근우회관에서 일할 때 항상 감시경찰들이 뒤따랐다. 그런데도 근우회의 여성들은 일제 경찰의 금지와 억압에 결코 굴복하지 않았다.

그럼에도 근우회는 오랫동안 지독한 오해와 왜곡에 시달렸다. 근우회를 소개할 때면 늘 따라붙는 수식어가 있다.

하나는 신간회의 '자매단체' 또는 '외곽 지원 단체'라는 단언이다. 이는 일제 강점기 여성들을 소개할 때 빠짐없이 등장하는 아무개의 아내, 아무개의 딸, 아무개의 누이라고 부르는 것과 비슷하다. 여성 아무개가 살아온 경험과 실천 그리고 삶은 조명받지 못한다. 여성 아무개의 삶과 활동을 남성 아무개 기준으로 평가할 수 없는 것처럼 근우회도 근우회만의 실천과 역사가 있고 그것은 신간회로 대체될 수 없다. 더 이상 '신간회 외곽 단체'라고 부르고 규정하지 말자. 근우회 그 자체 실천과 경험을 말하자.

다른 하나는 근우회 활동을 좌우 이데올로기로 정형화하고 평가하는 것이다. 한국민족문화 대백과사전은 "1928년부터 조선여자기독교청년회연합회 등을 중심으로 기독교 여성운동을 추진했던 유각경, 김활란, 황에스터, 최은희 등이 근우회에서 퇴진하자 근우회는 사회주의 운동가들의 독무대가 되었다"라고 평가한다. 이는 이후 연구에서도 계속 이어진다. 김활란, 김영순, 김선, 유각경 등 기독교 여성운동가들이 1928년 근우회를 탈퇴했다고 주장하거나, 1928년 근우회 침체의 가장 큰 원인을 중앙 집행부에서 활동하던 한국 기독교 여성들의 집단적 탈퇴라고 평가한다. 이에 대해 장원아는 "활동 분석에 있어서 민족주의 계열과 사회주의 계열의 협동 전선으로 창립 → 사회주의 계열의 주도, 기독교 계열 탈퇴, 활동의 협소화 → 신간회 해소에 따라 근우회도 해체라는 도식을 상정"한다고 지적했다.

이러한 정형화된 평가는 역사적 사실을 확인하지 않았다. 1928년 김활란이 김선, 김영순, 최은희, 유각경 등과 함께 행동했다는 평가는 사실조차 확인하지 않은 것이다. 김활란은 발기인과 창립위원이긴 하지만 1927년 10월에 중앙 상무위원회 위원 직책을 그만두었다. 김활란은 근우회 창립 5개월 만에 근우회와 거리두기를 했다. 1927년 거리 두기를 한 김활란과 다르게 김영순, 유각경과 최은희는 1928년까지 근우회 활동을 했고 김선은 1928년 이후에도 활동한 근우회 중심인물이다. 황에스터는 미국에서 4년 동안 유학하고 1929년에 귀국했다. 개인에 따라 또 시기마다 달랐다. 그리고 이들이 기독교 여성을 대표하는 것도 아니다. 지회에는 기독교 여성들이 활발하게 활동했는데 평양지회가 대표적 사례이다.

'지난 역사'라서 근우회를 살펴보는 것은 아니다. 근우회의 실천과 경험이 오늘날 한국 사회를 성찰할 실마리를 줄 수 있기에 통찰이 필요하다. 한국에서 학력, 지역, 연령은 사회단체나 조직 구성에 결정적 역할을 한다. 특히 연령에 따른 조직화는 근대 통치 방식 가운데 하나이다. 현대인은 국가가 마련한 의무 교육제에 따라 연령별로 초등, 중등 그리고 고등 교육을 받는다. 이렇게 만들어진 연령별 감수성과 소비, 생활 습관은 세대 갈등을 불러오고 혐오까지 생산한다. 수많은 세대 문화와 세대 논쟁은 사실 연령별 통치체계에서 나온 것이다.

교육체계는 현대인에게 연령별로 사회 활동을 하고 각종 단체에 들어가도록 만들었다. 그런데 식민지 조선은 근대 교육체계가 자리 잡지 않았고 여성들은 교육 대상에서 벗어나 있었다.

근우회 활동 여성들이 대개 중등과 고등 교육을 받았지만 요즘처럼 연령에 따른 것은 아니다. 일찍 혼인했다가 홀로되어 기술 양성소나 교육기관에 들어가거나 독학을 했고, 기생이었다가 공장 노동자였다가 또는 교사를 하다가 뒤늦게 공부하려고 유학을 가는 사례도 많았다. 또한 3·1운동의 영향을 받아 사회단체나 사상단체에 들어가거나 만주나 블라디보스토크 등 밖으로 나가 독립운동을 한 여성들도 많았다. 그리고 혼인 시기도 10대 후

반에서 30대까지 다양하다. 근우회 여성들은 의무교육이 끝나면 결혼하여 가정을 이루는 가부장 사회화의 컨베이어 벨트 위에 있지 않았다.

1931년 4월 발행된 <삼천리>의 '인재순례'에 따르면 근우회 본부 중앙 집행위원장 정칠성은 34세, 집행위원은 정종명 35세, 허정숙 28세, 황신덕 33세, 한신광 28세, 우봉운 40세, 조신성 57세, 이춘수 37세, 강정임 26세, 김정원 22세, 유덕희 25세, 박차정 21세, 김선 34세, 김필애 34세, 김수준 35세였다. 경성지회 지회장 박호진은 25세, 집행위원은 이경희 24세, 김상순 37세, 정정옥 23세, 서석전 33세, 신정균 47세, 정순희 40세였다.

근우회는 20대에서 50대까지 활동 연령이 다양했으며 직책은 연령에 따라 서열화되지 않았다. 근우회가 실천했던 조직 방식과 운영은 수평적 민주주의가 어떻게 근대 통치체계에 맞서 작동했는지 분명하게 보여준다. 경성지회는 20대 청년 여성이 회장, 30~40대의 장년 여성들이 위원으로 활동했으며 이는 본부도 마찬가지였다.

대개 근우회 연구 글에서 근우회의 중심 또는 대표 인물로 김활란을 소개하는데, 그렇지 않다. 근우회의 중심인물은 정종명·정칠성·우봉운이다. 이들은 한국 페미니즘의 기원이라 할 근우회가 창립되어 해체될 때까지 5년 동안 한결같이 자리를 지켰다. 정종명과 정칠성은 근우회 중앙 집행위원장을 번갈아가며 맡았다.

이 세 사람은 고등교육을 받지 않았다.

정종명은 17살에 혼인해서 19살에 홀로되었다. 그 후 1년 동안 전도 활동을 하다가 세브란스병원 간호부 양성소에 들어갔다. 어린 아들을 책임져야 했던 그는 다시 조선총독부 의원 조산사 과정을 밟는다. 평생 산파 일을 하면서 경제적 어려움을 해결하면서도 동료들의 어려움에 눈감지 않았다. 5년 동안 서대문 형무소에서 감옥살이를 할 때도 산파로서의 역할을 톡톡히 해냈다.

정칠성은 8살부터 기생 수업을 받았다. 종로사거리에 있던 한남권번 소속 기생이었는데 3·1운동을 계기로 크게 각성했다고 한다. 그 뒤 금죽이라는 기생 이름을 칠성으로 바꾸고 권번을 나와 도쿄로 갔다. 처음에는 영어를 배워 미국으로 가려고 했는데 도쿄에 있는 동안 여성운동과 사회운동에 눈을 뜨게 된다. 혼자서 페미니즘과 사회이론을 공부했고, 특히 아우구스트 베벨과 로자 룩셈부르크에 크게 감명받았다. 그는 <로자 룩셈부르크>라는 팸플릿을 발간할 정도로 열심히 활동했다. 귀국 후에는 대구에서 여자청년회를 비롯한 여러 여성단체를 조직하면서 본격적으로 활동을 시작했다.

우봉운은 정의여자고등보통학교를 나왔다. 10년 동안 간도와 연해주에서 삼일학교와 명동학교에서 교사를 하면서 독립운동을 했다. 남편이 사망하지는 않았지만 불교에 귀의해 두 아들을 데리고 살았다. 간도와 연해주에서 일제의 탄압이 심해져 어린 아들을 데리고 귀국했다. 불교 여자청년회와 능인여자학원을 운영하면서 여성운동을 했다.

정종명·정칠성·우봉운은 근우회의 핵심인물로 한국 페미니즘의 기원에 우뚝 서 있지만 많은 이들이 기억하지 못한다. 그들은 독립적으로 경제 활동을 하며 자녀들을 키웠으며 독학으로 페미니즘과 사회이론을 공부했다. 여성단체를 조직하고 사람들에게 여성문제를 알려나갔다. 그들은 전근대와 근대, 식민과 제국이라는 경계 안에서 과거를 딛고 현재를 비판하며 새로운 미래와 사회를 꿈꾸고 실천했다.

한국은 지역, 학력, 연령으로 얽힌 사회이다. 단체의 조직과 활동도 이 한계를 넘어서지 못하는 게 오늘날 현실이다. 그런데 근우회는 이 세 가지가 없었던 조직이다. 이런 점에서 근우회의 실천과 조직 방식을 되새길 필요가 있다. 근대적 기획으로 만들어진 틀 안에서 안정감을 얻는 오늘날 한국인들에게 이를 타파하고 자유롭게 넘나들며 사회운동을 실천했던 당시의 역사를 돌아보는 것은 큰 의미가 있다.

근대 권력 작동은 잘 정돈된 보도블록처럼 사람을 나누고 경계짓고 분할한다. 그 기준은 지역, 학력, 성별, 인종, 민족, 계급 등이다. 94년 전 근우회의 여성들은 그 경계를 허물고 통치 전략에 균열을 냈다. 식민지 하층인 여성들이 가장 혁명적인 방법으로 식민지 지배 질서를 무너뜨렸다.

그들의 한 걸음 한 걸음은 근대를 넘어선 투쟁이었다. 새로운 역사를 여는 실천이었다. 이 글은 1927년~1931년 상상을 현실로 만들며 용기 있게 싸워나갔던 근우회의 여성들, 즉 한국 페미니스트들의 역사이다.

2021년 8월

이임하

차례

3장

연보라 배지를 단 여성들의 행진

4장

식민지 일상에 균열을 내다

5장

치열한 투쟁으로 조직된 지회들

6장

무궁화에 심장을 새기다

7장

근우회는 불온하다!

8장

근우회의 여성들

제1장은 근우회 창립을 다루었다. 1927년 4월 16일 토요일 유학생 친목회 자리에 모인 여성들은 여성의 단결과 지위 향상을 이룰 단체를 만들자고 결의했다. 이 자리에서 준비위원회가 꾸려졌다. 13인의 준비위원은 조직의 이름을 임시로 '무궁화 자매'라는 뜻을 지닌 근우회(槿友會)로 지었다. 열흘 뒤인 4월 26일 인사동 중앙유치원에서 근우회 발기 총회가 열렸다. 발기인은 일본 유학생들, 조선여성동우회 등의 여성단체 활동가들, 기독교 단체 활동가들 그리고 교육 활동을 하는 여성들로 구성되었다. 40인의 발기인은 당대 조선 사회의 조직 활동가이자 지식인으로 조선과 여성의 장래를 고민하는 집단이었다.

1927년 5월 27일 초여름 밤, 종로 중앙기독교 청년회관 앞으로 녹색 휘장을 가슴에 붙인 회원들과 방청객, 신문기자들이 몰려왔다. 지방에서 올라온 이 중에는 며칠 전부터 와서 기다리는 사람도 있었다. 1, 2층 방청석은 빽빽하게 들어찼으며 150여 명의 회원을 포함해 모두 1000여 명이 참석했다. 이날 '선전조직, 기관지, 여자 날, 교양, 무산 여성 직업적 단결, 인신매매, 여자 생활 상태 조사, 여자 직업소개소 설립' 등을 논의하고 결정했다. '구도덕 및 인습 타파' 안건도 있었으나 일제 경찰이 금지시켜 논의하지 못했다. '여자 날'은 세계 여성의 날인 '3월 8일로 하자'는 의견이 많았지만 일제 경찰의 간섭이 심해 이를 지키기 곤란하다는 이유로 4월 16일로 정했다.

제2장은 중앙 집행위원회를 비롯한 근우회의 다양한 활동을 다루었다. 근우회의 심장이자 기둥인 중앙 집행위원회는 1년에 한 번 전국대회에서 구성했는데 한 해의 정책을 기획하고 실행 방식을 결정했다. 중앙에서 결정된 안건은 지회에서 토론 과정을 거쳐 현실화시켰다. 근우회 8개 행동강령은 사회, 경제, 문화 그리고 법률적 차별 철폐, 농민과 노동 여성의 이익과 산전 산후 임금 지불 등을 주장한다. 한국 여성이 시민/국민으로서 가져야 할 권리를 제시한 것이다. 여성운동이 기본권 획득을 위한 긴 투쟁의 여정이었다는 점에서, 근우회의 행동강령은 한국 페미니즘의 효시이자 기원인 셈이다.

근우회는 선언과 강령에 머물지 않는 활동을 벌였다. 다양한 방식으로 회원을 모집하고, 일상에서 선전과 조직 활동을 전개했다. 성폭행에 적극 개입하고 여성운동 또는 여성을 모욕하는 백래시[1](backlash)에 공격적으로 대응했다.

제3장은 전국 대표자 대회를 다루었다. 1928년 4월 15일 정기 집행위원회에서는 전국 대표자 대회를 개최하기로 결정한다. 전

국 대표자 대회 토의 안건은 중심 슬로건, 전쟁 반대, 민족운동, 조직 문제, 선전 사업 등에 관한 결의였다. 근우회는 민족과 인종 그리고 세계전쟁까지 고민했다. 이는 곧 여성 개인의 삶과 밀접하게 관련되어 있기 때문이었다. 특히 근우회의 전쟁 반대 결의는 세계가 함께 풀어야 할 평화의 숙제가 산재한 오늘날 특히 경청할 만하다.

일제 경찰은 토의 내용을 미리 알고 대회를 금지했다. 결국 안건 토의를 철회하는 조건으로 7월 14일 임시대회를 개최했다. 이날은 조선 역사상 전국의 여성운동가들이 모인 첫날이다. 30여 지회에서 올라온 대의원 40~50명이 서울에서 대기했다. 전국에서 여성운동가들이 집결한다는 소식은 여론을 통해 널리 알려졌다. 그동안 전주, 김천, 목포, 담양, 대구, 진주, 군위, 김해, 제주, 밀양, 나남, 신고산, 명천, 평양, 춘천, 함흥, 경성, 웅기를 포함해 멀리 도쿄, 오사카, 교토까지 40곳에 지회가 설치되었고, 회원은 5000명에 달했다. 대회 시작 전부터 각 지회 대의원뿐만 아니라 방청객들이 모여들어 대회장 안팎은 발 디딜 틈이 없었다. 대의원들은 연보라 배지를 가슴에 붙였다. 근우회 전국대회는 "조선이 생겨나서 처음 보는 조직적 여성 대회여서 조선 여성운동사 아니 조선 역사에 신기록을 지은 만큼 만천하가 주시하게 되었다"라고 할 정도로 뜨거운 관심을 받았다.

제4장은 일상에서 출발했던 근우회 활동을 다루었다. 근우회

는 창립 기념식이나 간담회 등으로 회원들과 소통했다. 매월 15일을 선전일로 정해 회원들은 모두 길거리로 나갔다. 근우회의 정신을 알리고 재정적 어려움도 해결하고자 물품을 팔았다. 이 중 헝겊 단추는 근우회의 첫 강령인 단결을 의미하는 것으로 회원마다 10개 이상 만들어 와서 선전 전단과 함께 팔았다.

제5장은 지방에서 치열한 창립 과정을 거쳐 탄생한 근우지회를 다루었다. 신문이나 잡지에서 확인 가능한 지회는 69곳이다. 1920년대 신간회 156개, 농민 단체 30개, 노동 단체 56개, 형평 단체 198개, 청년 단체 123개의 지회가 설치되었음을 고려한다면 근우지회 수도 결코 적지 않고, 그 세력도 만만치 않았던 것이다. 근우회의 주요 사업 가운데 하나는 야학 설치였다. 김천지회, 김해지회, 담양지회, 단천지회, 평양지회, 기장분회, 진주지회, 웅기지회, 강릉지회, 주을지회, 목포지회, 의주지회, 북청지회, 청진지회, 통영지회, 하동지회, 밀양지회, 간도지회, 용정지회, 창춘지회, 장연지회에서는 야학을 운영했다.

근우회는 지역에서 새 바람을 일으키기에 충분했다. 이전에 조직된 여성단체들은 대개 해체돼 근우지회로 재조직되었다. 근우지회는 본부와 마찬가지로 창립 대회 또는 설립 대회 그리고 정기대회를 열었다. 대회는 지역 여성들에게 활기를 불어넣었고 신나는 경험과 실천이 뒤따랐다.

제6장은 기관지 <근우>, 리플릿 <여성과 단결>, 근우회의 상

징인 무궁화와 보라색의 의미를 다루었다. 근우회는 독자적으로 배지, 깃발, 노래, 색을 만들었다. 1929년 제2회 전국대회는 무궁화 모양에 '근우' 두 글자를 넣은 것을 배지로 결정했다. 또한 연두색과 보라색을 상징색으로 알렸다. 본부 위원들과 지회 대의원들은 보라색 배지를 가슴에 달고 대회장으로 들어왔다. 근우회의 선언, 창립 취지문, 강령, 행동강령, 기관지 등을 보면 이들이 항상 세계를 염두에 두고 있었다는 것을 알 수 있다. 식민체제가 단지 조선에 국한된 것이 아니라 세계 질서에 따라 이루어졌다고 생각했다. 식민지 일상의 균열이 곧 식민지 지배체제에 균열을 가져오고 이는 곧 세계 여성해방의 첫 걸음이 되리라고 여겼으리라. 근우회의 상징에서도 특수와 보편이 선후 관계가 아닌 동시대적 동시성이 잘 드러난다.

제7장은 근우회의 존재와 실천이 탄압에 시달린 과정을 다루었다. 근우회는 발기 대회, 창립 대회, 정기 대회를 열어 자신들을 세상에 알렸다. 지회도 본부와 비슷한 방식으로 창립 대회와 정기 대회를 열고 지역사회와 소통했다. 일제 경찰은 갖가지 방식과 구실로 대회를 방해하거나 금지했다. 시기가 불온해서, 박람회 기간이라서, 국경 지대라서, 야간이라서, 옥외라서, 방청객이 있어서, 남성들이 있어서, 시간을 초과해서, 여성운동이 필요하지 않아서 등이 그 이유다. 이 중 일제 경찰의 속내가 가장 잘 드러난 것은 '여성운동이 필요하지 않다'는 구실이다.

근우회는 일제 식민 질서를 깨뜨리는 불온한 단체였다. 일제는 여성들이 식민지 가부장 질서 안에 머물기를 바랐다. 치밀하고 비열한 일제 경찰의 방해는 검거와 구속으로 이어졌다. 1930년 여학생 만세시위로 박호진, 정종명, 정칠성, 한신광, 허정숙 등이 검거되었고 박차정과 허정숙이 보안법 위반으로 구속되었다. 1931, 1932년에 강정희, 박호진, 정종명도 보안법 위반으로 구속되었다.

제8장은 하층 식민지 여성이 왜 가장 혁명적이었는지를 근우회 중심인물을 통해 살펴보았다. 근우회는 연령, 학력, 지역이라는 틀로 집단을 나누는 근대 통치성에서 벗어난 단체였다. 근우회는 일제 식민체제를 일상에서 균열 내고 민주주의를 조직 안에서 실천하고 각종 사회 문제에 개입하고 그들의 질서를 거부, 파괴했다. 그리고 성차별과 성폭력 그리고 백래시에 단호한 목소리와 행동으로 대응했다. 가택 수색과 연행, 검거 그리고 인신 구속에도 멈추지 않았다. 오히려 이러한 탄압은 근우회의 여성들에게 훈장과 같았다. 식민지 여성들은 식민지 질서 체계의 하층이었지만 식민지 지배 질서를 깨뜨리는 가장 혁명적 활동을 전개했던 것이다.

1장

조선 여성운동계에 서광이 비치다

근우회의 탄생

근우회가 만들어진 계기는 우연한 모임이었다. 1927년 2월 13일, 일본 유학을 갔다 온 여성들이 친목 모임을 열었다. 공부하던 때 추억을 나누며 즐겁게 하룻밤을 보내자는 뜻이었다. 이 자리에서 일본뿐만 아니라 미국, 중국 유학을 한 여성들과 함께 유학생 친목회를 만들자는 이야기가 오고 갔다. 도쿄 여의전 출신인 유영준과 현덕신, 니혼 여자대학 출신인 황신덕과 이현경이 일을 추진하기로 했다. 그들은 보스턴 대학 출신으로 미국 유학생을 대표하는 김활란을, 베이징 만경 대학 출신으로 중국 유학생을 대표하는 유각경을 만났다.

유학생 친목회

1927년 4월 16일 토요일 오후 8시 조선일보사 2층에서 유학생 친목회가 열렸다. 이 자리에 모인 여성들은 마음에 품은 생각을 털어놓으면서 조선의 장래를 이야기했다. 이들은 여성의 단결과 지위 향상을 이룰 단체를 만들자고 결의했다. 그리고 13인의 준비위원을 뽑았다. 준비위원은 김순영, 김활란, 박경식, 박원희, 손정규, 유각경, 유영준, 이덕요, 이현경, 차사백, 최은희, 현덕신, 황신덕이다.[2]

여론은 이날 모임을 "조선 여성운동계에 서광이 비치었다"라고, "철사로 얽매인 재래의 습관에서 뛰어나와 인간으로서 사회인이 되기로 노력하기 시작한다"라고 평가하면서 관심을 내비쳤다.[3] 또한 "여성의 선각자로 또는 사회의 지도자로의 여러 여성의 일반을 망라한 간친회가 열린 것은 어느 모로 보든지 의미가 깊은 회합"이라며 "여러 사람의 사상은 통일할 수는 없으나 그들은 어떠한 큰 전제 아래에서는 우리 사회의 문화 향상을 위하여 진력할 수는 넉넉히 있을 줄 믿는다"며 앞으로의 활동을 기대했다.[4]

근우회가 1927년 2월 모임에서 갑자기 조직된 것은 아니다. 사람들의 마음과 행동이 빠르게 움직였던 까닭은 이전부터 전국적으로 목소리를 내는 여성단체가 필요했기 때문이다. 사실 1919년 3·1운동을 경험한 여성들은 여러 목적을 갖는 단체들을 조직하기 시작했다. 대한민국애국부인회(1919), 반석여자애국청년단(1920), 조선여자교육협회(1920), 조선여자고학생상조회(1922),

조선여자청년회(1922), 불교여자청년회(1922), 조선여자기독교청년연합회(YWCA, 1923), 조선간호부협회(1923), 조선여성동우회(1924), 원산여자노우회(1924), 경성여자청년동맹(1925), 경성여자청년회(1925), 조선기독교여자절제회(1926), 망월구락부(1926), 중앙여자청년동맹(1926), 천도교여자청년회(1926) 등으로 직업, 교육, 노동, 종교, 독립과 여성운동을 목적으로 하는 수많은 단체가 조직되었다. 이 흐름 안에서 협동의 필요성이 제기되었던 것이다.

13인의 준비위원은 부지런히 움직였다. 그리고 40명의 발기인을 모았다. 준비위원은 임시로 조직의 이름을 '무궁화 자매'라는 뜻을 지닌 근우회(槿友會)로 지었다. 드디어 4월 26일 오후 7시 반 인사동 중앙유치원에서 근우회 발기 총회가 열렸다. 발기인은 아래와 같다.

> 강정희, 김미리사, 김선, 김순영, 김영순, 김활란, 김은도, 김일엽, 김순복, 길정희, 정칠성, 조원숙, 양매륜, 유영준, 이현경, 이덕요, 임순분, 박경식, 박원희, 박홍순, 박신우, 방신영, 서필선, 손정규, 신알벳트, 신숙하, 유각경, 이은혜, 전지자, 정종명, 정자영, 정소군, 주세죽, 진숙봉, 차사백, 최은희, 최활란, 현덕신, 홍애시덕, 황신덕[5]

발기인은 일본 유학생들, 조선여성동우회 등의 여성단체 활동가들, 기독교 단체 활동가들 그리고 교육 활동을 하는 여성들로 구성되었다.

일본 유학생들은 길정희, 김순영, 김일엽, 박흥순, 손정규, 유영준, 이덕요, 이현경, 임순분, 전지자, 정자영, 진숙봉, 최은희, 현덕신 등이다. 유영준과 황신덕 그리고 최은희가 일본 유학생들을 모집하는 중심 역할을 한 듯하다.

유영준, 현덕신, 길정희, 정자영, 이덕요는 모두 도쿄 여자의학전문학교 출신이다. 김순영, 전지자는 도쿄 여자고등사범을, 임순분은 도쿄 여자체육전문학교를, 이현경, 최은희, 황신덕은 니혼 여자대학을 나왔다. 김일엽은 작가로 일본 유학을, 진숙봉은 개성 호수돈여자보통학교를 졸업한 뒤 일본 유학을 갔다. 박흥순도 일본 유학을 마친 뒤 정신여학교 교사로 일했다.

여성단체 활동가들은 강정희, 박원희, 박신우, 이덕요, 이현경, 정종명, 정칠성, 조원숙, 주세죽, 황신덕 등이다.

이들은 조선여성동우회, 중앙여자청년동맹, 경성여자청년동맹 등의 여성단체 활동가이자 북풍회, 정우회, 삼월회, 화요회 등 사회주의 사상단체에 가입했다. 강정희, 박원희, 이현경, 정종명, 정칠성, 조원숙, 주세죽, 황신덕은 모두 조선여성동우회 회원이다. 정칠성은 도쿄 기예학교를 나왔고, 박원희는 결혼한 뒤 사회과학을 공부하러 일본에 갔다. 주세죽은 상해 유학생이다. 박원희와 이현경이 중심이 되어 모집한 듯하다.

기독교 여성들은 김선, 김순복, 김영순, 김활란, 이은혜, 유각경, 신숙하, 양매륜, 홍애시덕 등이다. 김활란과 유각경이 중심이 되어 모집한 듯하다. 김선, 김순복, 김영순, 유각경, 차사백 등은 YWCA에서 활동했다. 신숙하는 반도여자청년회장, 이은혜는 조선간호협의회 회원이다. 홍애시덕은 조선여자기독교절제회 회원이다. 양매륜은 갓스이 여전을 졸업하고, 남감리교 여선교회에서 일했다.

교육 활동을 하는 여성들은 김미리사, 김영순, 신알벳트, 방신영, 손정규, 최활란 등이다. 김미리사는 미국 유학 뒤 조선여자교육협회, 조선여자청년회, 근화여학교 교장을 거쳤고, 신알벳트는 조선여자청년회, 조선여자교육회 활동과 양현여학교를 경영했다. 김선은 조선여자교육협회, 김순복은 조선여자교육회 회원이다. 김영순은 대한민국애국부인회원이었고 정신여학교 교사이다. 방신영은 조선여자교육회, 최활란은 조선여자기독교절제회, 태화여자관에서 일했고 손정규는 도쿄 여자고등사범을 나와 경성여고보 교사였다. 임순분은 경성여고보 체조교사, 김순영과 전지자는 진명여고보 교사였다.

그리고 중국 유학을 한 박경식, 김은도, 서필선, 정소군 등이 있다. 정소군은 오랫동안 상해에서 유학을, 필리핀에서 바이올린을 공부했다. 서필선은 세브란스 간호원 양성학교를 졸업했다.

박원희, 정칠성은 일본 유학생 그룹에 속하지만 여성동우회 활동가였던 것처럼 40인의 발기인은 한 유형으로 분류할 수 없다. 남화숙이 "발기인 거의 모두가 전문 교육을 받은 신여성, 전문 직업여성"이라고 지적한 것처럼 40인의 발기인은 당대 조선 사회에서 중등교육을 받고 일부는 외국 유학까지 갔다 왔으며 사회 여러 부문에서 활동하는 조직자이자 지식인이었다. 그들은 자신뿐만 아니라 조선과 여성의 장래를 고민하는 집단임이 분명한 듯하다.

공고한 단결을 도모하자

준비위원장 유각경이 개회 인사말을 했다. 유각경이 임시 좌장, 차사백과 최은희가 임시 서기, 현덕신과 황신덕이 사찰로 뽑혔다. 최은희가 경과보고와 회원 점명을 했다. 단체 이름은 준비위원회에서 임시로 정한 근우회라는 명칭이 통과되었다.

창립총회 준비위원은 김선, 김순복, 김순영, 김활란, 박경식, 방신영, 유각경, 유영준, 이현경, 최은희, 현덕신, 황신덕 등이다. 그리고 강령이 만장일치로 가결되었다.

1 조선 여자의 공고한 단결을 도모함

1 조선 여자의 지위 향상을 도모함

총회에서 발기인은 회원 1인 이상 모집하기로 결정하고, 회원 자격과 회비 문제를 논의했다. 이 논의를 기초로 회원 자격 문제는 창립총회 준비위원에게 맡겼다.

창립 준비위원회는 10시에 발기인 총회를 마친 뒤에도 회의를 이어갔다. 그리고 일을 빠르게 처리하기 위해 아래와 같은 부서와 담당자를 뽑았다.

서무부: 차사백, 박경식, 이덕요, 최은희, 김순영

재무부: 방신영, 유영준, 김선

강령 규약 및 초안 취지서 작성: 이현경, 김활란, 황신덕

회원 모집위원: 현덕신, 박원희, 김순복, 김영순, 정칠성, 조원숙, 김활란, 이현경, 황신덕, 유각경

창립 사무소 교섭위원: 차사백, 유각경, 김선[6]

발기인 총회

근우회 창립 준비위원회는 4월 26일, 4월 28일, 5월 19일, 5월 23일 총 4차례 회의를 거쳐 창립을 준비했다. 4월 26일 발기인 총회 때에 15인의 창립 준비위원이 뽑혔는데 정칠성, 조원숙, 김영순이 추가위원으로 합류했다. 이틀 뒤인 4월 28일 창립 준비위원회 제2차 회의는 오후 4시 반 인사동 태화여자학원 안에 있는 경성여자기독교청년회 사무실에서 열렸다. 서무부의 최은희가 회의록 정리와 인명부, 입회 원서 준비 경과를, 재무부의 김선이 발기인 한 사람씩 1원을 걷어 창립 경비 마련 상황을 보고했다. 현덕신이 창립 사무소는 인사동 중앙유치원으로 확정한다고 보고했다. 취지서는 황신덕이, 규약 초안은 김활란이 대표로 낭독했다.[7]

창립 준비위원회 제3차 회의가 5월 19일 오후 4시부터 인사동 중앙예배당 안에서 열렸다. 먼저 각 부의 보고가 있은 뒤 안건을 결정했다. 회원 승낙을 받은 인원이 140명으로, 회원 모집 활동 보고가 이어졌다. 이날 회의에서 결정된 안건은 아래와 같다.

1 창립총회는 5월 27일 오후 7시 반부터 종로 중앙기독교 청년회관에서 개최함

1 창립총회에 관한 공문 1000여 매를 시내와 지방 각 단체에 발송하기로 결정하고 공문 발송 위원으로 박경식, 조원숙을 선정함

1 창립총회의 의안 작성 위원으로는 김활란, 황신덕, 이현경을 선정함

1 창립총회의 방청권 500매를 미리 발송하고 휴대한 자에게 한하여 당일 입장케 함

1 기타 제반 준비는 준비위원회 서무부에 일임함

1 창립 준비위원회 제4차 회의는 23일 오후 7시 반부터 인사동 창립사무소에서 열기로 함[8]

5월 23일 제4차 회의에서는 창립 대회 최종 점검과 함께 순서와 안건을 토의, 결정했다.

조선 자매들아, 미래는 우리의 것이다!

인간 사회는 많은 불합리를 산출한 동시에 그 해결을 우리에게 요구하여 마지아니한다. 여성문제는 그중의 하나이다. 세계인은 이 요구에 응하여 장연하게 활동하고 있다. 세계 자매는 수천 년래의 악몽으로부터 깨어서 우리의 생활에 횡재하여 있는 모든 질곡을 분쇄하기 위하여 분투하여온 지 이미 오래이다. 조선 자매만이 어찌 홀로 이 역사적 세계적 성전에서 낙오될 리가 있으랴! 우리 사회에서도 여성운동이 개시된 것은 이미 오래이다.

그러나 회고하여 보면 과거의 조선 여성운동은 분산되어 있었다. 그것에는 통일된 조직이 없었고 통일된 지도 정신도 없었고 통일된 항쟁이 없었다. 고로 그 운동은 효과를 충분히 내지 못하였다.

우리는 운동상 실천으로부터 배운 것이 있으니 우리가 진실로 우리

자체를 위하여 우리 사회를 위하여 분투하려면 우리는 우선 조선 자매 전체의 역량을 공고히 단결하여 운동을 전반적으로 전개하지 아니하면 아니 된다.

일어나라! 오너라! 단결하자! 분투하자! 조선 자매들아! 미래는 우리의 것이다!![9]

창립 취지서는 초안 작성부에서 마련했는데 이현경과 황신덕이 초안을 작성한 듯하다. 이들이 마련한 초안을 기초로 창립 준비위원회 토론을 거쳐 근우회 창립 취지서가 작성되었다. 취지서는 세계 자매들이 질곡을 깨부수기 위해 분투하는 현실에서 조선에도 인간 사회의 불합리성을 해결하려는 여성운동이 일찍부터 있었지만 분산되어 있어 효과를 얻지 못했다고 지적한다. 통일된 조직과 항쟁이 운동의 효과를 가져올 것이고 근우회는 바로 그런 운동 조직임을 밝혔다.

1000여 명이 모인 창립 대회

1927년 5월 27일, 초여름 밤이다. 종로 중앙기독교 청년회관 앞으로 녹색 휘장을 가슴에 붙이고 회원들과 방청객, 신문기자들이 시작하기도 전에 몰려왔다. 대회를 구경하려고 어떤 이는 지방에서 일부러 올라왔고, 다른 이는 며칠 전부터 경성에서 묵고 내려가지 않았다. 150여 명의 회원을 포함해 1, 2층의 방청석이 빽빽하게 들어차 참가 인원은 1000명에 이르렀다. 창립 대회 순서와 안건은 아래와 같다.[10]

창립 대회 순서	안건과 기타 사항
개회	선전 조직
개회사	기관지
회원 점명	여자 날
임시 집행부 선거	교양
축사와 축문 낭독	무산 여성 직업적 단결
준비위원회 경과보고	인신매매 폐지
규약 통과	불합리한 구도덕 및 인습 타파
위원 선거	여자의 생활 상태 조사
의안	신간회 지지 및 입회
기타 사항	본회 경비
폐회	

오후 8시 반, 유각경이 연단으로 올라와 개회를 선언했다. 장내가 떠나갈 듯 박수 소리가 우렁찼다. 이어 김활란이 개회사를, 최은희가 회원 점명을 했다. 곧바로 임시 집행부를 뽑았다. 의장은 김활란, 부의장은 유각경, 서기는 유영준·차사백·최은희, 사찰은 이덕요·주세죽·강정희·임순분·현덕신이다.

신간회 대표 안재홍과 노동총동맹 대표 김기완이 축사를 했다. 이어서 최은희는 조선 각 지역과 외국에서 보낸 15통의 축전과 40여 통의 축문을 모두 읽었다. 축전과 축문을 보낸 단체는 동경학흥회, 신의주신만청년회, 개성상우회, 이화학교기독청년회, 신생회,

인왕청년회, 조선여성동우회, 경성청년회, 김천여성청년회, 평양대동문노동조합, 평양대동문청년회, 평양면옥노동조합, 개성송도점원회, 개성송도청년회, 문천노동자구락부, 문천소작농군회, 김천금릉여성회, 평양여성동맹, 평양노동연맹, 개성청년연맹, 평양노동운동지사, 평양음식점노동조합, 평양목공노동조합, 평양석공조합, 조선여자기독교청년회연합회, 중앙여자청년동맹, 공덕리신인동맹, 형평청년연맹, 조선물산장려회, 경성노동회, 함흥여자청년회, 조선노동당, 경성무산청년회, 경기도청년연맹, 신흥청년동맹, 신의주국경청년연맹, 한양청년연맹이었다.[11]

팽팽한 긴장감이 흐르자 회원들이 박수로 격려했다. 유각경이 경과를 간단하게 보고했다.

심은숙, 박신우, 이경지 3인이 준비위원 황신덕, 이현경, 김활란이 작성한 규약 초안을 심사하고 결과를 보고했다. 회원 자격과 회비, 회의 운영을 정한 규약은 아래와 같다.

1 회원은 만 18세 이상 조선 여자로 본회의 강령과 규약을 승인하고 회원 2인 이상의 보천(保薦)을 받아 집행위원회의 수락을 얻어야 한다.

1 입회금은 1원이요, 회비는 매월 20전 이상 자기의 능력대로 납부한다.

1 회의 운영은 위원제에 의하며 서무부, 재무부, 선전 조직부, 교양

부, 조사부, 정치 연구부 등 6부를 두어 자치제로 관리한다.

1 집행위원의 임기는 1년으로 한다.

1 정기 대회는 연 1차로 한다.[12]

질문을 받고 규약은 일괄 통과시켰다. 그리고 21인의 집행위원을 뽑았다.

김동준, 김선, 김영순, 김활란, 박경식, 박신우, 박원희, 방신영, 우봉운, 유각경, 유영준, 이덕요, 이현경, 정종명, 정칠성, 조원숙, 차사백, 최은희, 현덕신, 홍애시덕, 황신덕[13]

안건 통과는 준비위원의 제안을 한꺼번에 통과할지 안건마다 하나씩 결정할지 논의하다가 준비위원의 제안 설명을 들은 뒤 약간의 질문을 받기로 했다. 그래서 황신덕이 7개의 안건을 설명했고 만장일치로 통과시켰다. 안건의 구체적 실행은 집행위원이 맡기로 했다. 결정된 안건의 결과는 아래와 같다.

1. **선전 조직:** 순회강연, 부인 간담, 개인 방문(지부 조직, 집행위원에게 위임)
2. **기관지:** 당분간 회보를 월 1회로 발행
3. **여자 날:** 4월 16일을 여자 날로 정하여 기념

4. **교양:** 자체 교양으로 강독회 강좌. 일반교양으로 강습소, 야학 설치
5. **무산 여성 직업적 단결:** 직업별 무산 여성의 간담회 개최
6. **인신매매:** 강연회, 기타 방법으로 여론 환기에 노력
7. **여자 생활 상태 조사:** 통계 작성
8. **여자 직업소개소 설립**[14]

종로경찰서 경찰들이 창립 대회 현장에 나왔다. 토의 안건 가운데 '구도덕 및 인습 타파' 문제는 경찰이 토론을 금지했다. 축문도 노농총동맹 외 5통은 불온하다는 이유로 낭독을 금지시켰다. 의안 가운데 '여자 날'은 세계 여성의 날인 "3월 8일로 하자"는 의견이 많았지만 여성운동에 경찰의 간섭이 심해 이를 지키기 곤란

창립 대회

창립 대회

창립 대회가 열린
종로 중앙기독교 청년회관 과거 모습

창립 대회가 열린 종로 중앙기독교 청년회관
현재 모습

하다는 이유로 4월 16일로 정했다.[15] 그리고 조원숙의 제안으로 여자 직업소개소를 두기로 결정했다. 정칠성은 "시위 행렬을 하자"는 안건을 제출했다. 그러나 창립 1개월 안에 시위를 겸하여 발회식을 거행하기로 결정했다. 최은희의 발성으로 "근우회 만세" 삼창을 하고 11시 반에 끝마쳤다.

창립 대회에서 근우회는 1달 뒤에 발회식을 하겠다고 선언했다. 근우회 발회식은 6월 17일 오후 8시부터 종로 중앙기독교 청년회관에서 200명 회원과 500여 명 방청인의 관심 속에서 열렸다. 중앙기독교 청년회관 대강당 1, 2층에 들어설 곳이 없을 정도로 사람들로 꽉 찼다. 유각경이 개회를 선언하자 김선이 연혁을, 황신덕이 사업 방침을 보고했다. 그리고 축사와 축문이 쏟아졌다. 이렇게 많은 축사와 축문을 받고 발회식을 한 단체는 한국 역사상 근우회가 처음이었다. 축사도 보낸 단체의 성향에 따라 듣는 사람들의 기분이 남달랐다. 이화여자고보 기독청년 회원들은 "엄동설한에 질렸던 초목도 봄바람을 만나서 새싹을 내고 심산궁곡을 둘러 나온 시냇물은 평야에 이르러 대하가 됩니다. (…) 사천 년 깊고 깊은 규중에도 평원광야로서 불어오는 봄바람은 막을 자가 없습니다"라며 미소를 짓게 했고, 서울청년회는 인권 해방의 전선으로부터 계급적 해방운동의 전선에까지 진출하라고 외쳤다.[16] 신간회 대표 박동완, 중앙여자청년동맹 대표 심은숙의 축사가 이어졌다. 신간회 북부지회 대표 이황의 축사는 감시경찰의 중지로 하다 말

발회식 모습

았다. 그 뒤 모든 축사는 금지되어 중지당했다.[17]

뒤이어 정종명은 각 단체에서 보낸 30여 통의 축문과 축전을 읽었다. 조선노동당을 비롯한 4개 단체에서 온 축문은 불온하다며 발표가 금지되었다.

발회식이 끝나고 음악회와 강연이 이어졌다. 김은실과 김사라의 피아노 합주를 듣고 김순복이 '여성의 단결'이라는 주제로 강연을 했다. 이어서 이은라가 독창을, 김준연이 '여자의 지위 향상'이라는 주제로 강연을 했다.[18] 강연을 마치고 근우회 만세 삼창으로 끝냈다.

"근우회에 바란다" – 각계각층의 반응

근우회는 친목 모임을 한 지 10일 만에 발기 총회를, 발기 총회를 한 지 한 달 만에 창립되었다. 40명의 발기인은 한 달 만에 150여 명의 회원을 모았다. 여성들이 이렇게 짧은 시간 안에 단체를 조직한 사례는 드물 것이다. 그만큼 일상을 변화시키고 세상을 바꾸고 싶은 여성들의 열망이 컸다.

물론 근우회가 갑자기 하늘에서 떨어진 것은 아니다. 1920년대 초반부터 종교 단체가 아닌 여성해방을 목표로 하는 여성단체가 전국에서 조직되기 시작했다. 그리고 여성 인구의 5퍼센트에도 못 미치지만 여성들은 중등 또는 고등교육을 받을 기회가 주어졌다. 그리고 공장이나 작업장에서 노동조건 개선을 요구하는 여성 노동자들이 등장했다.

이러한 조건들이 근우회 조직을 가능하게 만들었던 것이다. 이는 여성들에게만 한정되지 않았다. 근우회 창립 날에 몰려드는 사람들을 정리하기 위해 미리 방청권을 발부했다. 미처 입장하지 못한 사람들이 창밖에서 끝날 때까지 구경했다. 예전에 보지 못한 새로운 광경이 펼쳐졌다. 그만큼 근우회에 대한 기대와 바람은 부풀었다.

발기 총회와 창립 대회를 마치자 '근우회에 바란다'는 논설과 시평과 부탁이 언론에 넘쳐나도록 실렸다.

먼저 근우회 창립은 "여성이 반역!을 일으킨 사건"[19] 또는 "조선 여성운동 사상에 아주 새로운 기원을 지은 것"이라며 여성해방운동은 "여성 자체의 자각과 분투에 의하여 그 성취를 기대할 수 있는 것"이라고 여성이 운동의 주체로 나아가는 첫발이라고 평가했다.[20]

근우회가 이전 여성단체와 다른 점은 "지금까지 분산되었던 힘이 뭉치어 한 덩어리가 되었다. 이 한 덩어리로 된 굳센 힘은 필경 어떠한 불합리와 맹렬히 싸우지 아니치 못할 것이라고 믿는다"며 여성단체의 통일이라고 평가했다.[21] 홍명희는 근우회가 '여권 선언'의 올램프 드 구주, '여권 주장'의 크루프스카야처럼 여성운동의 전위가 되리라는 기대감을 드러냈다.[22] 또는 "여자들은 과거 몇천 년을 두고 사회적 생활로부터 완전히 격리되어 왔습니다. 그럼으로 그들에게는 사회적 생활에 대한 지식도 훈련도 없"다며 "우리의 걱정은 기우이었습니다. 그날 회는 정연히 진행되었습니다. 갑론을박은 때때로 일어났고 언권을 먼저 얻기 위하여 의장을 부르는 소리는 장내 공기를 긴장시켰습니다"라고 언론에서 평가했다.[23]

언론은 근우회의 역사적 의의와 특이점을 긍정적으로 평가한 뒤에 '근우회에 바라'는 마음을 담아냈다. 기대였다기보다 규정하고, 훈계하고 가르친다고 해야 더 맞는 말이다. 근우회가 강령과 선언문을 제출하긴 했지만 장래에 어떤 방향으로 나아갈지는 모르는 것이다. 그래서 처음부터 단체의 한계를 규정할 필요는 없다. 이러한 규정(規定)은 운동이 가져올 혁명과 해방이 사람들에게 어떤 일상의 변화를, 긍정적 변화를, 균열을 가져올지 읽어내지 못한다. 또한 그들은 말한다.

> 민족 전체로서의 해방운동의 대조류와 합치될 것이니 그것이 일개의 별동대적 임무를 가지게 될 것이다. 자체의 해방을 위하여 노력하는 동시에 전체 사회의 전진을 위하여 노력하여야 할 것이니 이 점은 다시 길게 설명하고 또는 희구할 필요도 없는 것이겠다.[24]

> 여성으로서 운동이 결국 남성에게 반역 혹은 항의하는 일이 되지마는 단순한 성의 문제를 떠나 계급적으로 계급의식에 의하여 존재하고 또 행동하여야 할 것은 물론이다. 민족적 해방을 위하여 성을 초월하여서 총단결을 요함이 긴절한 것도 또 시대가 요구하는 현하의 급무이다.[25]

여성운동은 부문 운동이므로 전체 운동에 복무해야 한다는 것이다. 그리고 민족 해방운동의 테두리를 벗어나지 말 것을 강조한다. 전체 운동과 부문 운동을 분리해서 부문 운동은 항상 전체 운동에 복무해야 한다는 논리는 부문 운동의 희생과 착취를 출발로 삼는 것 같다. 모든 운동은 그것이 전체 운동을 지향하든 부문 운동을 지향하든 항상 긴장관계 안에서 이루어져야 한다. “근우회는 정치적 단체가 아니다. 일종 계몽운동을 목적하는 단체이라 할밖에 없다”라며 성격을 단정하기도 했다.[26] 또는 “재래의 소위 신여성에 대하여 불만을 말하면 사회에 대한 책임심이 없었다. (…) 부인네들이 국가 사회에 대한 책임을 자각하여야 할 것입니다.”[27]라며 여성운동에 대한 한계 지적과 성격 규정은 가르침, 즉 훈육과 훈계로 이어진다.

> 다만 문제 되는 것은 대단체를 순수 지도할 만한 중심적 인물 그것이다. 이를 통솔할 만한 대지도자의 출현을 (바란다).[28]

> 그러나 한 가지 특별히 말하여야 할 것은 (…) 여자로 하여금 단체적으로 일하는 방식을 해득케 하여야 할 것이요 또 개개인의 문제를 생각하는 동시에 또한 전체적 문제에 대하여서도 생각하는 습관을 가지게 하는 것이 필요하겠다.[29]

> 오늘날의 조선의 여성들이 겹겹으로 당하고 있는 정치적 사회적 모든 조건은 가장 급진적인 투쟁을 요하는 듯하면서 필경은 점진적인 상식의 범위를 벗어나기 어렵다고 하는 것은 책임 있는 사계의 선구자들로서는 그의 실생활의 귀중한 체험에 의하여 누구나 수긍하게 될 줄 안다.[30]

근우회로서는 사회적으로 의의 있는 약동을 일으키어야 할 것이며 지위 획득만을 위한 지위 향상은 잘못하면 명실이 상부치 못할 염려가 있는 것이니 이도 역시 선각 여성의 치밀한 작전 계획과 냉정한 현실 비판을 요한다.[31]

지도자의 필요성을 주장하고, 회의 진행 방식에 관여하고, 현실에 뿌리내리지 못할지도 모른다고 근심한다. 그런데 이러한 훈계와 걱정 그리고 규정은 필요가 없었다. 왜냐하면 근우회는 선언과 강령을 넘어서는 활동을 벌였다. 다양한 방식으로 회원을 모집하고, 일상에서 선전과 조직 활동을 전개했다. 성폭행이 일어났을 때 적극 개입하고 여성운동 또는 여성을 모욕하는 백래시에 공격적인 연설을 준비했다. 물론 이 모든 시도들은 번번이 좌절되었다. 일제 경찰의 금지와 탄압 때문이었다.

근우회의 여성들은 일제 지배체제에 균열을 냈다. 결혼 생활과 제도에 균열을 냈고, 지역에서 일어난 파업을 적극 지지했고, 경찰의 무리한 폭행에 맞섰다. 근우회는 여성들이 모인 단체가 아니라 조선 페미니스트의 활동, 경험, 이론을 생산했던 작업장이었다.

2장

자매들이여, 세상을 변화시키자

근우회의 기둥, 중앙 집행위원회

근우회 창립 뒤 제1회 집행위원회가 5월 29일 오후 2시 중앙유치원에서 개최되었다. 먼저 각 부 임원과 상무 집행위원을 뽑았다. 각 부 임원은 아래와 같다.

서무부: 박경식, 조원숙, 차사백

재정부: 김선, 방신영, 우봉운, 최은희

정치 연구부: 유영준, 이덕요, 현덕신

선전 조직부: 박신우, 유각경, 정종명, 정칠성

교양부: 황신덕, 김동준, 김영순, 박원희

조사부: 김활란, 이현경, 홍애시덕

상무 집행위원: 김선, 김활란, 박경식, 박신우, 유영준, 조원숙, 황신덕

창립 대회 때 문제가 되었던 지부 규약과 학생부 규약은 집행위원 가운데 김활란, 황신덕, 이현경이 작성하기로 했다. 각 부의 위원들은 다음 집행위원회까지 1년 동안 실행할 사업을 작성해 가져오기로 결의하고 회의를 마쳤다.

중앙 집행위원회는 근우회를 움직이는 심장이자 기둥이다. 중앙 집행위원회는 1년에 1회 전국대회를 열어 구성했는데 1년 정책을 기획하고 실행 방식을 결정했다. 그리고 중앙에서 결정된 안

건은 지회에 전달돼 토론 과정을 거쳐 현실화시켰다. 지회 창립 대회 때 본부 위원이 내려가 과정을 지켜보거나 지회에서 일어나는 갈등을 해결하기도 한다. 1년 계획 이외에도 현실 정치와 사회에 적극 개입하는 일도 중앙 집행위원회에서 결정했다. 1927년 5월부터 1928년 5월까지 중앙 집행위원회는 위원제로 운영되었다. 상무 집행위원은 각부 위원들 가운데 1~2인을 뽑았다. 따라서 근우회 본부는 이들 중앙 집행위원회를 좁게는 상무 집행위원회를 뜻한다.

이날 결의 사항은 아래와 같다.

1 **각 부 사업:** 1년간 사업계획을 세워 집행위원회에 제출하여 통과시킴

1 **회관:** 주선위원은 유각경, 최은희, 방신영

1 **집행위원회 정기 집회:** 매월 2번씩 정기로 집회하되 1일과 15일 양일로 정함

1 **발회식에 관한 건:** 본회 발회식은 6월 17일 금요일로 장소는 중앙기독교 청년회관, 발회식 총 준비위원으로 각 부 상무위원 외에 현덕신, 정종명, 최은희 3인을 선정함.

1 **회가 제작과 회보 발행:** 근우회 회가 위원은 김활란, 김동준, 이현경이 뽑힘

1 **평양 출장:** 선전 조직부의 첫 사업으로 박신우, 정종명, 정칠성을

평양에 출장케 하여 지회조직 착수케 함.[32]

이날 회의 결과에 따라 정기 집행위원회는 1일과 15일로 월 2회로 개최하기로 정했다. 발회식 뒤 1927년 7월 1일 오후 4시 인사동 중앙유치원에서 집행위원회 회의가 열렸다. 여름철 순회강연, 회원 간담회, 철원 사건, 숙명여고보 분규 사건, 신입 회원 등록, 위원 사임 건, 선전일, 경비, 선전 조직 사업 방침 등이 논의되었다.

여름철 순회강연은 회원 가운데 12명을 연사로 세 사람을 한 조로 나누어 2주일 동안 전국을 돌아다니는 것이다. 이는 근우회 강령 선전과 함께 지회 설립을 목적으로 했다. 선전 조직부가 출발 일자, 예정 지역, 연사, 경비에 관한 구체안을 마련하기로 가결했다.

회원 간담회는 7월 2일 오후 8시에 열고 집행위원 전원이 여흥을 준비하기로 결정했다. 철원 사건은 과수원을 운영하는 후지사와(藤澤暢太郎)가 8살 된 조선 소녀를 폭행한 것으로 이를 조사하기로 결의했다. 숙명여고보 분규 사건 토의는 경찰의 금지로 논의하지 못했다.

신입 회원 등록은 회원 2인 이상 추천과 3인의 통과로 정해졌다. 6월 19일 임시 집행위원회에 제출한 재무부원 방신영, 유각경, 최은희의 사임은 정기 집행위원회에서 처리하지 않았다.[33]

매월 15일을 선전일로 정하고 선전 수단과 방법은 재무부와 선전 조직부가 맡았다.

1928년 5월 26일은 근우회 창립 1주년 되는 날이다. 근우회는 제1회 전국 대표자 대회를 준비했다. 중앙 집행위원회는 1928년 4월부터 전국 대표자 대회를 열기 위해 분주하게 움직였다. 그런데 경찰이 금지시켜 5월이 아닌 7월 14일에 임시 전국대회를 개최한다.

전국대회에서 선출된 집행위원은 23명이다. 창립 대회 때는 지회가 조직되지 않아 지회 대의원들이 집행위원으로 선출되지 않았지만 1928년 제1회 전국대회부터는 지방지회의 진출이 이루어졌다. 1928년 7월 23일 중앙 집행위원회가 열려 중앙 상무위원회와 담당 부서가 결정되었다. 중앙 상무위원회는 23명 가운데 11명 그리고 후보 위원 1인으로 구성했다. 지회 대의원들은 경성에 자주 올라오지 못하는 까닭에 항시적으로 안건을 제안하고 일을 처리하기 위해 중앙 상무위원회를 만들었다. 서무부는 박호진·차사백, 재무부는 이현경·황찬희, 정치 문화부는 황신덕· 김영희, 선전 조직부는 허정숙·한신광, 조사부는 심은숙·강정희, 출판부는 정칠성·양봉순이다.[34]

중앙 집행위원장은 정종명이다. 1927년에는 중앙 집행위원장 제도가 없었지만 1928년 제1회 전국대회 때 임시 위원장을 선출했다. 이때 후보자는 박현숙, 정칠성, 이춘수, 박호진, 조신성, 정종명이었는데 가장 많은 표를 얻은 정종명이 위원장이 되었고, 중앙 집행위원회에서 위원장으로 회의를 진행했다.[35]

1929년 7월 23일 근우회 본부에서는 제2회 전국대회 준비 회의를 열고 안건을 결정하고 행동강령을 제안했다. 안건은 회원 교양, 회관 건축, 기관지 속간, 회기 및 마크, 행동강령 제정 등이다. 이날 제안한 행동강령은 아래와 같다.

1. 여성에 대한 사회적 법률적 일체 차별 철폐
2. 일체 봉건적 인습과 미신 타파
3. 조혼 폐지 및 결혼의 자유
4. 인신매매 및 공창 폐지
5. 농민 부인의 경제적 이익 옹호
6. 부인 노동의 임금차별 철폐 및 산전 산후 임금 지불
7. 부인 및 소년공의 위험 노동 및 야업 폐지
8. 일천만 여성의 문맹 퇴치(금지)[36]

근우회 창립 대회 때에는 2개 항의 근우회 강령은 제정했지만 행동강령은 제정하지 않았다. 근우회는 1929년에 8개 항의 행동강령을 제안했다. 이들 행동강령은 사회, 경제, 문화 그리고 법률적 차별 제도 철폐를, 농민과 노동 여성의 이익과 산전 산후 임금 지불 등을 주장한다. 즉 8개 항의 행동강령은 한국 여성이 시민/

국민으로서 기본적으로 가져야 할 권리를 제시한 것이다. 한국의 여성운동은 이 기본적 권리를 획득하기 위한 긴 여정 속에 있었고 다양한 방식으로 이들 권리를 획득하는 긴 투쟁으로 향해갔다. 그런 점에서 근우회가 제안한 행동강령은 한국 페미니즘의 효시이자 기원인 셈이다.

제2회 전국대회에서 뽑힌 중앙 집행위원회는 지회 대의원들도 포함돼 34인으로 구성되었다. 전국대회에서 20표를 얻은 정칠성이 중앙 집행위원장으로 선출되었다. 제2회 전국대회를 마친 8월 1일 중앙 상무위원회가 열렸다. 박호진·정종명·우봉운의 중앙 상무위원 사임을 수리하고, 부서를 결정했다. 서무부는 허정숙·최옥동, 재정부는 김선·박은형, 선전 조직부는 백덕수·김순희·박차정, 조사 연구부는 한신광, 출판부는 허정숙·박차정, 정치 문화부는 황신덕, 노농부는 유덕희·김정원 등이다.

9월 23일 열린 중앙 상무위원회에서는 지회 및 도 연합회 규준세칙 제정위원으로 박차정과 김순희를 선정했다. 9월 선전일에는 지회로 포스터를 배포하고 각 지회에서는 전단으로 선전하되 표어는 본회 강령 중에서 선택하기로 했다.[37] 무궁화 모양 안에 근우(槿友) 2자를 넣어 근우회 마크를 결정했다.[38]

광주 제사 분규는 광주지회에, 부산 맹파 사건은 부산지회에, 전주여고 사건 진상은 전주지회에서 조사해 보고하도록 요청했다. 전주여고보는 반(班)을 조직한 7명의 학생을 퇴학시켰는데 상무위원회는 사회 교양을 습득하기 위한 모임으로 퇴학 처분은 부당하다고 결론을 내렸다. 이에 퇴학 처분 해제 권고문을 발송하기로 했다. 재일 조선인 노동자를 쫓아낸 일에 대해 내무성에 항의문을 발송하고 동경지회에 사건의 처리를 지시했다.

1930년 4월 25일 열린 중앙 집행위원회는 중앙위원 김애옥, 박은형, 황신덕, 한신광의 사임은 수리하고 정종명, 박호진의 사임은 수리하지 않았다. 이에 따른 부서 변동은 서무부장 정종명·강정임, 재무부장 김선·우봉운, 정치 문화부장 김정원, 노농부장 유덕희, 출판부장 박호진, 조사부장 김순희, 선전부장 강정임이 맡았다. 침체 지회 순회위원은 평남과 평북은 백덕수, 경북은 이춘수, 경남은 김필애, 강원은 정종명, 경기는 정칠성, 전북은 고연우, 함남북은 지회 도 연합회가 맡기로 했다.

1930년 4월 19일에 개최하려던 제3회 전국대회가 금지되어 임시대회를 준비했으나 경찰은 임시대회까지 금지했다. 전국대회는 8월로 연기하고 이 일의 추진은 상무위원회가 맡았다. 근우기관지는 출판부에서 모두 맡고 창간호보다 수준을 낮추어 일반계몽운동을 목표로 발행하기로 가결하다.[39]

1930년 일제의 강압은 더욱 심해졌다. 근우회 중앙 상무위원회는 안건을 토론하는 것조차 금지당했다. 5월 12일 중앙 상무위원회는 경성과자주식회사 남녀 직공 1000여 명 중 여직공만이 파업을 단행한 사실을 알고 토의하려다 감시경찰로부터 금지를 당했다.[40] 6월 9일 중앙 상무위원회는 <별건곤> 성토를 결의했는데 성토문 인쇄는 경찰이 금지해 다른 방안을 고민하기로 했다.[41] 6월 15일 중앙 상무위원회는 숙명여고보 동맹휴학 사건을 토론하고자 했으나 감시경찰은 이를 금지했다.

7월 28일 중앙 상무위원회에서는 본부는 수해 진상 조사를, 지회는 수해 구제금이나 물품을 받아 직접 전조선수해구제회로 보내기로 결정했다. 따라서 수해 구제 공문을 각 지회에 발송하려 했다. 그런데 종로경찰서는 갑자기 공문 발송을 금지해 중앙 상무위원회의 수해 구제 결의는 실행하지 못했다.[42] 부록 <표 1>에는 1927년 5월 창립부터 1930년까지 중앙(상무)집행위원회 회의와 주요 안건 처리 내용이 있다.

누구든지 연필과 노트를 준비하라

근우회의 강습과 강연은 크게 세 방향으로 전개되었다. 회원 교양은 1~2주간 강습회를 열어 다양한 내용을 학습하는 형식으로 이루어졌다. 근우회를 알리고 여성문제를 제기한 방식은 토론회의 개최였다. 지회 설립 그리고 지회원이나 지방 여성들을 위한 교양은 순회강연으로 이루어졌다.

근우회 교양부(김동준, 김영순, 박원희, 황신덕)에서는 근우 회원의 지식 향상을 목적으로 제1회 부인 강습회를 개최했다.[43] 강습은 1927년 7월 7일부터 21일까지로 매일 오후 8시부터 10시까지 진행되었다. 장소는 인사동 중앙예배당이며 수강 인원은 약 100명을 예상했다. 근우회는 이번 강습회는 중등교육 정도의 지식을 갖춘 여성을, 다음 강습회는 가정부인을 대상으로 개최할 예정이라고 밝혔다. 회비는 무료이다. 강습회 중심 과목은 사회학, 경제학, 논리학으로 강사는 경제학 김준연, 사회학 백남운, 논리학 서춘이다. 중심 과목 이외에 조선 근대사는 안재홍, 신문학은 민태원, 부인문제는 박원희, 음악에 대하여는 이은라, 회의 진행법은 홍명희가 맡았다.

김준연은 1895년 출생으로 1921년 도쿄 제국대학 법학부 독법과를 거쳐 대학원 정치학과의 조수로 일했다. 1922년부터 1924년까지 베를린 대학에서 정치와 법률학을 연구했다. 1925년 <조선일보> 모스크바 특파원으로 근무하다가 귀국하여 1926년 신간회에 참여했고, 1927년 보성전문학교 강사였다. 백남운은 1895년 출생으로 도쿄 상과대학을 졸업하고, 1925년부터 1938년까지 연희전문학교 교수였다. 1922년부터 민립대학 설립 운동을 전개했다. 서춘은 1894년 출생으로 도쿄 고등사범학교 박물학과에 입학했다가 중퇴했다. 1926년 교토 제국대학 경제학부를 졸업했다. 1926년 동아일보사에 들어가 경제부장과 조사부장을 역임했다. 안재홍은 1891년 출생으로 1914년 와세다 대학 정경과를 졸업했다. 1923년 <시대일보> 창간에 참여하여 이사와 논설위원을 지냈고 1924년 <조선일보> 주필을 거쳐 부사장과 사장을 역임했다. 민태원은 1894년 출생으로 1923년 와세다 대학 정경과를 졸업하고 <동아일보> 사회부장, <조선일보> 편집국장, <중외일보> 편집국장을 두루 거쳤다. 홍명희는 1888년 출생으로 1905년 중교의숙을 졸업하고 1906년 도쿄 대성중학에 입학했다. 1923년 신사상연구회, 화요회에 참여했다. <동아일보> 편집국장을 거쳐 1927년에 <시대일보> 사장이 되었다. 박원희는 1898년 출생으로 경성여자고등보통학교를 졸업하고 결혼 뒤 도쿄로 유학을 떠났다. 조선여성동우회, 경성여자청년회, 근우회 창립에 관여했고 대표적인 페미니스트 활동가이자 이론가이다. 이은라는 일본 나가사키의 갓스이 여전 음악과를 졸업하고 미국 보스턴 대학에서 음악을 공부하고 1925년 귀국해 이화학당(여전)에서 학생들을 가르쳤다.

근우회는 회원이면 누구나 연필과 노트를 준비하라고 알렸다. 강의 일정은 <표 1>과 같다.[44]

개강일인 7일에 80여 명의 회원이 강의를 들으러 왔다. 박원희가 간단하게 인사말을 하고 이어서 김은실이 피아노 독주를 했다. 그리고 황신덕이 강사들을 소개했다. 첫날 9시부터 김준연의 경제학 강의가 시작되었다. 근우회 집행위원 박경식과 최은희가 강의를 기록했다. 근우회의 여성들은 당대 최고의 지식인에게 경제학, 사회학, 논리학, 역사, 언론(학), 단체 운영, 여성학, 음악 등의 강의를 들었다. 근우회 강습회는 "세계가 어떠한 길을 밟고 있는

<표 1> 제1회 강습회 일정

일자	요일	강의와 강사
7일	목	개강식, 경제학 김준연
8일	금	사회학 백남운, 경제학 김준연
9일	토	윤리학 서춘, 경제학 김준연
10일	일	신문 강연 민태훈, 회의 진행법 홍명희
11일	월	경제학 김준연, 회의 진행법 홍명희
12일	화	사회학 백남운, 회의 진행법 홍명희
13일	수	음악에 대하여 이은라, 부인문제 박원희
14일	목	논리학 서춘, 부인문제 박원희
15일	금	경제학 김준연, 부인문제 박원희
16일	토	사회학 백남운, 부인문제 박원희
17일	일	근대사 안재홍, 부인문제 박원희
18일	월	논리학 서춘, 부인문제 박원희
19일	화	경제학 김준연, 부인문제 박원희
20일	수	부인문제 박원희, 음악에 대하여 이은라
21일	목	사회학 백남운, 논리학 서춘
22일	금	친목회, 폐강

지, 사회가 어떠한 변천을 하는지, 개인의 경제와 사회의 경제 법칙은 어떠하며 그리하여 개인 생활이 어떻게 되는지, 사람이 사리를 생각하고 판단함에는 어떠한 법칙이 있는지." 따위를 깨닫게 한다고 평가받았다.[45]

지금처럼 교통이 발달하지 않았던 시절에 밤마다 10시까지 종로에 가서 강의 듣는 일이 어디 쉬운 일인가? 2주 동안 매일 저녁마

학술 강습회

강습회를
조직하고 강의한
박원희

다 모여 귀 기울이며 듣는 근우 여성들의 열정과 열기가 짐작된다.

근우회 제2회 부인 강습회는 1930년에 또다시 계획되었다. 근우회는 1930년 4월 19일, 20일 전국대회를 개최한 뒤에 1주일 동안 제2회 부인 강습회 개최를 계획했다. 강의안과 강사는 조선 역사 안재홍, 부인문제 배성룡, 경제학 홍성하, 국제 정세 이여성, 논리학 서춘, 사회학 김현준, 법률 김병로, 조선어 신명균이다.[46] 4월 22일부터 28일까지 매일 오후 7시 반부터 수표정 조선교육협회관에서 개최할 예정으로 일정은 <표 2>와 같다.[47]

<표 2> 제2회 강습회 일정

구분	일자	요일	강의와 강사
제1일	22일	화	부인문제, 논리학, 어학
제2일	23일	수	사회학, 경제학, 조선어
제3일	24일	목	역사, 부인문제, 논리학
제4일	25일	금	조선어, 경제학, 어학
제5일	26일	토	경제학, 사회학, 부인문제
제6일	27일	일	논리학, 조선어, 역사
제7일	28일	월	어학, 법률, 사회학

아쉽게도 일제 경찰은 1930년 전국대회를 금지했기 때문에 제2회 부인 강습회도 열리지 못했다. 근우회는 여기서 멈추지 않았다. 강습회 대신 강연회를 기획했다. 중앙 상무위원회는 1930년 5월 21일 창립 3주년 기념 강연을 기획했다. 기념 강연의 연사와 주제는 서춘의 '습관의 형성', 최윤정의 '여성운동의 사회학적 고찰', 김정원의 '조선 여성은 무엇을 할까', 정정옥의 '삼 주년 기념을 맞이하면서', 강정임의 '부인과 사회', 김순희의 '조선 여성의 당면 임무', 이경희의 '우리는 어떻게' 등이다.[48]

이 기념 강연도 일제 경찰의 금지로 중지당했다. 종로경찰서는 기념식은 허가하되 강연은 치안 방해라는 구실을 붙여 금지했다.

경제의 독립이냐, 지식 향상이냐?

근우회 선전 조직부와 교양부에서는 제4회 선전일인 1927년 10월 15일에 선전과 교양사업으로 여성문제 대토론회를 개최하기로 결정했다. 장소와 연사의 관계로 10월 20일 오후 7시 반부터 시내 천도교 본당에서 토론 대회가 열렸다.

논제: 조선 여성의 해방의 첩경이 경제 독립이냐 지식 향상이냐

가(可) 경제 편: 박경식, 박호진, 김정희

부(不) 지식 편: 김분옥, 조현경, 김경숙[49]

경제 편 연사는 신여성사 기자였고 중국 난징 유학 때 현상 영어 웅변대회에서 1등을 했던 박경식, 도쿄 유학 중인 김정희, 중국 광둥대학에서 공부하고 근우회 주최 여성문제 강연회에서 열변을 토해 박수를 받은 박호진 등이다.

지식 편 연사는 이화여자전문학교 재학생 조현경, 중앙유치사범과 재학생 김경숙, 이화여자전문학교 출신으로 동대문 부인병원에서 일하는 김분옥이다. 실제 토론대회에서는 김경숙 대신 김선이 지식 편 연사로 나왔다.

입장료는 20전으로 회원은 근우회에서 발행한 엽서를 지참하면 무료이다. 예매 장소는 공평동 43번지 근우회관이다. 수송동

경일인쇄소는 선전 전단 5000매와 입장권 1000매를 기증했다.

청중이 7시부터 구름같이 모여들었다. 7시 반경에는 경운동 천도교 본관이 발 디딜 틈 없이 청중으로 가득 찼다. 7시 50분, 유영준이 연단에 올라와 개회를 선언했다. 조선 여성 해방의 첩경이 경제 독립이냐 지식 향상이냐 하는 토론 주제와 경제 편, 지식 편 연사들을 소개했다. 종로서 고등계 주임을 포함해 수많은 형사들도 앉아 있었다.

경제 편 연사 박경식이 등단한다.

> 인류 생활에 가장 중대한 것이 물질이니 의식주가 모두 물질에 붙은 것이다. 구속에 울고 압박에 우는 우리는 먼저 경제적 해결을 얻어야 만족한 생을 얻을 수 있다. 이를 갈파한 서양 여자들이 조선 여자보다 비교적 해방이 된 것은 그들의 경제적 조건이 우리보다 나은 까닭이다. 정든 고국을 버리고 해마다 서북간도로 가는 사람이 늘어가는 현상과 창기가 늘어가고 자살자가 늘어가는 것도 전부 경제적 독립이 없는 까닭이다. 모든 범죄와 모든 행복이 모두 경제 까닭이오 여자 해방뿐 아니라 사회적 독립 내지 민족적 행복도 경제상 독립을 하여야 된다.

지식 편 연사 김선이 올라와 갑작스러운 주문에 준비가 없어 미안하다고 한다. 앞서 경제적 독립이 먼저라고 주장한 박경식에게 반론을 제기하면서 지식 향상을 힘써야 한다고 주장했다.

이러한 문제를 가지고 우리는 토론을 하게 되는 것은 도리어 불행을 느낀다. 서양 사람들은 벌써 어떤 정도까지 해방이 되었는데 우리는 이제야 해방 문제를 가지고 토론하는 처지에 있다. 조선 사람이 지식이 없었던 까닭으로 금은보화 등 자연의 풍족한 부원을 이용치 못하고 혹은 남의 땅으로 쫓기고 혹은 자살을 하게 된다. 지식이 없고 돈만 있으면 무당 판수에게나 돈을 가져다준다. 인습 전통에 매여 지내는 우리는 썩은 돈만 찾을 것이 아니라 지식을 향상시켜 하루바삐 해방의 길을 찾자.

뒤이어 경제 편 김정희가 나왔다. 해방의 바른길로 가려면 경제적으로 해방해야 한다고 외쳤다. 지식 편 조현경은 "현대의 법률과 사회는 우리에게 무엇을 요구합니까? 제도가 우리에게 재산권을 주지 아니하는 것은 우리의 지식이 없기 때문이다"라고 단언했다. 그리고 스웨덴 사상가 엘렌 케이의 말을 인용하면서 지식 향상이 지름길이라고 결론 내린다.

다음으로 경제 편 박호진이 등단했다. "남성과 여성 사이에 차별이 생기기는 여성에게도 있던 경제적 권리가 남성에게로 넘어간 이후부터입니다. 18세기 이후로 구주 각국에서 여자 해방을 부르짖었으나 성공을 못 하고 러시아의 경제적 혁명이 성공한 이후에 비로소 일부 여성들이 해방되었다"고 열변을 내뿜어 박수를 받은 뒤 "기생 생활을 하면 무슨 해방을 바라겠습니까?"라며 소리쳐 강연장을 들썩거리게 했다.

다음 김분옥이 등단해 여자의 해방은 지식 향상에 있다는 말을 하고 내려왔다. 연사들의 토론은 9시에 끝났다. 4, 5명의 토론이 이어졌다. 이들은 거의 전부 경제적 독립이 여자 해방의 지름길이라 주장했다. 청중이 '사회'를 계속 부르며 토론을 이어 가고자 했으나 감시경찰이 시간의 여유를 주지 않아서 폐회했다.[50]

다음날 근우회 제1회 토론대회에 대한 논평이 쏟아졌다. <동아일보>는 "대체로 경제 독립이 선결문제라는 태도를 취하는 이가 많은 듯하다"고 논평한 뒤 "우리는 여기 이의를 제출하고자 몇

천도교 본당과 내부

토론회 모습. 이 토론회 사진은 천도교 본당 내부와 비슷하다. 이마도 천도교기념관에서 토론회를 개최하려고 했는데, 일자가 변경되면서 천도교 본당으로 장소가 바뀐 듯하다.

마디한다"고 했다.

"부녀의 지위를 해결함에는 현재의 사유재산 제도를 해결함이 선결문제다. 이러한 의미에 있어서의 경제 독립이라 하면 부인 해방의 근본 조건 됨을 부인치 못할 것이다. 그러나 경제 독립을 그렇게 해석하지 아니하고 순전히 사회제도하에서 법률상으로 재산권을 승인한다든가 또는 직업부인으로서의 독립생활, 단순한 재산 소유자로서의 독립생활을 의미한다면 이는 부인 해방과 아무 관계가 없는 것이라고 볼 수밖에 없다. 즉 현재의 경제적 사회적 인습적 모든 환경을 그대로 두고 고립한 부인이 아무리 독립생활을 한다 하드래도 또는 재산을 소유한다 하드래도 그들이 사회에 있어서 남성의 폭위를 꺾기에 힘이 없을 것이다. (…) 부인 해방운동은 부인 해방의 이론을 명료히 파악함에 있다. 이것을 도달함에는 지식을 향상시키지 아니하고 안 될 것이다. 부인운동 지도자의 지식의 향상이 필요하고 일반 여성의 지식의 향상이 필수조건이 되는 것이다. 이런 특수한 의미에 있어서 목하의 급무는 지식의 향상이라고 우리는 생각한다."[51]

경제적 독립을 주창했던 논자들이 위의 지적을 모르지 않았다. 그런데도 지식 향상보다 경제적 독립을 주장한 것은 그것이 규정된 사회적 지위와 역할을 벗어나는 첫걸음이었기 때문이리라. 그리고 지식과 이론은 경험과 현실에서 나온다는 것을 잊지 말아야 한다.

근우회 전국 순회강연단

근우회는 1927년 여름 전 조선 순회강연단을 만들었다. 7월 28일에 천도교 기념관 강당에서 근우회 집행위원 박호진이 '환경과 인류의 관계를 논하여 조선 여성의 현상에 급함', 한위건이 '여성운동의 진로'라는 주제로 순회강연단 기념 강연회를 열었다. 1927년 8월 1일에 출발하기로 했다. 그러나 더위 등의 사정으로 전 조선 순회강연은 연기돼, 실행되지 않았다.

1929년 근우회는 전 조선 순회강연단을 다시 조직했다. 지방 순회강연단은, 첫째 예정 이외의 지역은 지회 발기를 위해 순회위원의 방문을 요구하면 들린다. 둘째 순회위원이 예정 지역에 도착하고 근처 지역에서 요청하면 간다. 셋째 순회위원은 한 지역에서 1일 이상을 체류하지 못한다는 규정에 따라 행동하기로 했다. 예정 지역과 순회강연단 참가자와 일정은 <표 3>과 같다.[52]

<표 3> 전국 순회강연단 일정

지명	참가자	일정	지역
경의선	정칠성	5월 12일 출발	장단, 개성, 사리원, 해주, 재령, 연백, 평양, 진남포, 정주, 의주, 신의주
경부선	박호진	5월 13일 출발	김천, 왜관, 대구, 군위, 하양, 영천, 영주, 밀양, 김해, 부산, 동래, 기장, 마산, 고성, 진주, 하동
호남선	심은숙	5월 13일 출발	청주, 대전, 익산, 이리, 군산, 전주, 담양, 광주, 제주도
경함선	허정숙	5월 25일 출발	신고산, 원산, 영흥, 함흥, 홍원, 북청, 단천, 성진, 길주, 명천, 주을, 나남, 청진, 웅기, 회령, 온성, 용정, 통천, 강릉, 철원

그럼 각 지역에서 어떻게 진행되었는지 경의선, 경부선, 호남선, 경함선을 나누어 살펴보자.

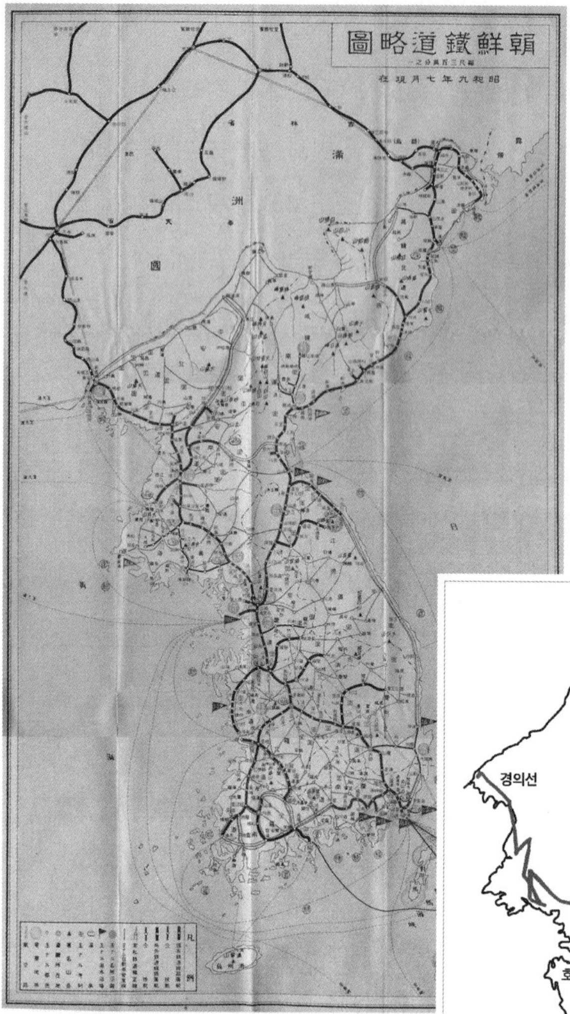

철도 노선도

순회강연단의 순회 지역

| 경의선 |

정칠성

경의선(경성-신의주) 순회 강사는 정칠성이다. 정칠성은 5월 14일 백천에 도착해 오후 8시 반부터 백천 예배당에서 '여성문제에 대하여'라는 주제로 강연했다. 많은 비가 내리는데도 여성을 주제로 한 강연이 처음인 까닭에 많은 사람들이 몰렸다. 5월 17일 오후 8시 해주지회는 정칠성의 '근우운동의 의의와 진로', 왕순철의 '현대 사회와 여성운동'이라는 제목으로 강연회를 기획했다. 500여 명을 수용하는 회관이었지만 청중이 많이 몰려와 입장하지 못한 청중들은 창 옆이나 뜰 앞에 몰려 있었다. 그러나 그날 밤 강연은 모두 중지 당하고 근우회 회보만 판매했다.[53]

정칠성은 25일 진남포에 도착하여 오후 9시에 비석 엡윗청년회관에서 '근우운동의 의의'라는 주제로 강연했다. 그는 계급 차별의 불합리를 말하며 법률, 종교, 사회, 기타 여러 방면에서의 남녀 차별 모순을 지적하고 근우운동의 진의는 여성을 전 조선적인 운동전선으로 지도함에 있다며 열변을 토해 청중에게 많은 감동을 주었다.[54] 청중이 강연장에 가득 차고도 넘칠 정도로 크게 성황을 이루었다. 28일에 신의주에서, 29일 의주에서 강연했다. 주제는 '근우회 운동의 의의'였고, 500여 명의 청중이 몰려왔다. 30일에는 안동현(지금의 단둥)으로 향했다.

그리고 6월 14일 인천 내리예배당에서 강정임은 '조선 여성의 처지'로, 정칠성은 '조선 여성운동의 의의와 근우회'라는 주제로 강연했다. 강정임은 과거에는 가정 법률, 모든 사회제도가 여자를 억압했으나 현대에는 해방을 부르짖지 않을 수 없다는 내용으로 열의에 차서 말했으며, 정칠성은 원시, 노예, 봉건, 자본주의 등 시대 변천에 따라 여자를 구속하던 유래를 말한 뒤 근우회의 사명과 인천 여성의 각성을 강조하는 내용을 차분한 목소리로 강연했다.[55]

| 경부선 |

박호진

경부선(경성-부산) 순회 강사는 박호진이다. 박호진은 예정한 순회 지방 이외에 수원과 영동에서도 강연할 의사를 밝혔다. 5월 13일에 떠나려고 했지만 5일 뒤에 출발했다. 박호진의 첫 도착지는 영동이다. 박호진은 5월 18일 오후 1시 열차로 영동으로 떠났다. 이 소식을 들은 영동청년동맹은 오전에 강연 신고서를 경찰서에 제출했다. 그런데 경찰서에서는 청년동맹 주최가 불온하다는 이유로 강연을 금지했다. 첫 도착지에서 박호진은 강연 금지를 당해 19일 오전 1시발 대구행 열차로 출발했다.

박호진은 5월 19일 왜관에 도착했고, 신간회 칠곡지회 후원으로 20일 오후 8시부터 기독교예배당에서 '조선 여성의 역사적 사명'이란 주제로 강연했다. 강연 도중 베트남 망국의 여성들이라는 말을 시작하자 감시경찰은 중지를 명하고, 청중을 해산시켰다. 몹시 흥분한 청중은 돌아가지 않고 한동안 강연장 안팎을 서성거렸다. 감시경찰은 강사 박호진을 경찰서로 데려가 취조한 뒤 밤 11시에 돌려보냈다. 대중은 왜관 경찰의 무리한 억압 조치에 분개했다.

박호진은 22일 오후 6시 밀양에 도착했다. 근우 밀양지회는 강연회를 개최하려고 여러 번 경찰과 교섭했으나 경찰은 '절대로 허가하지 않겠다'는 태도로 밀고 나갔다. 박호진은 23일까지 기다렸지만 결국 강연을 하지 못했다. 경찰은 "본도 안에서 일체 금지한다는 공문이 도 경찰부로부터 왔다"며 허가하지 않았다.[56]

부산지회는 박호진이 부산에 온 것을 기회로 여성문제 강연회를 개최하려고 열심히 준비했다. 그런데 갑자기 경찰이 금지했다. 박호진과 부산 지회 회원들은 경남도 경찰부 고등과장에게 가서 양해를 구했지만 고등과장은 부산은 물론 경상남도에서 모든 집회를 금지하겠다고 말해 그들은 그만 돌아왔다.

박호진은 6월 1일 동래를 거쳐 기장에 도착해 지회 회관에서 회원 20여 명과 함께 간담회를 가졌다. 13일 진주에 도착했지만 경찰의 금지로 강연 대신 환영 만찬회를 열었다. 박호진과 진주지회 회원들은 3시간 동안 서로 마음을 털어놓고 이야기를 나누었다. 16일 오후에 하동으로 떠났다.

영천 청년동맹은 박호진이 24일 오후 6시에 경주를 거쳐 영천에 도착한다는 통지를 받았다. 그날 밤 강연회를 개최하려고 했으나 너무 늦게 도착해 서로 의견을 나누는 시간을 가졌다. 그리고 25일 오전 9시 열차로 대구를 향해 출발했다.

박호진은 남쪽 지방을 순회하고 6월 말에 경북 안동에 도착했다. 장마로 안동에 머물다가 7월 3일 영주에 도착했다. 5일 오후 3시부터 신간회 영주지회 강당에서 '조선 여성의 사회적 지위'라는 주제로 약 1시간 동안 강연했다. 여러 차례 감시경찰은 '주의'를 외치다가 결국 중지시켰다. 이날 강연은 영주경찰서의 야간집회 불허로 한낮인 오후 3시에 열렸다. 그런데도 청강 인원은 300여 명에 달했다.

| 호남선 |

심은숙

호남선(대전-목포) 순회 강사는 심은숙이다. 심은숙은 5월 15일 청주에 도착하여 17일 오후 8시 반부터 망선루에서 신간지회 후원으로 '조선 여성은 무엇을 요구하는가'라는 주제로 강연했다.[57] 시작 전부터 청중이 몰려와 강연장 안팎이 혼잡했다. 청주에서 처음 보는 풍경이었다. 강연이 시작되자 청중의 박수 소리가 끊어지지 않았다. 감시경찰이 '주의'를 외쳤지만 소용이 없었다. 열띤 강연을 듣는 청중들의 흥분을 가라앉히지 못했다. 20일에 전주로 갔다. 21일 오후 8시 반 전주청년동맹회관에서 '사상으로 본 여성의 지위'라는 제목으로 강의했다. 이날도 300여 명의 청중이 모였다.[58]

충청남북도와 전라북도의 순회를 마쳤고, 25일 담양을 거쳐 광주에 도착했다. 광주 지역 여성들은 강연회 준비로 분주하게 움직였는데 갑자기 26일 아침에 경찰은 인물이 불온하다는 구실로 강연을 금지했다.[59] 대신 환영회가 마련되어 심은숙과 광주 지역 여성들은 마음껏 이야기를 나누었다. 그리고 이 자리에서 근우 광주지회 설립 대회 개최 준비 상황도 함께 고민했다.

심은숙은 31일 광양에 도착해 6월 1일 광양 청년동맹 주최, 조선일보 광양지국과 광양 농민조합 후원으로 강연 준비를 했다. 경찰은 강사가 불온하다며 강연을 금지했다. 3일 순천읍에 도착해 그 이튿날인 4일 오후 8시부터 노동연합회관에서 '여자도 사람이다'는 제목으로 강연을 준비했다. 강연 신청서는 경찰서에 이미 제출했다. 강연일인 4일 오전 9시에 순천경찰서는 강사 심은숙을 불러 강연은 조선의 미풍양속을 방해할 염려가 있다며 금지명령을 내림과 함께 그를 검속했다. 서장과 말할 때 심은숙의 행동이 반항적이라는 이유였다.[60] 심은숙은 검속된 뒤 몸이 아파서 음식을 잘 먹지 못했다. 19일 군산에 도착했지만 경찰의 강연 금지로 못하고 다음날 20일 오후 10시 열차로 대전으로 출발했다.

| 경함선 |

허정숙

경함선(원산-청진) 순회 강사는 허정숙이다. 허정숙은 5월 26일 신고산에 도착해 '조선 여성과 근우회'라는 주제로 강연했다. 강연회는 큰 성황을 이루었다. 5월 28일 영흥에 도착했다. 영흥지회 주최로 오후 9시 청년회관에서 허정숙은 '금후의 조선 여성운동'을 주제로 1시간 동안 강연했다.[61] 29일에 홍원에 도착해 홍원지회와 신간지회의 후원으로 오후 9시 10분부터 청맹회관에서 강연했다. 강연 도중 감시경찰의 주의와 중지로 해산당했다. 30일 홍원을 거쳐 신포에 왔다. 오후 8시 여자청년회관에서 '조선 여성은 어디로 갈까?'라는 주제로 강연했다. 3000여 명의 군중이 모여들었고 11시에 마쳤다.

6월 1일 북청에 도착해 다음날 북청 청년회관에서 '조선 여성의 역사적 지위'라는 주제로 강연했다. 남녀 청중이 무려 600~700명에 달할 정도로 성황이었다. 허정숙은 약 2시간 동안 열변을 내뿜었는데 청중은 감동을 받았다. 차호여자청년회에서는 순강단이 3일 차호 도착을 기회로 강연을 개최했으나 경찰의 집회 허가를 받지 못해 서로 마음을 터놓고 이야기하는 시간을 가졌다. 8일 주을로 가서 '조선 여성과 근우회'라는 주제로 강연을 했는데 청중이 700~800명에 달했다.

10일 웅기에 도착했다. 웅기지회는 경찰서에 강연 신청서를 제출했지만 경찰은 단오 운동회를 구실로 어떤 집회도 허락할 수 없다며 강연을 허가하지 않았다. 웅기지회는 운동회가 끝나는 13일에 개최하려고 기다렸다. 운동회는 하루 더 연기돼 13일까지 이어졌다. 여러 차례 교섭했지만 '절대 불허한다'는 경찰 방침에 따라 허정숙은 더 이상 체류하지 못하고 14일 오전에 떠났다.[62]

그는 북조선 지방의 순회를 마치고 6월 21일 간도 용정에 도착해 용정 시내 각 사회단체를 방문했다. 22일 오후 8시 근우 용정지회 주최로 '조선의 현실과 여성운동'이라는 제목으로 강연했다. 청중은 무려 500여 명에 달했다.

| 전국 순회강연단 보고대회 |

경의선 순회 지역에서 정칠성은 백천, 해주, 진남포, 신의주, 의주, 안동현, 인천에서 모두 강연했다. 경함선 순회 지역에서 허정숙은 신고산, 영흥, 북청, 신포, 주을에서 강연했고 홍원, 차호, 웅기 등지에서는 금지당했다. 경함선 지역을 마치고 허정숙은 간도에까지 가서 강연을 했다. 경부선 지역으로 떠난 박호진의 순회강연은 5월 중순부터 7월 초까지 이어졌다. 언론보도에 따르면 왜관과 영주에서만 강연했는데 이 강연도 끝까지 못하고 중도 금지당했다. 다른 지역에서는 강연 대신 근우지회 회원들과 모여 친밀하고 진지한 이야기를 나눴다. 경의선과 경함선 지역은 500여 명 이상의 청중이 모여 밤늦게까지 그들의 강연을 들었다. 호남선 지역에서 심은숙은 전주, 광주를 제외한 담양, 광양, 순천, 군산, 대전에서 모두 강연을 금지당했다. 부득이하게 환영회와 간담회로 만족해야 했다. 박호진과 심은숙은 가는 곳마다 금지당하고 경찰서에서 가서 조사를 받아 몸이 수척해졌지만 강연은 멈추지 않았다. 강연을 하지 못하면 그곳 근우지회 회원들과 마음을 터놓고 이야기하고 회포를 풀었다.

경의선과 경함선 지역에서의 정칠성과 허정숙의 순회강연은 비교적 순조롭게 열렸다. 언론보도에 나온 지역과 처음 예정했던 지역이 다소 다르지만 순회강연단들이 목적했던 지역은 모두 돌아다녔다. 이들 순강단은 열렬한 환영을 받았고 열의에 가득 찬 말로 사람들에게 많은 감동을 주었다. 그리고 7월까지 모두 경성으로 돌아왔다.

> 15일 오후 6시부터 시내 경운동 천도교기념관에서 각 지방 순회를 마치고 돌아온 제씨로부터 지방 상황 보고 강연회를 개최한다는바 입장료는 10전이라 하며 일반 다수 청강을 환영한다더라.
>
> 연사 명 경함선 방면 허정숙, 경부선 방면 박호진, 호남선 방면 심은숙, 경의선 방면 정칠성[63]

한반도를 무대로 지방 순회강연단을 마치고 온 박호진, 허정숙, 심은숙, 정칠성은 7월 15일 강연 보고대회를 개최하려고 했다. 그들은 5월 중순부터 6월 말까지 50여 일 동안 거친 행보를 마쳤다. 지역마다 사정이 달라 몸이 힘들어도 대중과 만나 마음껏 여성운동과 근우회를 알렸다. 경찰의 연이은 금지로 몸과 마음이 지쳐 몸이 병들었지만 멈추지 않고 끝까지 포기하지 않았다. 그래서 '근우회 순회 보고 강연회'는 그들의 이야기를 들어볼 중요한 시간이었으리라. 그러나 이것마저도 금지되어 보고대회에서 그들의 목소리는, 경험은 들을 수 없었다.

여성의 일상을 함께하다

근우회 발기인 총회와 창립 대회를 마치자 여론은 '근우회에 바란다'며 근우회를 가르치려 했다. '여성운동은 부문 운동이므로 전체 운동을 생각해라', '민족 해방운동이, 계급 해방운동이 있어야 여성해방이 있다.' 등의 논리로 여성운동의 방향을 지시하고 규정하고 가르치려 했다.

그런데 여성들에게 근우회는 일상의 균열 그 자체로 다가왔다. 지금 당장 결혼생활로, 결혼제도를 비롯한 일상생활에서 벌어지는 다양한 일들로 고통받고 힘겨울 때 근우회가 그들에게 피난처이자 새로운 삶을 밝히는 등불이었다.

함북 경성군 주남면 부평동 최월순(18)은 결혼한 지 3주일 만에 시집에서 탈출해 본가로 왔다. 이 사실을 탐문한 근우 주을지회에서는 이송근과 이봉연을 조사원으로 파견했다. 최월순은 근우 회원이다. 조사원에게 최월순은 "근우회는 내 문제만이 아니라 일반 여성의 결혼문제를 잘 해결하여 주십시오"라며 사건 전말을 소개했다.

"부모는 동리 사람의 말을 믿고 결혼을 허락한 모양입니다. 일반의 이목이 염려되어 하고 싶은 말을 못하고 그냥 순종하였습니다. 지난 음력 10월 30일에 결혼식을 거행하고 밤이 늦었는데 신랑은 밤이 깊도록 아무 말도 없었습니다. 결혼 당일은 (…) 시어머니가 일어나서 말하기를 아마 곤하여 그러니 무서워 말라 하며 시아버지 되는 사람이 일어나서 그 애가 오늘 말에 떨어져서 그렇다는 등의 구실을 내어 놓았습니다. (…) 신랑은 도모지 만나볼 수 없었고 (…) 나는 신랑이 이상한 ○○병자인 것을 알았습니다. 나는 험악한 운명을 생각하고 이러한 운명의 개척은 오직 나 자신의 용감한 반항에 겪지 않으면 안 되리라 하여 결혼 10일 만에 집으로 돌아(왔습니다). (…) 파혼을 선언하고 활동한 결과 내가 가지고 갔던 소지물은 전부 가져오고 하였음으로 이만하면 성공이라고 생각합니다."[64]

사기 결혼을 당한 근우 회원이 조사위원에게 잘못된 결혼을 파기하고 벗어나는 과정을 설명했다. 결혼은 외부인이 함부로 개입하지 못하는 개인적 관계에서 이루어지며 가족제도와 관련된 일이다. 그런데도 근우회는 조사위원을 파견했다. 최월순은 조사위원에게 적어도 '운명의 개척' '이만하면 성공'이라면서 결혼제도는 '개인'의 문제를 넘어서 '사회적' 문제라며 자신의 선택을 알려줄 것을 부탁한다. 근우회는 지극히 '사소'한 주변에서 일어나는 문제들에 개입했으며 이는 일상을, 제도를, 사회를 변화시키는 방법이라 생각했던 것이다.

일상에의 개입은 여러 방향으로 전개되었다. 낙태한 여성의 사정을 조사하고 항의하는 일, 고등여학교에서의 분규를 조사하고 관련자들의 의견을 듣고 항의하는 일, 각종 파업과 분규를 조사하는 일 등의 활동을 벌여나갔다.

1929년 7월 22일 중앙 상무위원회는 "신문에 보도된 조항의 부인 이숙정 씨가 경찰에 피착 중 낙태한 사건에 대하여 진상을 조사하는 동시에 환자를 보호하기로" 결정했다.[65] 이숙정은 남편이 경기도 경찰부에 검거되자 여러 번 경찰부를 찾아가 남편을 놓아달라고 요구했다. 그런데 이숙정도 아무개 사건의 혐의가 있다며 경기도 경찰부 고등과에 검거되었다. 이숙정은 경기도 경찰부 유치장이 좁아 본정경찰서 유치장으로 이송되었다. 그곳에서 하룻밤을 잤는데 이튿날 낮에 피를 흘리고 아랫배가 아파왔다. 본정서는 이 사실을 경찰부에 알렸으며 경찰부 경찰이 이숙정을 데리고 나갔는데 경찰서 문 앞에서 유산했다. 그러자 경찰부 경찰은 이숙정을 집으로 돌려보냈다. 임신 4개월의 몸이었다. 이 소식을 들은 근우회 본부는 심은숙과 정칠성을 보내 조사케 하고 곧바로 이숙정을 남대문 세브란스 병원에 입원시켜 치료했다.[66]

근우회는 학교 분규 사건도 조사하고 적극 개입했다. 근우회가 처음부터 학교 분규 사태에 개입한 것은 아니다. 오랫동안 해결되지 않고 그리고 학생들에게 불리하게 작용할 때에 학교 구성원의 이야기를 듣고 조사했다.

1927년 6월에 일어난 숙명여자고등보통학교 분규는 학교와 학생들이 팽팽하게 대립한 상태에서 중간 역할을 하던 학부형회마저 강경해져 해결의 실마리가 보이지 않았다. 근우회 중앙 집행위원회는 "무엇보다도 생도들의 요구가 무리한 것이 아니며 학교 측에 무슨 흑막이 있는 것이 분명하니 그것을 먼저 조사할 필요가 있다"고 결론 내렸다. 근우회는 학생들이 희생될 가능성이 높아져 이를 방관할 수 없다고 판단해 조사위원을 파견해 조사했다.[67] 11월 중앙고등보통학교, 12월 제일고등보통학교에서 일어난 맹휴 때에도 근우회 조사부는 조사위원을 파견했다. 1928년 2월 고성보통학교 생도 타살 사건 때에는 여러 단체와 연합해 사건 진상을 조사하고, 성토 선전문을 작성해 배포하고 피해자 부모에게 위로문을 발송하기로 결의했다.

1929년 4월 22일 9시 반 진명여자고등보통학교의 3, 4학년 생도 120여 명을 태우고 청량리로 향하던 전차가 시내 적선동 십자로 커브 길에서 전복된 사건이 있었다. 이 사건으로 진명여고보 학생 70여 명이 중경상을 입었다. 진명여고보 부상 학생들은 퇴원했지만 다시 재발되어 입원 치료하는 학생은 15명이나 되었다. 게다가 부상자 가운데 사망한 학생도 있었다. 이들의 병명은 모두 외상 신경병이었다. 경성전기회사의 부주의로 사고가 났는데 경전은 한마디 사과 말도 없었다. 이런 상황에서 근우회는 진명여고보 부상 학생들의 치료와 위자료 청구 문제를 너무 지루하게 끌어가며 아무런 결말이 없자, 5월 2일 상무위원회를 열고 사건 진상을 조사하기로 결정했다.[68]

1930년에는 1929년 12월에 일어난 '광주 학생운동' 조사단을 파견하고 격문을 준비했으며, 여학생 만세시위에 자문과 지원을 했다.

이 밖에도 근우회 본부는 각 지역에서 일어나는 분규나 파업을 지회에서 조사하라고 요청했다. 이는 지회 활동에서 자세하게 살펴보겠다.

일본 경찰 성폭력에 항의, 책임자 처벌 요구

1930년 1월 7일 오전 11시 임시 중앙검사위원회가 열렸다. 중앙검사위원회는 종로경찰서를 찾아가 엄중 항의할 것을 결의했다. 중앙검사위원장 김수준, 위원 김상순이 종로경찰서 모리(森) 서장을 방문했다. 모리 서장도 사실을 시인하고 책임 경찰의 엄중 처벌을 약속했다. 사건의 발단은 이렇다.

1929년 12월 31일 오후 1시 30분경에 종로고등계 외근계 후루고리 슌사쿠(古郡順作) 경부보가 공평동 근우회관을 찾아왔다. 마침 근우회 강릉지회 회원인 박영성(가명, 19)이 혼자서 방안에서 회관을 지키고 있었다. 후루고리 경부보는 방으로 들어와 다짜고짜로 책상 앞에 앉아 있는 박영성의 손목을 붙잡고 무례한 행동을 하다가 돌아갔다. 박영성에게 그 상황을 직접 들어보자.

> 지난 달 그믐날에 근우회에 놀러 갔다가 우봉운 씨의 방에서 혼자 놀고 있던 중에 뜰에서 누구 있느냐고 찾기에 창문을 열고 보았더니 종로경찰서 고등계 고군 경부임으로 무슨 볼일이 있느냐 하였더니 별로 볼일은 없다 하기에 문을 닫고 있었더니 들어가도 관계치 않으냐 하면서 방으로 들어와 돌연히 앉아 있는 나의 손목을 잡음으로 왜 이러느냐고 하고 손을 뿌리치고 피해서 방 저쪽 구석에 가서 앉아 있었더니 또 곁으로 따라와서 어깨를 잡으려 함으로 일어나 섰더니 또 손을 내 가슴에 내어밀음으로 분이 나서 강경히 뿌리치며 술을 먹지 않았느냐 한즉 그는 술을 먹지 않았다고 함부로 욕설까지 합니다. 나중에야 잘못했다고 사죄를 하고 돌아갈 듯하다가 그냥 서서 약 1시간 동안이나 힐난을 하고 갔습니다.[69]

근우회 중앙검사위원장 김수준은 책임자 처벌로 경찰의 면직을 요구했다며 아래와 같이 말했다.

> 지난 2일에야 그 사실을 듣고 우리는 여러 가지로 그 대책을 강구한 결과 우선 책임 경찰서에 가서 엄중 항의를 결정하고 지금 갔다 오는 길입니다. 삼 서장이나 길야(吉野) 고등계 주임이나 다 같이 사실을 시인하고 책임자를 엄중 처벌할 것을 언명하였다. 그에 대하여 우리는 책임 경관의 면직을 강경히 주장하였습니다. 어쨌든 이번 문제는 책임의 소재를 엄중히 명백하게 하려 합니다.[70]

근우회 중앙 상무위원회는 1월 10일 오전 11시에 긴급회의를 열고, "1 경찰 당국에 비행 경관의 면직 요구, 2 금후 당국자로서의 책임 요구, 3 규탄 연설회의 개최"를 결의했다. 이 소식을 듣자 종로서는 중앙 집행위원장 정칠성을 호출해 사건 토의를 금지했다. 그리고 동시에 중앙 상무위원회 회의까지 금지시켰다.[71] 종로경찰서장의 책임 경관 엄중 처벌 약속은 거짓말이었던 것이다.

"스무 살 여자가 도모지 철이 없고 세상 분별을 하지 못한다" - <별건곤> 비매 운동

근우회 본부에서는 1930년 3월 13일 오후 3시에 중앙 상무위원회를 열었다. 이 회의에서 개벽사가 발행하는 <별건곤> 잡지의 비매

직업소개부 간판 다는 모습

동맹을 결정했다. 그리고 규탄 연설회를 갖기로 했다. 비매동맹의 이유는 1930년 2월호에 실린 근우회를 중상 모욕한 기사 때문이다. 근우회에서는 이를 간과하지 않겠다며 김수준 외 4명을 질문위원으로 선출했다.[72] 어떤 내용인지 먼저 확인해보자.

부인 직업소개부 설치는 1928년 경성지회 설치 대회 안건 가운데 하나였다. 1930년 1월 7일 부인 직업소개부가 설치되었고,

공평동 근우회관 앞에 드디어 간판을 내걸었다. 옆 사진이 그 모습이다. 소개의 범위는 식모, 침모, 노동부인으로 그 외에 교사와 보모도 소개하기에 노력한다고 밝혔다. 여성들의 방문을 희망한다며 집무 시간은 매일 오전 11시부터 오후 3시까지였다.

이 일을 두고 <별건곤>은 1930년 2월호에 '모던 복덕방' 제목으로 아래와 같은 기사를 실었다.

"근우회 대택에 먹물이 뚝뚝 뜻는 새 간판 하나가 나붓었다.

'曰' 부인 직업소개부.

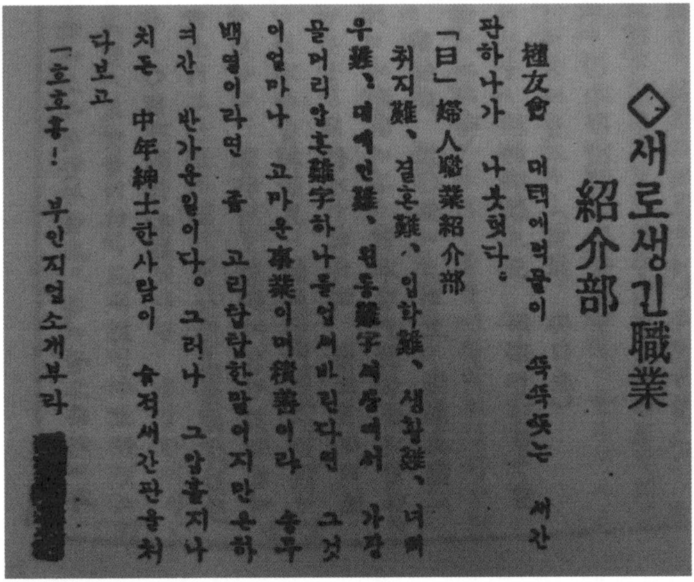
◇새로생긴職業
紹介部
槿友會 대택에먹물이 뚝뚝뜻는 새간
판하나가 나붓헛다。
「曰」婦人職業紹介部
취지難、결혼難、입학難、생활難、녀때
우難、대에연難、원동難字세상에서 가장
물머리알흔難字하나를업세비린다면 그것
이얼마나 고마운事業이며積善이라 솔루
백열이라면 좀 고리탑탑한말이지만은하
여간 반가운일이다。 그러나 그알흘지나
치든 中年紳士한사람이 슬적새간판을처
다보고
「호호호好! 부인지업소개부라

<별건곤> 기사

취직난, 결혼난, 입학난, 생활난, 여배우난, 대애인난, 온통 난 字 세상에서 가장 골머리 아픈 難 字 하나를 없애버린다면 그것이 얼마나 고마운 사업이며 적선이랴. 송무백열이라면 좀 고리탑탑한 말이지만은 하여간 반가운 일이다. 그러나 그 앞을 지나치던 중년 신사 한 사람이 슬쩍 새 간판을 쳐다보고 '흐흐흥! 부인 직업소개부라'(4줄 삭제)
놈들 입버릇 고-약하다. 욕할 때가 그렇게 없던지 그 혓바닥을 구어서 개를 주어도 먹지 않겠다. 그들 입에다 배갈을 솟아준 대국 사람의 문자를 쓴다면 '如此者何謂之紳士乎'다"[73]

1930년 3월 중앙 상무위원회가 열리고 <별건곤> 불매 타도를 결의했다. 중앙 집행위원장 정칠성 명의로 '별건곤 박멸 이유서'가 각 지회로 우송되었다.

우리 근우운동은 다시 말할 것도 없이 우리 조선 일천만 여성 대중의 불행을 오로지 두 어깨에 지고 험악한 광야에 헤쳐○○ 몸 지칠는 피와 땀이 있을 뿐이다. 이에 ○○ 도움은 없을지언정 무의식한 반동을 감행하는 자가 있다면 그것이야말로 우리의 적이며 전사회의 반역이다. 이에 있어서 우리는 반동지 모 종교 단체의 간행물 <별건곤>의 존재를 박멸 구축치 아니할 수 없게 되었다. 그 이유와 사실은 이에 있다. 현금 우리 조선 사회의 불과 몇 종밖에 없는 언론

> 기관으로서는 우리 운동의 발전을 위해서 힘을 더해주는 것이 아니어서는 아니 될 것이다. 그들 자체 역시 이것을 표방하여 왔음에도 불구하고 도리어 우리 운동의 앞길에 대담 ○○한 저주와 박해를 함부로 행사하였다면 이는 우리 조선 사회운동선에서 묵과할 수 없는 큰 죄악 및 반동이 아니고 무엇이랴. 소위 그들 별건곤으로서 일삼어온 사명은 오로지 대중을 속이고 우리 운동을 중상하며 개인을 모욕하는 것으로 일관해온 것이다. (…) 대중에게 지은 죄상은 다음 명확히 성명하려니와 우선 그 심한 것으로는 ○○ 금년 2월호 기사에 우리 근우운동에 대하여 사회의 공안을 두려워함도 없이 잔인무도하고도 허무맹랑한 악설한 행사가 어찌 우리 여성운동에만 미칠 것이랴! 조선 전체 운동에 대한 해독이며 모욕이며 반동이다. (…) 만천하 동지여!! 이에 대하여 엄연한 비판이 있으며 공감이 있으리로다.[74]

<별건곤>에는 근우회 이름을 직접 밝혀 조롱한 기사 이외에도 여성운동과 여성운동자를 모욕한 기사도 있다. 필자는 'P. M. S'이며 기사 제목은 '일 무명 여성의 명사 매도록(罵倒錄)'이다.

> 나는 (…) 정규를 밟아 공부도 하지 못하였고 그저 들은 풍월로 신문 잡지와 팜푸렛트로 겨우 문맹을 면하였을 뿐이다. (…) 사회에서 남들이 명사, 지사라고 일컫는 사람들의 여성에게 대한 행동을

> 나는 특별히 주의하여 캐어보고 살펴보고 알아보고 하였다. (…) 그들의 성명을 또박또박 내세울 자신을 가질 만한 충분한 증거가 명명백백하게 나의 손아귀에 들어 있다. (…) 나에게는 작년에 학교를 마치고 구직하는 여자 친구 하나가 있다. 나이는 스무 살이나 먹었으되 도모지 철이 없고 세상 분별을 하지 못한다. 그러한 사람이 가정의 감독도 없이 서울서 하숙 생활하며 구직운동을 하고 있다. (…) 이것은 어느 남자들이 많은 그룹 속에 들어가서 일을 하다가 4, 5인의 공동 소유 첩 노릇을 하던 여자의 이야기이다. (…) 이상의 실례가 물론 시간과 장소와 각기 성명을 쓰지 못하기 때문에 몽롱하기는 하나 그래도 반쯤은 내막이 어떠하였다는 것을 독자도 짐작하였을 것이다. 그 밖에도 얼마든지 나의 수중에는 재료가 산가치 많이 쌓여 있다.[75]

위 기사는 4쪽 분량이지만 정확하게 전달하려는 내용이 분명하지 않다. 분명한 것은 "이것은 사실이다", "시간과 장소와 이름을 밝히지 못하지만 모두 알 것이다"라는 말을 반복하면서 여성운동과 여성운동자들의 뒷이야기를 하는 것처럼 처리했다. 그리고 이 글을 쓴 까닭이 젊은 여성들이 여기에 휩쓸리지 않았으면 하는 바람 때문이라는 것이다. 20대 여성을 세상 물정 모르는 나이로 말하면서 이들 여성들이 가부장의 감시 없는 서울 생활은 불행으로 향하는 길이라고 지적한다. 불행은 첩 생활을 하는 여성운동자의 길이라고 쓴다. 잡지의 지면에 여성운동자들은 조롱과 비난의 대상으로 소비되었다.

이런 상황이었기에 근우회 본부에서는 성토 연설회를 마련하고 이 문제를 토의 안건으로 각 지회에 공문으로 내려보냈다. 본부의 안건을 전달받은 경성지회는 정기 대회에서 <별건곤> 비매동맹을 가결하고 공격 연설을 하기로 결정했다.

> 이번에 열린 동 대회석상에서 가장 문제가 된 것은 개벽사에서 발행하는 잡지 <별건곤>에 대한 것이었다. 동 잡지는 대중의 여론과 또는 초기에 있는 여성운동을 무시하는 동시에 각 방면으로 중상적 기사를 기재하였을 뿐 아니라 개인 공격을 일삼는 등 야비한 수단을 취하여 자기네의 판매 부수만 늘리기에 급급함에 있어서는 단연히 비매동맹을 하는 동시에 시일을 정하여 탄핵 연설과 또는 문제를 여성문제에만 국한하지 말고 전 조선 각 사회단체의 여론을 환기하자고 만장일치로 가결하였고 실행 방법에 있어서는 위원회에 일임하였다.[76]

<별건곤> 성토 연설회는 3월 25일 오후 7시 반 견지동 시천교당에서 개최하고 입장권은 24일 오전 10시부터 오후 4시까지 회관에서 무료로 배부한다고 알렸다. 이날 연설회 연사는 10명이다. 그러나 성토 연설회는 열리지 못했다. 그 까닭은 종로경찰서가 성

토 연설회를 금지했기 때문이다.[77]

성토 연설회는 치안을 방해하는 것이 아닌데도 경찰은 왜 금지한 것인가? 그것을 해명하고 잘못된 정보를 바로잡을 기회마저도 허용하지 않았다. 일제 경찰은 근우회 활동이 술자리의 안주처럼 조롱거리로 소비되고, '이것은 사실이다'라는 가짜 기사 즉 유언비어가 더 멀리 퍼지도록 했다. 유언비어는 '사실'로 굳어지고 여성운동과 페미니스트들을 공격하고, 공격은 혐오로 이어질 가능성이 높다. 아마도 일제 경찰은 이런 효과를 노렸을 것이다.

여성운동가들은 <별건곤>의 아슬아슬한 기사를 항상 염두에 두었다. 정종명은 <별건곤>이 발간된 초기에 "사상 문제나 정치 시사 문제를 기재하여 달라고 하는 것은 도리어 무리한 요구"라며 "인물 비평이라든지 기타 풍자의 기사를 가장 솔직하게 써서 영향을 준 것은 절대로 필요하고 또 통쾌한 일"이라고 말한다. 그러나 "사람을 비평한다든지 누구의 비행을 풍자 공격하는 데에도 다소 참작을" 해 "필봉을 낮추고 특히 초기 운동에 있는 여성에 관한 기사에 대하여 많은 고려"가 필요하다고 부탁했다.[78] 그러나 1930년대에 들어서면서 그것은 인물 풍자가 아닌 스캔들과 가십으로 채웠다. 인물 소개는 관상, 얼굴, 피부, 몸매, 목소리 따위의 노골적인 품평회로 바뀌었다.

성토 연설회가 열리지 않았기 때문에 어떤 내용을 연설하려고 했는지 알 수 없다. 다만 정종명이 <조선일보> 1930년 12월 5일자에 쓴 '잡지 집필 문제에 대하여' 라는 글에서 '방귀로 반찬을 만드는 법'을 싣는 잡지라고 비판했다. 이 글에서 일부만 짐작할 수 있을 듯하다. 여기에 그 일부를 소개하겠다.

동지들!

<별건곤> 잡지의 정체는 더욱이 여성 동지들이 잘 알 것이다. 근우회의 중상 기사는 우리들의 성토의 적이 되었었으며 대중의 실제 이익을 멀리 떠나 있는 그야말로 <별건곤>이다. 그들은 또한 11월호에 왈(曰) 소위 조선의 일꾼 골상 평을 실었다. 그 골상허(許)에 오른 인물이 나와 함께 '조선 일꾼'이라는 영예를 가지게 되는 것을 나는 기뻐하지 않는다. (…) 그것은 전혀 내가 원치도 않는 것이며 당연치도 않은 비과학적 언사를 나열하였음으로써다. 배군의 글을 인용하지 않고라도 나를 치부(致富)될 것이라는 한 말을 공격의 중요 문제로 삼는다. 나는 전혀 부자를 배척하는 사람이다. 나는 전혀 치부될 환경과 조건을 가지지 않았다. 또한 가지려고도 하지 않는다. 하여간 나에게 부자될 것이라는 예언은 일종의 나에게 대한 욕설이다.

3장

연보라 배지를 단 여성들의 행진

1928년 7월 14일, 제1회 전국 대표자 대회

근우회 창립 1주년이 다가왔다. 1928년 4월 15일 정기 집행위원회에서는 전국 대표자 대회를 개최하기로 결정한다. 4월 18일 오후 7시 반 근우회 회관에서 전국대회 준비위원회 회의가 열렸다. 21명 위원 가운데 근우회 창립 기념 준비위원으로 6명이 선정되고 남은 15명은 대회준비위원으로 부서는 서무부, 재무부, 접대부, 의안 작성부로 나누었다.

창립 기념 준비위원: 조원숙, 강정희, 최은희, 심은숙, 이경희, 황찬희

서무부: 박호진, 허정숙, 차사백, 이경희, 심은숙

재무부: 우봉운, 강정희, 방신영, 신정균, 신경애

접대부: 유영준, 유각경, 조원숙, 정칠성, 박영해

의안 작성부: 홍애시덕, 김필수, 황신덕, 문인순, 이현경[79]

근우회 전국대회 준비위원회에서는 5월 3일 제2회 준비위원회를 열었다. 이날 회의에서 대회는 5월 26일, 27일 오후 7시부터 중앙기독청년 회관에서 개최하고, 의안 작성위원으로 정종명과 허정숙을 보선하고 의안은 5월 8일까지 작성해 각 지회에 공포하기로 결정했다. 마크 및 회기의 고안자로서 정종명과 차사백이 뽑혔다. 선전 포스터도 만들었다. 지회의 건의안 접수는 5월 20일까

지 받기로 했다.

준비위원회는 전국대회 개최에 막바지 온 힘을 기울였다. 개최일까지 15여일 남았는데, 종로경찰서에서 갑자기 안건을 알기 전에 대회를 허가할 수 없다며 미리 안건을 가져오라고 통지했다. 준비위원회는 안건을 종로경찰서에 제출했다. 그러자 종로경찰서장은 "지금까지 근우회 정신이 어디 있는지 몰랐었으나 이번 의안으로 보아 동회의 정체를 알았음으로 금후의 대회는 절대로 금지할 것이오, 앞으로 동회의 정신을 고치지 않으면 해산까지라도 할는지 모르겠다"라고 말했다.[80]

세계전쟁 반대 결의안

의안 작성부는 홍애시덕, 김필수, 황신덕, 문인순, 이현경이었는데 정종명과 허정숙이 합류했다. 종로경찰서장은 이 토론 안건을 읽고 전국대회뿐만 아니라 근우회를 해산시킬 것이라고 경고했다. 1928년 5월 경기도 경찰부가 작성한 근우회 전국 대표자 대회 토의 안에 따르면 이는 중심 슬로건, 전쟁 반대 결의, 민족운동에 관한 결의, 조직 문제에 관한 결의, 선전 사업에 관한 결의로 구성되어 있고 14쪽의 분량이다. 여기에서는 당면 슬로건과 전쟁 반대의 결의 내용만 소개하겠다.

근우회는 조선 여성 각계각층의 단일 협동전선으로서 그 중심 슬로건은 부르주아 민주주의 운동, 봉건제도 타파라고 주장했다. 그리고 순간순간 투쟁 조건이 나타날 때마다 당면 슬로건을 가져야 한다고 했다. 현실에 맞서 적절한 운동을 펼치겠다는 방향을 제시한 것이다. 당면 슬로건은 아래와 같다.

조선 여성은 민족운동의 유력한 한 부대로 되자.

전 민족의 생존권을 확보하자.

조선 민족운동의 통일전선을 굳게 결성하자.

신간회를 적극적으로 지지하자.

일절 봉건제도의 타파

결혼, 이혼의 자유

여자 재산권의 설정, 남자와 동등권의 획득

언론, 집회, 결사의 자유

전쟁의 반대

인신매매 및 공창의 폐지

교육제도의 개혁 및 문맹 퇴치

운동선상 희생자의 구호

실업자의 방지

재만동포의 자유 입적(入籍) 주장[81]

중심 슬로건에는 여성문제를 포함한 교육, 이주, 복지, 정치적 사회적 자유, 민족과 인종 그리고 전쟁 반대까지 모든 것을 포괄하고 있다. 근대 국민국가에서의 시민·정치적 권리와 경제·사회·문화적 권리를, 제국과 식민의 경계를 넘어선 독립권을 주장했다.

근우회는 여성 개인 문제부터 민족과 인종 그리고 세계전쟁까지 고민했다. 왜냐하면 이들 권리가 곧 여성 개인의 삶과 밀접하게 관련되어 있기 때문이다. 따라서 근우회의 전쟁 반대 결의는 글로벌화된 오늘날에도 경청할 만한 가치 있는 토의 안이다. 비록 전국대회에서는 제출되지 못했지만 전쟁 반대 결의를 들어보자.

(1) 세계대전의 기억은 아직도 우리들의 뇌리에 생생하다. 그것이 무엇에 의하여 폭발되었으며 누구의 죄인가? 그 전쟁이 세계 대중에게 무엇을 주었는가는 이미 사실에 의하여 충분히 설명되고 남음이 있다.

(2) 세계 가치(價値)는 최근에 이르러 첨예화되었다. 제국주의 열국(列國)과 노농(勞農) 러시아 간의 모순, 제국주의 열국과 식민지 및 예속국 간의 모순 등은 제2차 세계대전을 준비한다. 전쟁은 언제 폭발할 것인가? 중국 문제를 동기로 하여 더욱 촉진되고 있다.

(3) 대전 후 세계는 일시 안정되고 있다. 그러나 이 안정은 필연적 가치를 더욱 증대시키는 상대적 안정에 불과하다. 세계 가치에 은연히 공공연히 성장하여 왔다.

(4) 조선 여성은 세계 대중과 함께 이 전쟁에 반대하지 않으면 안 된다. 세계전쟁의 위기와 싸우자면 당면의 슬로건을 내걸지 않으면 안 된다.

① 현대 전쟁의 본질, ② 전쟁의 참화, ③ 대중과 전쟁의 관계 등을 대중적으로 설명, 선전하지 않으면 안 된다.[82]

근우회는 1928년에 화폐 가치 하락으로 인한 세계 대공황을 지적하면서 제2차 세계대전을 예견했다. 이에 세계전쟁 반대 결의 안건을 내놓았던 것이다.

위의 당면 슬로건과 전쟁 반대의 결의만 보아도 종로경찰서가 발칵 뒤집히고 서장이 당장 해산시키겠다고 할 만하다. 결국 이들 토의 안은 전국대회에서 토론되지 못했다.

5월 12일 오전 9시에 허정숙과 정종명은 종로경찰서 서장과 만났다. 황신덕과 정칠성도 종로경찰서 고등계 미와 경부를 방문했다. 이들은 의안을 토론하지 않고 중앙 집행위원 개선과 규약 수정, 교양 교육 문제만 다루겠다며 대회 허가를 요청했다.[83] 이에 임시대회 개최를 승인받았다. 즉 조건부의 임시대회를 열게 된 것이다. 집행위원회에서는 임시대회를 7월 14일 개최로 결정했다.

전국에서 모인 여성해방 혁명 투사들

7월 6일 오후 3시 중앙 집행위원회는 의안 작성부에서 작성한 의안 및 규약을 약간 첨삭한 뒤 통과시켜 이를 각 지회에 배부했다. 대의원 1인 1매 1원씩 대의원증을 발매해 대의원증이 없으면 대회 입장을 허용하지 않았다.[84]

13일 중앙 집행위원회는 대회 순서를 결정하고, 대의원 환영회를 15일 오후 3시 청량사에서 열기로 확정했다. 30여 지회로부터 대의원 40~50명이 서울로 와서 대기했다. 조선에서 처음으로 전국 여성운동자들이 모두 집결한다는 소식은 여론을 통해 널리 알려졌다. 1년 동안 전주, 김천, 목포, 담양, 대구, 진주, 군위, 김해, 제주, 밀양, 나남, 신고산, 명천, 평양, 춘천, 함흥, 경성, 웅기를 포함해 멀리 도쿄, 오사카, 교토까지 40곳에 지회가 설치되었고, 회원은 5000명에 달했다.

근우회 임시 전국대회는 14일 오후 8시 반부터 시내 경운동 천도교기념관에서 정종명의 사회로 열렸다. 조선 역사상 전국의 여성운동가들이 모인 첫날이다. 정각 전부터 각 지회 대의원뿐만 아니라 방청객들이 모여들어 회장 안팎에 발 디딜 틈이 없었다. 대회장 정문에는 '임시 전국 대표 대회 일천만 여성의 단결'이란 플래카드를 내걸었다. 대회장 무대 좌우에는 지회 분포와 발달 상황을 그림으로 만들어 붙였다. 한눈에 근우회의 조직 상황을 알아볼 수

제1회 전국대회가 열린
천도교기념관 그림
©이임하

제1회 전국대회

있다. 대의원들은 연보라 배지를 가슴에 붙였다.

종로서를 포함해 시내 각 경찰서 헌병대로부터 정사복 경찰 수십 명이 회장 안팎을 경계하고 있었다. 이날 대회장의 풍경은 이렇다.

> 회장 위 아랫 층에 송곳 하나 꼬질 틈 없는 대만원을 이루었으며 오히려 입장하지 못한 군중들은 회장의 밖으로 열 겹 스무 겹 성을 쌓고 유리창마다 수십 명씩 매여 달려 이 광경만으로도 넉넉히 대회가 얼마나 성황이었던가를 말할 수 있으며 여자 방청석에는 기생들

의 방청도 있어 자못 한 이채를 발하였다. 오십여 대의원들이 이윽고 만장 청중의 환호 박수와 정사복 수십 명 경관대의 감시 밑에 정종명의 개회사로 막을 열었다.[85]

임시 의장 정종명이 인사말을 마치자 최은희, 백덕수를 서기로 하고 허정숙 외 9인을 사찰로 선거했다. 대의원 점명을 마치고 대의원 자격 심사위원 유각경, 정칠성, 황신덕 외 7인이 대의원 자격을 심사했다. 유각경이 심사위원 대표로 심사 결과를 대회에 보고하자 만장일치로 통과되었다.

개회	각 지회 사업 보고
개회사	의안 토의
대의원 점명	지회 건의안
대의원 자격심사	규약 수정
대회위원 선거	예산안 통과
축전 축문 낭독	중앙 집행위원 선거
본부 경과보고	기타 사항
축사	폐회

동경지회에서 출석한 회원들이 동경지회 정권(권한 정지) 문제를 질문했다. 대회를 앞두고 본부 간부와 본부의 위신을 손상시킨 성명서를 발표했다는 이유로 본부는 동경지회에 정권을 내렸던 것이다. 이에 동경지회 대표 대의원 자격 논란이 일었다. 갑론을박의 시간이 길어졌다. 결국 본부와 동경지회가 문제 된 성명서의 진

상을 보고했다. 논란이 점점 가열되었다. 이에 한신광은 동경지회가 잘못을 인정하고 일반 대의원에게 사죄함과 함께 다시 성명서를 발표해 취소하면 대의원 자격을 주자는 제안을 제출했다. 따라서 동경지회 대표 양봉순은 앞으로 나와서 본부 집행위원의 관료적 교섭과 굴종적 행동이라고 비난한 부분은 자세히 알지 못하고 발표한 것이라며 일반 대의원에게 사죄했고, 취소 성명서를 발표하겠다고 밝혀 사태는 해결되었다.[86] 대회는 12시 반에 무사히 마쳤다.

전국대회는 제2일인 7월 15일에도 천도교기념관에서 오전 9시부터 정종명의 사회로 열렸다. 대회위원은 의장 양봉순, 부의장 김필애, 서기 최은희·백덕수·채선비가 뽑혔다.

축전 40여 통과 축문 50여 통이 왔는데 19통은 경찰에 압수되었다. 협동조합운동사, 형평사 총본부, 조선청년총동맹, 경성직물직공조합, 노동운동사, 조선프로레타리아예술동맹, 조선노동총동맹, 조선인쇄직공조합총연맹, 조선농민사, 천도교청년총동맹, 천도교내수단, 천도교청년단, 조선농민총동맹, 신흥청년동맹, 서울청년회, 조선교육협회, 조선요리점원조합, 경성양복기공조합, 신간회 김제·어주·목포·전주·경서·영덕·김해·괴산·의주·평양·구례·안변·밀양·진남포·경성·선산지회 등의 단체가 축문을 보내왔다.

신간회 본부 조헌영, 신간회 경성지회 이시완, 동경학우회 박형채의 축사가 있었다. 이날도 방청석은 대만원이었다.

본부 경과보고 중 목포지회 사건에 이르러 팽팽하게 맞서는 가운데 갑론을박의 맹렬한 논전이 일어났다. 한편에서는 목포지회 정권 처분의 부당함을, 다른 한편에서는 정당함을 주장했다. 여기에 의장 양봉순의 불신임 문제도 일어났다.

본부 조사위원 우봉운이 목포지회 문제를 보고했다. 목포 분규 문제는 무조건 타협으로 결론 내렸다. 목표지회 대표들은 대회에 나와 앞으로 정의를 위해 합동 일치한 행동을 취하기로 선언을 한 뒤 손과 손을 마주 잡고 뜨거운 악수의 광경을 연출했다.[87] 밤 9시에 문제 많던 목포 문제도 해결되어 잠시 휴회했다.

대회는 10시 반에 다시 열렸고 일사천리로 의사를 진행하여 각 부 경과보고와 규약 수정을 마친 뒤 신임 집행위원을 뽑았다. 본부에서 제출한 지방 단체 연락, 교양 문제 등을 결의하고 20여 지회에서 제출된 의안을 황신덕이 하나하나 읽고 만장일치로 통과시켰다.

각 지회에서 건의안을 제출했는데, 신의주지회는 인신매매 폐지·남녀 일절 차별 철폐·신간회 지지·기관지 발행을, 웅기지회는 농촌부인(교육기관 수립과 봉건적 인습 타파)·노동부인(최저임금제 실시, 8시간 노동제 확립, 부인·아동 노동 야간 금지, 산전 산후 생활 보장)·학생(학생 학문 연구에 대한 자유권 확립, 교내 연구 행동에 자유, 교육상 남녀 차별 철폐), 두만강 연안 영내 만기 출영병 이주에 관한 건·문맹 퇴치·부인 교양 문제·조혼 철폐·부인 노동·여성 경제 독립에 관한 건·생활 개선·공창 폐지·재만동포 옹호 문제를, 밀양지회는 법률상 사회상 성적 차별 철폐·인신매매 금지를, 평양지회는 기관지 발행·미신 사상 타파·공창 폐지운동·직업부인 교양기관 설립 등을 제출했다.[88] 신의주지회를 비롯해 3곳 지회에서 제출한 의안은 당국에 압수되었다.

대회에서는 중앙 집행위원 23명, 검사위원 7명, 후보위원 7명이 뽑혔다.

근우회 전국대회는 "조선이 생겨나서 처음 보는 조직적 여성대회여서 조선 여성운동사, 아니 조선 역사에 신기록을 지은 만큼 만천하가 주시하게 되었다"라고 할 정도로 뜨거운 관심을 받았다. 모든 언론이 천도교기념관으로 몰려와 취재하고 지식인들은 한마디씩 했다. <중외일보>는 사설에서 대회 감상을 아래와 같이 적었다.

> 오인은 방청인의 횡폭무례를 규탄하지 않을 수 없다. 근우회 대회는 동회 대의원의 전국대회이오 동회와는 하등 관계가 없는 방청인을 위한 회도 아니오 또는 방청인의 의사에 대한 찬부 여하를 구하는 회도 아닌 것은 아무리 무지 무례한 방청인일망정 이만한 것은 해득할 것이 아닌가. 그럼에도 불구하고 작야의 광경을 보건대 일대의원의 의견 진술에 대하여 감히 찬부성의 의사를 발표하며 심하

기는 대의원이 선출한 역원이 회무를 집행함에 타역원으로 그 회사를 대행케 하라는 등 요컨대 대의원인지 방청인인지 제3자로서는 알 수 없으리만큼 방청인이 횡폭무례적 태도를 감한 데 대해서는 실로 언어도단이었다.[89]

강령 수정과 행동강령 제정

근우회는 1929년 7월 3일 오전 11시부터 제2회 전국대회 준비위원회를 개최하여 각 부서를 배치하고 각 부에는 책임자와 위원을 두었다. 준비위원회는 위원장 정종명, 서무부 박호진·심은숙·김정희·백덕수·서석전·이경희, 의안부 정칠성·정종명·허정숙·한신광·박호진·심은숙, 접대부 우봉운·강석자·김선·한신광·황신덕·정순희·황찬욱, 재정부 김수준·김상순·손메레·신정균·유각경, 장식부 김선·김숙·박영해·김수준·온순명으로 구성되었다.[90]

준비위원회는 7월 8일 회의를 열어 7월 27일부터 29일까지 3일간 경운동 천도교기념관에서 전국대회 개최를 결정하고 지회에 7월 20일까지 건의안 송부를 요청했다.[91] 7월 22일 정종명과 박호진은 근우회 중앙 집행위원회를 대표하여 종로경찰서에 대회 신청서를 제출했다. 일제 경찰은 불온한 일이 없도록 경고하는 한편 의안 및 지회 건의안을 미리 검열해 금지, 삭제한 뒤 대회 개최를 허용했다.[92] 준비위원회 접대부 위원들은 가슴에 붉은 꽃을 꽂고 기차역에 나가 지방 대표를 맞이했다. 대의원들이 묵을 지정 여관은 종로 삼정목 남산여관과 관철동 문화여관이다. 지방 대의원들은 26일까지 경성으로 들어왔다. 여성은 자유 입장을 허락했고, 남성은 방청권을 받아야 출입할 수 있었다.[93]

개회	축사
주악	경과보고 본부 및 각 지회
개회사	규약 수정
대의원 점명 및 자격 심사	의안 본부 제안, 지회 건의안
임시 집행부 선거	예산안 통과
전 회의록 낭독	임원 선거
축전과 축문 낭독	기타 사항

근우회 제2회 전국대회 제1일은 27일 오전 9시부터 경운동 천도교기념관에서 정종명의 개회사로 시작되었다. 대의원 자격 심사원은 허정숙, 정칠성, 정종명, 심은숙, 성석순이 뽑혔다. 이들은 28개 지회에서 온 69명의 대의원 자격 심사에 들어갔다.

이 과정에서 제1회 전국대회에서 정회 처분을 당한 동경지회와 해산명령을 당한 목포지회에서 출석한 대의원들이 항의했으나 그것은 추후 경과보고에서 하기로 했다.

임시 집행부는 의장에 정종명, 부의장 김순희, 서기 박호진·박은형·이봉근, 사찰 한신광·허정숙·정칠성·김온·김숙·김봉덕·성석순 등으로 꾸려졌다. 박호진이 전 회의록을 낭독했다. 축전과

제2회 전국대회

축문의 낭독이 이어졌다. 축전이 9통, 축문이 57통이었으며 그중 7통은 경찰에 압수당했다. 신간회 본부대표 이중연, 농총동맹 채규항이 축사했다. 그런데 축사 도중 중지당했고 동경학우회 대표 이창인의 축사는 하기도 전에 금지당했다.[94]

참가한 대의원들이 각자 지회 경과보고를 간단하게 했다. 지회 경과보고가 끝나자 목포지회의 해산과 동경지회 정권 문제로 토의가 끝이 나지 않자 오후 7시 반에 휴회했다.

제2일인 28일 오전 10시부터 속회했다. 제1일에 문제 된 지회 해산과 정권 문제로 극도로 긴장한 가운데 토의하다가 목포지회 재조직을 결정하고 담당자로 최채금을 파견키로 했다.

동경지회 정권문제도 동경지회 대표 이현욱이 과거의 잘못을 사과하고 복권을 시켜 동경지회 대의원을 방청석으로부터 대의원 자리에 앉도록 했다. 박수 소리와 함께 2년을 두고 문제 된 목포지회와 동경지회 사건은 원만히 해결지었다.[95] 양 지회의 재조직과 복권으로 처리되었다.

중앙 집행위원회에서 수정한 규약을 한신광이 축조 설명한 뒤 장시간 토의를 했다. 토의 결과, 대회에서 정종명·한신광·최채금·허정숙 4인을 뽑아 규약을 수정하도록 했다. 이렇게 제2일 대회를 마쳤다.

제3일인 29일 오전 10시부터 천도교기념관에서 대회를 열고 앞서 선출한 규약 수정위원이 수정한 규약을 낭독한 뒤 통과시켰다. 본부 제출 토의 안건은 회원 교양, 회관 건축, 기관지 속간 등이다. 회원 교양은 야학 강습소나 강연·강좌·토론회 등을 개최하고 기관지를 이용해 교양사업에 적응하도록 결정했다. 근우 본부 회관 건축은 약 1만 원의 예산으로 건축하기로 결론짓고 예산은 각 지회에서 100원 이상을 부담하기로 결정되었다.[96]

그리고 각 지회에서 제출한 중요한 건의안 토의도 마쳤다. 각 지회의 건의안은 인천지회는 부인 야학에 관한 건, 성진지회는 도연합기관 설치의 건, 주을지회는 근우 기관지의 건, 신의주지회는 부인 직업 문제의 건, 개성지회는 교양 문제의 건, 동래지회는 동일 노동에 대한 임금 차별 철폐의 건, 단천지회는 소학교 월사금

인하의 건, 대구지회는 부인 산업기관의 건, 웅기지회는 규약 개정의 건, 용정지회는 동만지회 설치의 건, 홍원지회는 본부 강령 수정의 건, 김해지회는 여성 지위 향상의 건, 밀양지회는 구제기관 조직의 건, 경성지회는 협동 세탁소의 건, 청진지회는 부인 소비조합의 건, 이원지회는 여성해방 각성 논문 책자 발간의 건 등을 제출하고 토의했다.[97]

예산안을 통과한 뒤 휴회하고 오후 2시에 다시 열고 중앙 집행위원 선거를 했다. 중앙 집행위원장으로 정칠성을 선출했다. 중앙 집행위원 33명과 후보 7명, 중앙검사위원 7명과 후보 3명에 대한 선거는 각 도별로 1명씩의 전형위원을 선출하여 그들에게 맡겼다.

정종명의 발성으로 근우회 만세삼창을 하고 3일간의 전국대회를 마쳤다.

제2회 전국대회 주요 이슈는 강령 수정과 행동강령의 제정이다. 근우회는 "재래의 강령은 무의미하고 박약함으로써 가장 명확한 강령을 정할 필요가 있다"라며 5명을 선거하여 수정하도록 했다. 수정위원은 최채금, 허정숙, 정칠성, 정종명, 박호진이다.

수정 강령은 단결과 지위 향상에서 더 나아가 의식적 훈련 그리고 모든 부분에서 여성의 이익을 옹호한다고 분명하게 제시했다. 이런 까닭에 대회장에 수정 강령을 현수막으로 내걸자 제거되기도 했다.

이전 강령	수정 강령
1 조선 여자의 공고한 단결을 도모함 1 조선 여자의 지위 향상을 도모함	1 조선 여성의 역사적 사명을 수행키 위하여 공고한 단결과 의식적 훈련을 기함 1 조선 여성의 정치적 경제적 사회적 전적 이익의 옹호를 기함

근우회 행동강령과 관련해 대개 연구자들은 창립할 때 7개 항의 행동강령을 제정하고 1929년 전국대회에서 10개 항으로 수정되었다고 파악한다. 그런데 창립 대회 때 행동강령을 확인할 수 없다. 종로경찰서장이 경성지방법원 검사장에게 보낸 '근우회 창립총회의 건'(1927년 5월 28일), '근우회 창립에 관한 건'(1927년 6월 3일) 문서에는 근우회 강령과 규약 초안 그리고 수정된 내용이 있다. 그런데 행동강령은 없다.

행동강령이 있었다면 창립 대회 때 잡지나 신문을 통해 소개되었을 것이다. 기관지 <근우>에도 행동강령 기록은 없다. 그리고 종로경찰서 보고서에도 기록되어 있지 않다.

아마도 근우회는 창립 대회 때 행동강령을 제정하지 않은 듯하다. 그래서 제1회 전국대회 토의 안건으로 '당면 슬로건'이 제안되었다. '당면 슬로건' 일부 항목들은 행동강령과 비슷하다. 아마도 근우회는 1928년 전국대회에서 당면 슬로건을 토의하면서 행동강령으로 제정하려고 했으리라. 그런데 일제 경찰의 금지로 당면 슬로건은 토의되지 못하고 묻혀버렸다. 행동강령은 대회에 제출되지 못했던 것이다.

제2회 전국대회 개최를 앞두고 1929년 7월 23일 중앙 집행위원회는 행동강령을 제안했다. 이날 제안된 행동강령은 아래와 같다.

중앙 집행위원회가 제안한 행동강령은 8개 항 중 8조를 제외한 7개 항만 고려되었다. 중앙 집행위원회가 제안한 행동강령보다 전국대회에서 통과된 행동강령은 총 10개 항으로 일제 경찰이 금지시킨 항목도 부활되었다. 일천만 여성의 문맹 퇴치는 제1조 교육의 성적 차별 철폐 및 여자의 보통교육 확장으로 더 명확하고 선

중앙 집행위원회 제안[98]	전국대회 행동강령[99]
1 여성에 대한 사회적 법률적 일체 차별 철폐	1 교육의 성적 차별 철폐 및 여자의 보통교육 확장
2 일체 봉건적 인습과 미신타파	2 여성에 대한 봉건적 사회적 법률적 일체 차별 철폐
3 조혼폐지 및 결혼의 자유	3 일체 봉건적 인습과 미신타파
4 인신매매 및 공창 폐지	4 조혼폐지 및 결혼 이혼의 자유
5 농민 부인의 경제적 이익 옹호	5 인신매매 및 공창 폐지
6 부인 노동의 임금차별 철폐 및 산전 산후 임금 지불	6 농민 부인의 경제적 이익의 옹호
7 부인 및 소년공의 위험 노동 및 야업 폐지	7 부인 노동자의 임금 차별 철폐 및 산전 산후 2주간의 휴양과 임금 지불
8 일천만 여성의 문맹 퇴치(금지)	8 부인 및 소년 노동자의 위험 노동 및 야간작업 폐지
	9 언론 집회 결사의 자유
	10 노동자 농민 의료기관 및 탁아소 제정 확립

명하게 제시되었다.

부인노동의 임금 차별 철폐 및 산전 산후 임금 지불은 제7조 산전 산후 2주간의 휴양과 임금 지급으로 구체적으로 명시했다. 그리고 언론·집회 결사의 자유와 노동자·농민 의료기관 및 탁아소 제정을 첨가했다.

그리고 1928년 당면 슬로건보다 분명하게 행동강령을 제시했던 것이다. 이로써 근우회 행동강령은 근대 국민국가의 모든 권리를 확실하고 분명하게 제안했다. 이들 항쟁은 오늘날에도 이어지고 있다.

경찰 훼방으로 무산된 전국대회

근우회 본부는 1930년 4월 19일, 20일 근우회 제3회 전국대회를 소집한다고 밝혔다. 그리고 중앙 집행위원회는 대회 준비위원회를 꾸렸다. 준비위원회는 서무부 강정임·김정원·이경희·정윤희, 재정부 한신광·정종명·김수준·김상순·서석전, 의안부 정종명·한신광·김효준, 접대부 우봉운·신정균·박문성·유덕희·오수남·유영준 등이다.

종로경찰서는 4월 9일 대표자를 호출했다. "본부회원은 물론이오 지방 대의원도 다수가 불온한 바 있고 또한 이번 학생 만세사건에 근우회 간부가 참가하였다"는 이유로 전국대회를 금지시켰다.[100] 근우회는 긴급 중앙 상무 집행위원회를 열고 임시대회를 소집하기로 결의했다. 그런데 경찰은 또 금지를 통보했다.

따라서 근우회는 이를 대신할 확대위원회를 개최하기로 했다. 다시 경찰에 교섭했지만 확대위원회조차 금지당했다. 금지 이유는 허정숙, 박호진과 같은 불온한 사람이 있다는 것이다.[101] 그래서 서면대회 개최를 결의하고, 서면대회 준비위원회를 뽑았다. 10월 초 서면대회 준비위원회는 경북 대구지회 이계순, 경남 밀양지회 윤치정, 함북 성진지회 유금봉, 함남 홍원지회 최채금, 전남 목포지회 고연우, 평남 평양지회 조신성, 황해 해주지회 최사신, 경동지회 김상순, 경성지회 이경희, 중앙상무 집행위원을 포함해 18인이 뽑혔다.[102]

그런데 11월 22일 열린 중앙 상무 집행위원회는 중앙위원 가운데 다수가 수감 또는 출타 그리고 주소불명으로 서면대회 준비와 중앙위원회를 개최할 수 없다고 판단했다. 따라서 이를 대행할 확대 중앙 집행위원회를 12월 4일에 개최한다고 지회에 알렸다. 근우회 규약에 따르면 확대 중앙 집행위원회는 중앙 집행위원장, 중앙 집행위원 및 각 지회 집행위원 또는 지회 지정대표로 구성하기로 되어 있고, 중앙 집행위원회가 필요하다고 인정할 때에 중앙 집행위원장이 소집할 수 있었다.[103]

12월 11일 열릴 확대 중앙 집행위원회는 12월 18일로 연기되었다. 상경한 위원들은 충북여관, 남산여관 그리고 친지들 집에서 투숙했다. 회장 2층에 방청석을 설치하고 회장에 오는 대로 입장시켰다. 경찰의 명령으로 아래층에는 방청석을 마련할 수 없었다.[104] 전 조선 각지에서 온 20여 명의 대표자와 중앙위원 등 30여 명이 모였다.

근우회 확대 중앙 집행위원회는 18일 오전 11시 천도교기념관에서 대표자와 수백 명 방청인이 모인 가운데 박수소리와 함께 열렸다. 회장 정면에는 '조선 여성의 역사적 사명을 수행하기 위하여 공고한 단결과 의식적 훈련을 기함'이라는 강령을 내걸었다. 그러나 불온하다는 이유로 감시경찰에게 압수되었다.

임시 집행부를 선거한 결과 의장으로 정칠성, 서기로 강정임·이계영이 피선되어 의사를 진행했다. 경과보고는 부산 조상달, 대구 이계순, 광주 신경애, 청진 김상석, 단천 유기주, 이원 김희숙, 신의주 최숙자, 영흥 김영화, 밀양 박의정, 장연 정순화, 경성 김숙, 경동 허균 등이 각 지회 상황을 보고했다. 뒤를 이어 각 사회단체에서 보내온 축전과 축문을 낭독했고, 사회단체 대표자의 축사가 있었다. 회의 내용과 순서는 아래와 같다.[105]

교양문제	근우운동 과거 비판
일절 봉건적 인습과 미신타파	규약수정
야학	임원 개선
기관지 속간	각 지회 건의안 수리의 건
재정 방침	기타 토의 안건
회관건축	

신간회 본부 서정희가 축사를 마친 뒤 "종래의 근우운동은 계급투쟁을 목표로 한 것처럼 인정된 까닭에 탄압으로 아무 그럴듯한 사적(事蹟)을 남기지 못하였다. 앞으로 민족 단일 여성운동으로 방향을 규정하고 주로 계몽운동으로 매진하자"고 말했다. 이에 의견이 분분하였는데 다음 전체대회까지 보류하기로 했다. 그리고 규약 중 제9조, 제15조, 제18조에서 각각 반회, 중앙 집행위원 후보, 노농부의 각항을 삭제했다.

문맹 퇴치를 목적하는 농촌부인 강좌와 야학 등의 사업을 벌이고 미신과 인습 타파에 노력하기로 했다.[106] 기관지도 쉬운 문구로 쓰자고 결의했다. 정칠성이 본부에서 제출한 토의 안을 설명했고 위원회는 이를 전부 승인하고 오후 4시에 끝마쳤다. 새로 뽑힌 중앙 집행위원장은 조신성이며 중앙 집행위원은 11명, 중앙검사위원 5명이 선출되었다.

1931년 중앙 상무위원회는 제4회 근우회 전체대회를 7월 4일에 열기로 결정했다. 그러나 여러 가지 사정으로 무기 연기되었다.[107] 그 뒤 근우회 전국대회는 열리지 않았다.

4장

식민지 일상에 균열을 내다

성황리에 열린 근우회 간담회

근우회는 창립 기념식이나 간담회 등의 자리를 열어 회원들끼리 소통했다. 창립 뒤 1개월이 넘도록 회원들이 한자리에 모여 마음을 터놓고 이야기할 시간이 없었다. 이에 근우회는 1927년 7월 2일 오후 8시부터 광화문 동아일보 홀에서 간담회를 열었다. 100여 명의 회원이 모였다. 유영준의 인사말이 끝나자 정종명 외 4인이 무언극을 선보였다. 뒤이어 이은라와 한기주가 독창을 했다. 그리고 집행위원 21인의 가장행렬이 이어졌다.

"각 계급 사람들이 불합리한 사회를 원망하는 하소연은 가슴을 저리게" 했다. "그중에도 삼천리 금수강산 안에서도 먹을 것 입을 것을 얻을 길이 망연하여 북간도를 향하여 남부여대하고 조국을 떠나가는 그 비절 참절한 가장은 유리하는 동포의 정형을 여지없이 그려내 보는 이의 눈물을" 흘리게 했다.[108] 가장행렬은 깊은 규중에 갇혀 세상을 저주하는 조선 여성도, 남녀 노동자도, 기생, 고학생의 설움도 있었고 사회의 여러 결함을 풍자해 보는 사람들의 마음을 움직였다.[109] 우봉운을 포함한 몇몇 회원들의 감상을 들은 뒤 각 부 위원 보고가 있었다. 정종명은 선전 조직부 사업으로 여름에 전 조선 순회강연을, 황신덕은 교양부 사업으로 7월 7일부터 부인학술 강습회를, 최은희는 재무부 사업으로 매월 15일을 근우회 선전일로 정했다고 말했다. 회원들은 앞서서 선전 강연의 비용을 걷었는데 45원 20전이 모였다. 참석한 모든 회원이 자기소개를 마치고 밤 11시에 끝마쳤다.

1928년 창립 1주년 기념식은 5월 12일 천도교기념관에서 거행했다. 기념식에 뒤이어 정칠성의 '근우회 창립 1주년 기념식을 마치며', 이관용의 '조선 여성운동의 본질' 기념 강연도 계획했다.[110]

근우회 본부는 1930년 제3주년 5월 27일 창립 기념식과 함께 강연을 준비했다. 종로경찰서는 기념식은 하되 강연은 치안을 방해할 염려가 있다는 구실로 금지했다.[111] 5월 27일 오후 8시부터 경운동 천도교기념관에서 제3주년 기념식을 거행했다. 시작 전부터 회원들은 물론 1000여 명의 관중이 모였다. 정종명의 개회사로 기념식이 성대하게 열렸다.

간담회

김순희가 근우회 연혁 보고를 하는데 보고하는 중 불온한 말을 했다며 감시경찰이 중지시켰다. 전국 단체에서 보낸 축문이 57통, 축전 8통으로 이 중 내용 불온 이유로 압수된 것이 12통이었다. 청중들은 압수된 축문의 단체 이름만이라도 알려달라고 요구했다. 압수된 축문을 보낸 단체는 형평사 총본부, 광주청년동맹, 광주근우회, 신간 정주지회, 보흥청년농맹, 평양양말직공조합 등이었다.[112] 이어 경성 신간지회와 청총의 축사가 있었다. 근우회원 3인의 감상담이 있은 뒤 기념식이 끝났다.

기념식 뒤 이순옥과 이경숙의 노래, 시천교 소녀부의 댄스와 독창이 있었다. 그리고 근우회원의 가장행렬도 빠지지 않고 이어졌다. 조선 사회의 모습을 풍자해 관중에게 많은 감동과 즐거움을 주었다. 근우회 만세삼창으로 10시 40분에 끝마쳤다.

선전일에 헝겊 단추를 판 까닭

근우회 중앙 집행위원회는 매월 15일을 선전일로 정했다. 이날 회원들은 모두 길거리로 나갔다. 근우회의 정신을 알리고 재정적 어려움도 해결하려고 물품을 팔기로 결정했던 것이다. 1927년 7월 15일 제1회 선전일에 근우회는 헝겊 단추를 팔았다.

제작품 수집 기일 7월 12일까지 본회 사무소로 인사동 태화여자관

으로 보낼 일

선전에 참가하실 이는 15일 오후 6시 본부 사무소 집합

선전장소는 종로 사거리, 안국동 사거리, 황금정 사거리, 종로 사정목, 광화문통, 서대문 우편국 앞, 조선은행 앞, 경성역 앞[113]

선전일에 팔 물품을 헝겊 단추로 한 까닭은 무엇일까. 헝겊 단추는 필수품으로 재료가 적게 들고, 만들기 쉽고 한번 묶은 매듭은 좀처럼 풀리지 않는다. 즉 헝겊 단추는 근우회의 첫 강령인 단결을 의미하는 것이다. 회원은 10개 이상 만들어 가져오도록 했다. 회원들이 만든 단결을 상징하는 헝겊 단추를 다섯 개씩 한 봉지에 넣어 선전 전단과 함께 거리에서 팔았다.

헝겊 단추와 저고리 그림 ©이임하

7월 2일 간담회에서 선전에 참가하기로 승낙한 회원이 38명이다. 본부에 들어온 단추는 1000개가 넘었다. 오전 8시부터 10시까지, 오후 7시 반부터 10시까지 팔았으며 3개에 5전씩 받았다. 이날 판매원들은 어깨에 연두색 띠를 두르고 뒤에는 근우회 선전일이라고 썼다.

오전부에 종로 1정목 4가에는 최은희와 조원숙 외 8인, 안국동 4가에는 유각경과 박경식 외 6인, 종로 4정목에는 정종명과 한기주 외 6인, 광화문통에는 박호진과 황신덕 외 4인이 나갔다. 오후부에는 황금정 1정목에는 허필선과 김동준 외 5인, 종로 1정목 4가에는 김순영과 박성환 외 6인, 조선은행 앞에는 정종명과 김귀례 외 4인, 서대문 우체국 앞에는 차사백 외 3인, 경성역 앞에는 우봉운과 최은희 외 4인이 나갔다.[114] 단추를 판 총수입은 약 20원으로 유지비와 각종 문화운동의 경비로 썼다.

이러한 선전과 조직활동은 "회원들의 생산력으로 경비를 보충할 계획을 세우기는 조선에서 처음 볼 수 있는 근우회의 특색"이라 평가되었다.[115] 그리고 선전일 제정과 활동을 아래와 같이 논평한다.

> 조선 여성의 지위 향상과 단결을 위하여 일어선 여성의 단체 근우회가 그 취지 강령을 선전키 위하여 가두에 서는 것은 곧 여성의 야전이라고 일컫을 것이다. 그들은 매월 15일 정기로 하여 가두에 서서 사소

한 물품을 판매함으로써 첫째는 그들의 취지를 선전하고 둘째는 그 판매수입으로서 회의 경비를 당분간이라도 보용코자 함이라 한다. 오인은 그들의 착상에 찬의를 표하며 그들의 용기를 ○미코자 하는 것이(다). (…) 어떤 주의나 취지를 널리 선전하여 일반 대중에 파급코자 할진대 취할 바 유일의 길은 친히 가두에 나가 부르짖음밖에 없는 것이다. 그런 후에야 그 주의나 취지는 참으로 민중 속에 흘러 들어 갈 수 있는 것이며 (…) 이러한 의미로 보아서 근우회의 야전은 의의가 있는 것이다.[116]

선전은 인쇄물로 하는 것이 가장 편리하고 유력한 방법이지만 인쇄물로 선전할 수 있는 대상은 국한되어 있다. 왜냐하면 한글을 모르는 사람들이 많았고 특히 여성이라면 더욱 글을 읽지 못했기 때문이다. 강연과 집회에 의한 선전도 한정적이었다. 근우회 선전은 축제처럼 진행되었다. 집행위원만 일하는 것이 아니라 모든 회원이 함께 일하는 방식은 직접민주주의가 멀리 있는 것이 아니라 일상생활에 있음을 알려준다. 단추로 근우회를 알리는 운동은 참으로 조선의 페미니스트들의 기발하고 재미나고 흥미로운 행위다. 일상을 어떻게 변화시킬지 가슴을 쫙 펴고 고개를 꼿꼿이 들고 세상을 바라보았던 근우회 여성들의 모습이 선명하다.

제2회 선전일은 8월 15일로 정했고 강령과 선언서를 인쇄한 팸플릿을 무료로 배부했다.[117] 근우회 리플릿 제1집인 <여성과 단

결>을 팔았다. 판매 장소는 종로사거리, 서대문 우편국 앞, 종로4정목, 동대문 앞, 황금정, 경성역 앞이며 리플릿 정가는 5전이다. 또 지방의 각 단체에 리플릿을 배부했다.

제3회 선전일인 1927년 9월 15일에는 회원 방문일로 정했다. 집행위원들이 총출동하여 200여 명 회원 가정을 일일이 방문하기로 했다. 집행위원은 오전과 오후로 나누어 동부, 서부, 남부, 북부로 회원을 방문한다며 한자리에 집합해 같은 시간에 떠나기로 했다.

그런데 15일에 이를 실행하지 못하고 16일부터 20일까지 닷새 동안 각각 구역을 정해 방문했다. 그들은 제2회 선전일인 8월 15일에 발행해 판매했던 리플릿을 가지고 갔다.

정종명은 관수동·장사동·수하정·장교정·수창동, 김동준은 서린동·다옥정·무교정 일대, 우봉운은 안국동·소격동·관훈동, 방신영과 김영순은 연지동 사직동, 유각경은 운니동·수은동·경운동·익선동·와룡동, 박신우와 박원희는 원동·계동·권신동, 김선과 현덕신은 숭삼동·동숭동·충신동, 조원숙은 낙원동·봉익동, 최은희는 황금정·창성동·체부동·통동, 박호진은 인사동 일대, 정칠성은 필운동 일대, 박경식은 재동·가회동, 이현경과 차사백은 서대문정 일대, 유영준은 광화문통·청진동·수송동·중학동, 황신덕과 이덕요는 인의동·종로 6정목, 문인순은 교북동·관동·교남동, 김활란은 홍파동·천연동·정동, 홍애시덕은 죽첨정 근처를 맡았다.[118]

'자치기 자치기 자뽀뽀', 활동은 놀이와 함께

근우회는 아직 회관을 얻지 못해 그동안 인사동 중앙유치원 안에서 임시로 사무를 보았다. 1927년 9월 25일 공평동 43번지 13칸의 기와집으로 옮겼다. 이곳이 근우회관이다. 이 공간은 최진 변호사의 소유로 무료로 빌린 것이다.[119] 최진은 1876년 출생으로

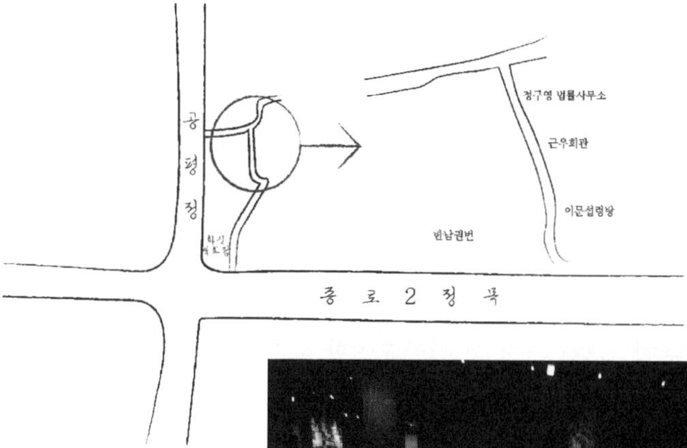

근우회관 터

근우회관 터 (공평 전시관)

12세에 일본으로 건너가 동경의 세이코쿠(正則) 학교에서 공부했다. 1905년 간사이 대학 법률학교를 졸업한 뒤 귀국해 1907년 한성재판소 판사, 1908년 변호사로 등록했다. 상당한 재력가로 알려졌다.

회관을 무료로 빌려준 최진은 근우회의 소유 전화가 생길 때까지 전화도 빌려주었다. 그러나 근우회는 전화 이전비와 달마다 지불할 통화료도 부담이었다. 조선일보 이사 김동성이 전화 이전비 30원과 여자 습률대회에 참가한 근우회 회원 한기주가 1년 전화 통화료 108원을 기부했고, 대회 1등 당선자인 정종유가 당청품인 유성기 가격의 금액을 근우회에 기부했다.[120]

또한 경비를 마련하기 위해 식당과 카페를 운영하기도 했다. 근우회는 1928년 1월 17, 18일 종로 중앙기독교 청년회관에서 개최된 조선일보 주최 제3회 전 조선 여학교연합 바자대회에 간이 한식당을 마련하고 식사 이외에 커피와 케이크 등의 간단한 음식을 판매했다.

| 실내경기 대회 |

1927년 9월 22일 공평동 근우회관에서 오후 7시부터 열린 정례회는 9시에 마치고 조선일보사 2층 강당으로 자리를 옮겼다. 실내경기 대회를 열기 위함이다. 경기대회의 목적은 회원들 사이의 여흥을 즐기기 위한 것으로 한 사람도 빠지지 않았다. 경기는 핑퐁, 쌍

륙,[121] 멘탈 테스트 세 가지다. 공동 놀이는 '자치기 자치기 자뽀뽀', 자리 빼앗기였다. 언론은 공동 놀이 이름이 "너무나 현대적이라 듣지 못했다"고 소개했는데 원래 친목 모임에서 많이 하던 놀이를 회원들이 흥미를 일으키도록 첨부해 만든 것이다.[122]

공동 놀이 자리 빼앗기와 '자치기 자치기 자뽀뽀'는 마치 어린 시절로 돌아가 모두가 몸을 푼 놀이였다. 핑퐁과 쌍륙은 선수들이 출전했는데 새로운 경기가 시작될 때마다 내빈 측에서 한 사람씩 섞여 새로운 볼거리를 주었다. 멘탈 테스트는 시간 관계로 부득이 그만두고 밤 11시에 끝마쳤다.[123]

정례회와 실내경기 대회

재만동포 동정 음악회

1927년 12월 29일 상무 집행위원회는 '재만동포' 문제를 토의한 뒤 아래와 같이 결정했다.

> 재만동포 옹호동맹을 절대로 지지하며 각 지회에 지령하여 동정사업을 위하여 적극적으로 활동하게 할 일
> 연하장을 중지하고 그것을 위하여 준비하였던 경비를 재만동포 옹호동맹에 기부할 일
> 재만동포 동정 음악대회를 정월 14일 토요일 하오 7시에 기독청년회관에서 개최하기로 하고 준비위원 11인을 선정함
> 유영준·이현경·정종명·심은숙·황신덕·박경식·이경완·정칠성·조원숙·유각경·최은희[124]

근우회는 이를 개최하기 위해 모든 준비를 시작했다. 그런데 1928년 1월 10일 종로경찰서는 갑자기 금지를 통보했다. 유영준과 김선이 다시 교섭한 결과 '재만동포 동정 음악대회'라는 명칭 대신 '자선 음악대회'라는 명목으로 허가했다.[125]

재만동포 동정 음악대회는 1월 28일 오후 7시부터 중앙기독교청년회관 대강당에서 열렸다. 이번 음악회는 목적이 특별한 만큼 입장권을 미리 주문하는 사람이 많았다. 입장료는 백권 1원, 청권

50전, 학생권 30전이며 신문사, 학교, 회사, 상점 등 여러 곳에서 예매했다. 출연한 악사들은 이미 널리 알려진 사람들로 프로그램은 아래와 같다.[126]

1부	2부
피아노 독주 독고선, 코러스 중앙유치사범, 바이올린 안병소, 독창 김은실, 하모니카 독주 이찬영, 악대 배재악대, 독창 한기주, 코러스 이화여전	악대 배재악대, 독창 이동백, 정악 조선정악회, 가야금 독주 심상건, 코로스 연희전문, 독창 이헌선

청중은 1000명에 달하여 대만원이었다. 7시 반에 유영준이 인사말을 한 뒤 순서대로 진행되었다. 가장 인기를 끈 이들은 수절 춘향가를 부른 이동백과 독창을 한 한기주였다. 입장료 수익금은 150여 원으로 모두 재만동포에게 보냈다.

재만동포 동정 음악회

근우회는 음악회를 소개하는 형식도 새로운 방식을 취했다. "일반 인사는 단순히 음악만 들으려 입장한다는 의사만을 가지지 말고 각자가 내는 그 입장료의 용도에 대하여 주최자 측과 같이 정열을 가져"달라며 음악회를 듣는 이들도 활동의 주체라고 말한다. 즉 음악회를 듣는 대중도 재만동포의 사정과 어려움을 함께 나눈 것이다. 청중과의 소통을 중요하게 생각하고 청중이 대상자가 아닌 적극 참여자라고 일깨웠다.

1928년 관북지방 수재로 처참한 생활을 하는 동포들의 소식을 들은 근우회는 한 벌 옷이나 한 그릇 죽이라도 공급하기로 결의했다. 중앙 집행위원들은 날마다 회원을 방문해 의복과 돈을 모았다. 근우회 본부는 각 지회에 지령을 내려 회원들에게 의복과 금전을 거두어들였다. 부산지회는 현금 33원 50전과 의복 105건, 신의주지회는 의복 33건, 진주지회는 10원, 원주지회는 16원, 하동지회는 10원, 동래지회는 8원을 보내왔다.[127] 동정품과 동정금이 본부에 도착해 중앙위원 우봉운이 1928년 10월 20일 관북지방으로 파견돼 이재민에게 분배했다.

1929년 5월 7일 근우회 본부는 '한재 구제에 관한 건'을 각 지회에 우송했다. "남선 지방 한재로 인하여 ○○ 동포가 기근의 참상을 당하게 됨은 여러분이 아실 터인바 우리의 미약한 힘이라도 합하여 전재 동포에게 일기율반(一器粟飯)이라도 도웁고저 하오니 각 지회에 계신 여러분은 많이 노력하여 수집되는 금액을 6월 10

일까지 본부에 도착하도록 하여 주심을 바라나이다."[128] 1930년 3월에 남만 수재 이재 동포에게 제1차로 의복 100벌을, 2차로 의복 78벌과 현금 59원을 보냈다. 근우회는 수해나 한재가 일어나면 구제책으로 강연회나 음악회를 열거나 집집마다 방문하여 물품을 모아 보내는 사업을 꾸준히 벌였다.

5장

치열한 투쟁으로 조직된 지휘들

전국 지회 설립 현황

가장 먼저 조직된 지회는 전주지회이다. 1927년 8월 22일 오후 3시 전주 청년동맹회관에서 발회식을 마쳤다. 발회식에는 본부에서 파견된 박신우와 정종명이 참가했다. 24일 전주 공회당에서 박신우의 '조선 여성운동의 현실과 그 방침', 정종명의 '조선 여자의 지위 향상과 단결'이라는 주제로 창립 기념 강연회가 열렸다. 전주에서 처음으로 열린 여성 강연회는 청중이 무려 700명이나 몰려왔다.[129] 전주지회는 1933년 2월 12개 전주 사회단체가 전주회관에서 문패를 내릴 때 해체되었다.

두 번째로 조직된 지회는 경북 김천지회이다. 1927년 8월 27일 근우회 본부 위원 박호진과 황신덕의 방문을 계기로 금릉 청년회관에서 발기인회가 열렸다. 1주일 동안 부인 강좌를 열고 김천지회는 9월 2일에 창립되었다. 부록에 실린 <표 2>는 신문에서 확인된 지회 창립 및 설립 대회를 정리한 것이다.

기관지 <근우> 창간호에 실린 근우회 회람 일람에는 국내 37개, 국외 3개 등 40개 지회에 회원 2971명으로 집계되어 있다. 이는 1928년 지회에서 보낸 자료를 근거로 한 것이다. 황신덕이 "1928년 5월 정기총회 때는 지회 수가 40개를 헤아렸고, 1929, 1930년 대회까지는 70개에 가까운 지회가 전 조선 각지와 동경, 대판, 서북간도 등 없는 곳이 없이 설립되었다"라고 했는데,[130] 신문이나 잡지에서 확인 가능한 지회는 69곳이다.

1920년대 신간회 156개, 농민 단체 30개, 노동 단체 56개, 형평 단체 198개, 청년단체 123개의 지회가 설치되었음을 고려한다면 근우지회 수도 결코 적지 않고, 그 세력도 만만치 않았던 것이다. 이를 근거로 정리한 연도별 시도별 지회 설치의 현황은 <표 4>와 <표 5>와 같다.

자료에 따르면 확인된 지회 수는 69개이다. 1928년도와 1929년에 지회가 가장 많이 조직되었다. 가장 많은 지회를 가진 지역은 함경도로 19개이며 경상도는 17개이다. 함경남도는 9개, 함경북도는 10개이고 경상남도 12개, 경상북도는 5개이다. 전라도에 8개 지회가, 서울에 2개 지회가 설치되었다. 서울 경동지회는 동대문 밖 여성 노동자들이 1930년에 조직한 것이다. 일본과 중국 지역에

<표 4> 연도별 지회 설치

구분	1927	1928	1929	1930	총계
개수	6	35	24	4	69

<표 5> 시도별 지회 설치

시도별	서울	경기	충청	전라	경상
개수	2	2	2	8	17

시도별	강원	황해	평안	함경	일본	중국
개수	4	4	4	19	3	4

서 조직된 지회는 각각 3개, 4개로 경기, 충청, 강원, 황해, 평안과 비슷하다.

지회 조직은 초기에는 본부에 의해 추진되었다. 본부에서는 선전 조직부를 중심으로 지회 설립이 가능한 지역에 대표를 파견해 근우회 이념과 목적을 내용으로 하는 강연회를 열고 지역 유지를 찾아 지회 조직을 권유했다.

여자청년회 등의 조직이 있으면 해체하고 근우지회로 창립되었다. <표 6>은 1920년대 전국 여자청년회 조직 상황표이다.

<표 6>에 따르면 근우회가 조직된 뒤에 더 이상 여자청년회가 조직되지 않았다. 여자청년회는 지역에 따라 성향은 달랐지만 적어도 여성문제를 해결하고자 조직된 것은 사실이다. 그리고 여자청년회가 가장 많이 조직된 곳은 경상 26, 전라 20, 함경 25곳이다. 근우회는 경상도와 함경도가 가장 많이 조직되었다. 전라도는 여자청년회 조직과 견주어 근우회 지회가 상당히 적게 조직되었다.

<표 6> 1920년대 전국의 여자청년회 조직 상황표[131]

연도	경기	충청	전라	경상	강원	황해	평안	함경	계
1920~23	1		2	10	2	6	3	10	**34**
1924~27	4		16	16	1	3		14	**54**
1928~29			2					1	**3**
계	**5**	**0**	**20**	**26**	**3**	**9**	**3**	**25**	**91**

경남에 지회가 가장 많이 설립되었고 회원 수도 가장 많았다. 이것은 청년회가 이미 경남 지역에 많이 설립되어 있어 근우회 창립 토대가 되었기 때문이다.

이 과정에서 본부 또는 지회 안에서 갈등이 일어나기도 했다. 대표적 사례가 목포지회, 동경지회, 청진지회이다.

1927년 11월 7일에는 근우 목포지회 설립준비회가, 12월 3일 오후 3시 목포 청년동맹관에서 창립 대회가 열렸다. 목포지회는 설립된 지 얼마 되지 않아서 신구 양 파로 갈려 갈등이 끊이지 않았다. 제1회 전국대회 때는 양 파의 대표가 함께 참석해 문제를 일으켰다. 이에 본부에서는 무조건 타협을 권유해 문제가 해결되는 듯했다. 그런데 다시 목포로 돌아가서는 본부의 타협을 무시하고

목포지회

서로 반목했다. 목포지회에서 일어난 분규 사건을 조사, 조정하려 정종명은 1929년 3월 28일 밤 10시 열차로 목포로 향했다.[132] 목포지회는 4월 31일 긴급 집행위원회를 개최하고 "본부 중앙 상무위원 결의 불신임, 본부에 항의문 발송, 전국적으로 성명서 발표" 등을 결정했다.[133] 목포지회의 분규는 제2회 전국대회 때까지 해결되지 않아 본부로부터 정권 처분을 받았다. 그리고 1929년 제2회 전국대회 때 다시 재조직하라는 권고를 받았다.

청진지회는 1928년 7월 9일 설립 준비회를, 19일 설립 대회를 열었다.[134] 청진지회가 창립되자 청진 여자청년회 해체 여부가 문제로 떠올랐다. 청진지회는 여자청년회와 교섭했다. 여자청년회는 1929년 1월 26일 집행위원회를 열고 임시총회의 승인을 받아 해체하기로 결정했다. 그런데 29일 열린 임시총회에서 해체 결의가 통과되지 않았다.[135] 이 자리에서 해체 찬성편과 반대편이 몸싸움까지 벌였다.

근우회 중앙 상무위원회는 청진지회의 여청 분규를 신간 청진지회와 청진 청년동맹에게 조사를 맡기고 그 회답을 들은 뒤 조사위원을 파견하기로 결정했다. 4월 30일 오후 3시 다시 임시총회가 열려 여성운동의 총진영인 근우회에 입회하여 이를 절대 지지하고 청진 여성운동을 더 일층 충실히 하자는 선언으로 해체를 결의했다.[136]

그런데 근우지회 조직 과정에서 목포지회나 청진지회처럼 오랜 시간 갈등으로 분규가 있는 지회는 드물었다. 지회 조직은 본부 조직 형태인 서무부, 교양부, 정치 연구부, 선전 조직부, 조사부의 부서를 두고 있다. 큰 활동을 하지 못하고 해체된 곳도 있지만 근우 지회는 지역에서 여성문제를 제기하는 데 강력한 힘을 발휘했다.

근우회 행동강령을 기초한 경성지회

근우회 경성지회 발기 총회는 1928년 2월 20일 오후 7시 근우회관에서 김영순의 사회와 정칠성의 개회사로 개최되었다. 정칠성의 경과보고가 있은 뒤 준비위원이 뽑혔다. 준비위원은 강석자, 김영순, 김영희, 김필수, 조원숙, 강정희, 허정숙, 김병회, 권봉주, 황신덕, 이현경, 한신광, 유각경, 정종명, 심은숙, 김수준 등이다.[137] 창립 대회는 3월 24일 오후 7시 반 시내 경운동 천도교기념관에서 거행하기로 했다. 여자는 누구든지 방청이 허락됐지만 남자는 반드시 방청권을 가진 사람만 입장시켰다.

그런데 창립 대회 당일 30분이 지나도록 모인 회원은 40~50명에 불과했다. 결국 정칠성은 유회 선언을 하고 폐회했다. 준비위원회는 곧바로 회의를 열어 논의하고 26일부터 준비위원 15명이 모두 앞장서서 회원 집집마다 방문했다. 그리고 근우회 전국대회에 건의할 안건 작성 위원은 유각경, 황신덕, 이현경이 맡았다.[138]

경성지회 준비위원회는 1928년 3월 29일 회의를 열어 전국대회를 맞이하여 본부에 건의할 '규약 개정과 행동강령' 등을 마련했다. 행동강령은 아래와 같다.

> 본회는 조선 여성운동을 조선 민족운동의 일부분으로서 전체의 운동과 굳게 결착(結着)하기 위하여 끊임없이 노력할 것은 물론이다. 그러나 본회는 그와 동시에 조선 여성 독자의 운동을 대표하여 아래와 같은 행동강령을 건다.
>
> 1. 남녀의 정치적 사회적 절대 평등
> 2. 결혼의 자유, 직업의 자유
> 3. 인신매매의 철폐
> 4. 여자 교육의 확장, 현 교육 제도의 개선, 문맹 퇴치
> 5. 모성 보호
> 6. 무료 탁아소 및 육아소 설치
> 7. 여공의 보호 노동조건 및 공장 시설의 개선
> 8. 농촌부인을 보호하는 제종의 시설
> 9. 집회 결사 언론 출판의 자유[139]

경성지회 준비위원회는 1928년 3월 본부에 제기할 행동강령을 마련했다. 이는 1928년 5월 본부에서 작성한 '당면 슬로건'보다 앞선 것이다. 추측건대 근우회 행동강령은 경성지회 준비위원회

가 제안한 것을 토대로 본부 토의 안에 '당면 슬로건'으로 작성한 듯하다. 그런데 제1회 전국대회 때 토의 안건이 금지당하면서 행동강령도 통과시키지 못했을 것이다. 제2회 전국대회가 다가오자 중앙 집행위원회가 이전에 준비된 행동강령을 마련해 제2회 전국대회 때 제기했으리라. 그렇다면 근우회 행동강령은 경성지회가 마련한 것이다. 위의 행동강령은 해방 뒤 조선부녀총동맹의 행동강령에도 영향을 미쳤다. 이미 앞에서 지적한 것처럼 근우회 행동강령은 근대 한국의 여성 시민권/국민권 행사를 요구한 것이다.

근우회 경성지회 창립 대회는 3월 31일 밤 7시 반 경운동 천도교기념관에서 열렸다. 100여 명 회원이 참석했으며 방청객도 물밀듯이 밀려와 기념관을 가득 채웠다. 임시 의장 유각경이 개회사를 하자 임시 서기 강석자가 회원 점명을 했다. 한신광이 경과보고를, 이현경이 규약을 발표했다. 조원숙은 전국에서 보낸 축문과 축전 50여 종을 낭독했다. 축문 5통은 경찰에게 압수당했다. 신간회 본부 이관구가 축사를 하다가 감시경찰로부터 중지를 당한 뒤 다른 단체 축사도 모두 금지되었다. 안건은 '회원 교양, 문맹 퇴치, 선전 조직, 조사 연구, 회원 친목, 여자 교육 기회균등, 여권 옹호, 아동 보호, 공창 폐지, 부인 직업소개소 설치, 재경 여성단체 제휴, 신간회 지지, 경비, 회관' 등이었다.[140]

의안 통과에 들어가서 문맹 퇴치와 여자 교육 기회균등 문제는 경찰의 금지로 토의하지 못했다. 다른 의안은 모두 통과시키고 아래와 같이 집행위원을 뽑았다.

> 집행위원장 김선, 서무부 강석자(상무)·심은숙·이경희, 재무부 조원숙(상무)·안은영·황찬욱, 교양부 한신광(상무)·허정숙·김숙, 선전부 강정희(상무)·문인순·신정균, 조사부 지경순(상무)·김영희, 학생부 김필수(상무)·김경숙[141]

이현경이 근우회 전국대회에 건의할 '본부 규칙과 행동강령'을 낭독하고 질문을 받고 약간 수정해 그대로 통과시켰다. 기타 사항에 들어가 경성지회 설립 첫 사업으로 신춘 음악대회를 열기로 결의하고 12시에 근우회 만세삼창으로 끝마쳤다.

경성지회는 4월 1일 근우회 본부회관에서 경성지회 첫 사업인 음악대회 준비위원회를 꾸렸다. 경성지회 주최 신춘 음악대회는 7일 오후 7시 반부터 시내 종로 중앙기독교 청년회관에서 개막되었다.[142] 이날 음악회에는 홍난파가 마침 동경서 귀국하였다가 출연하기로 했고 최근에 조직된 코리아 재즈밴드가 출연하게 돼 청중의 흥미를 끌고, 김영환·한기주·스투데니 등 성악가와 기타 연주가 사노 츠네오(佐野常雄), 이복선·안병소·이인선·김인표·유심희 등의 신진 음악가들이 출현한다며 언론의 관심을 끌었다.

경성지회는 1928년 7월 30일 오후 8시에 정기 집행위원회를 열었다. 지회 집행위원으로 본부위원이 된 박호진, 심은숙, 허정숙, 강정희, 한신광은 해임하고 서필선, 박경식, 김수월, 김영순, 신무선이 피선되었다.

1929년 1월 15일 경성지회는 이경희와 우봉운을 유급 상무로 두었다. 그리고 3월 23일 제2회 정기 대회는 경운동 천도교기념관에서 100여 회원과 수백 명의 방청으로 진행되었다. 임시 의장에 박호진, 부의장에 한신광이 피선되었다. 원산노동연합회를 비롯하여 신의주, 길주, 마산, 진주 등지에서 보내온 55통의 축전문 가운데 7통은 그 내용이 불온하다며 경찰이 압수했다.

신간회 본부 조헌영, 출판노동조합 박한경, 근우회 본부 한신광의 축사를 마치고 경과보고와 규약 수정안을 통과시킨 후 새 집행위원을 뽑았다.[143] 예산안을 통과시키고 행동강령 토의를 하려 했지만 경찰의 금지로 논의하지 못했다. 규약 수정은 허정숙의 축조 설명이 있었다. 의안은 '수양, 야학, 선전, 반조직, 부인 직업소개소, 회보, 공동 세탁소, 부인 구락부, 회관 문제' 등이었다. 앞으로 운동은 농촌 여성과 공장부인의 문맹 퇴치 운동을 중심으로 전개하자는 제안이 통과돼 오후 11시 30분에 끝마쳤다.

경성지회는 원유회, 밤 줍기 대회, 음악회 등을 개최했다. 또한 경북 기근 구제를 위한 <근우> 잡지 판매도 했다. 1929년 10월 2일 경운동 천도교기념관에서 추기 강연회를 기획했는데 경찰은 "시기도 부적당하고 연사도 불온하다"는 이유로 금지시켰다. 경성지회는 다시 집회계를 제출했고 11월 23일 오후 7시에 강연회를

경성지회 창립 대회

경성지회 제3회 정기 대회

개최했다. 입장료는 20전이고 선전 전단도 뿌렸다. 주제와 강사는 근우 경성지회원 김유은의 '여성운동의 급선무', 출판노조 집행위원 이적효의 '여성운동의 목표', 협성여자신학교 황애덕의 '금일의 조선 여성'이며 강정임은 주제를 정하지 못했다.[144]

경성지회는 1930년 1월 7일부터 부인 직업소개부를 설치했다. 직업 소개의 범위는 식모, 침모, 노동부인으로 그 외에 교원과 보모도 소개한다고 밝혔다. 집무 시간은 매일 오전 11시부터 오후 3시까지이다.

경성지회 제3회 정기 대회는 1930년 3월 15일 밤 8시 반부터 시내 경운동 천도교기념관에서 80여 회원의 참석과 300명의 방청으로 열렸다. 중앙 집행위원장인 박호진이 개회 선언 인사말을 한 뒤 회원 점명을 마치고 회의를 진행했다. 여러 단체로부터 온 축전과 축문을 서기 이경희가 하나씩 낭독했다. 청총과 조선형평사본부 등 사회단체에서 온 16통의 축전과 축문은 압수당했다. 신간회 본부 김진국이 축사를 하다가 감시경찰의 금지로 중단했다. '회원 교양, 야학 설치, 부인 직업소개소 유지, 선전 조직, 월례회 유지, 재정 방침, 회록 문제(회보), 노동부인 문제, <별건곤> 문제' 등의 안건을 가결하고 집행위원을 뽑고 12시 반에 끝마쳤다. 임원 선거는 집행위원장만 대회 석상에서 일반 투표로 선거한 결과 박호진이 당선되었으나 사임해 서석전이 다시 뽑혔다.[145]

1930년 4월 15일 동대문 밖 상춘원에서 근우회 경동지회 설치 대회가 열렸다. 경성에서 생활하기 어려운 사람들이 동대문 밖으로 밀려 나왔는데 이곳에서 생활하는 여성들은 행상 또는 공장에 들어갔다. 여성 노동자들의 문제를 논의하다가 근우회 경동지회 준비위원회가 조직되었던 것이다. 설치 대회 때 안건은 '반(班) 조직, 회원 교양, 문맹 부인과 무산 아동 교육, 동부 공회당 건축, 지회 세칙 제정, 근우회 경기도 연합회 촉진, 본회 회관 건축' 등이었다.

1500명이 몰린 평양 부인 야유회

평양지회는 경성지회만큼 역사와 재정이 튼튼한 지회이다. 근우회가 조직되기 이전부터 평양은 여성운동이 활발히 일어났던 곳이다.

중앙 집행위원회 선전 조직부 첫 사업은 평양지회의 설립이었다. 평양지회 설립은 한동안 진척되지 못하고 12월에 추진되었다. 1927년 12월 24일 오후 7시 평양기독교 청년회관에서 조신성, 박현숙, 백덕수 등이 지회 설치 준비회를 열었다. 본부 위원 유영준이 취지 설명과 승인을 발표하자 임시 의장 조신성이 사회를 맡아 준비위원 6인을 선정하고 9시에 폐회했다. 준비위원은 박현숙, 박승일, 김선경, 조신성, 김경옥, 백덕수 등이다. 이미 입회한 회원이 60여 명에 달했다.

평양지회 설립 대회는 1928년 1월 30일 오후 7시 반부터 장대현 교회 청년회관에서 개최되었다. 준비위원 조신성이 인사말을, 백덕수가 취지 설명을, 조만식과 김성업은 축사를 했다. 대회 참석 회원은 무려 200명이었고 방청객들도 수백 명에 달하는 등 대성황을 이루었다.

평양은 각종 종교 사회단체가 일찍부터 조직, 활동하던 곳이라 평양지회 출발을 모두 관심 있게 지켜봤다. 그런 까닭에 평양지회는 여론의 관심을 차지했다. "평양의 여성운동은 연래로 여자기독교청년회가 중심이 되어 왔었다. (…) 근우지회의 성립은 평양의 여성운동으로 하여금 일보를 진하여 '여자의 지위 향상'이란 간단한 강령 하에 포함된 중대한 사회적 사명을 수행케 하는 획시기적 사실이라고 생각한다"라며 축하의 말을 건넸다.[146]

평양지회는 상무간사를 둘 정도로 재정적으로 튼튼했다. 상무간사는 매일 회원 방문과 회비 수납을 관리했다. 그들은 무산 아동의 교육기관을 설치하고 운영하기 위한 경비를 마련하려고 여러 지역을 방문해 후원금을 모집했다. 평양지회는 유일하게 지회 회관을 세울 정도의 경비를 모금하고 운영했다. 마침내 1931년 평양에 근우회관이 들어섰다. "지회관의 건축 낙성이다. 이 지회관은 평양의 번화가인 서문통을 등지고 옹립하여 그 건평이 60여 평의 2층 기와 양옥으로서 그 위관을 자랑하고 있다."[147] 회관 건축의 중요한 역할을 한 이는 조신성이다.

평양지회장 조신성은 여자 실업 장려회를 조직했다. 목적은 실업 단체를 조직해 경제활동과 직업 문제를 해결하는 것이다. 조신성은 "앞으로 새해에는 우리 여성 공장을 만들고저 하는 바입니다. 종래에 여자들이 경영하는 상점은 있었으나 공장 경영은 처음일 것입니다. 우리 평양 여자들의 사업도 이에서 더 굳고 힘 있어질 것입니다"라고 포부를 밝혔다.[148]

재정 자립은 회원 가입에도 큰 영향을 주었다. 창립할 때도 50

평양지회 간친회

건축 중인 평양지회 회관

~60명이 참석할 정도로, 인원이 너무 많이 모여 야유회를 연기했을 정도로 평양지회는 회원이 많은 것도 큰 특징이다. 근우회 지회 조사 일람표에 따르면 평양지회 회원은 452명으로 지회 중 가장 많았다. 평양지회는 '백선행 여사 위로 야유회'라 불린 평양 부인 대야유회를 1928년 5월 12일 개최하려 했다. 그런데 참가할 회원이 무려 500~600명에 달했다. 인원이 너무 많아 19일로 연기하고 장소도 공설운동장으로 바꿨다. 이날 야유회는 1500여 명이 참석했다.

평양지회는 숭현여학교가 경비 문제로 곤란을 겪자 이를 보조하고자 음악대회를 개최했다. 이날 수입은 모두 숭현여학교에 기증되었다.

또한 강연회도 꾸준히 마련했다. 1929년 3월 18일 신춘 강연회가 천도교회당에서 '생의 노'(황애시덕). '현대 여자 교육'(박정식) 주제로 개최되었다. 5월 23일 백선행기념관에서 800명 참가한 가운데 정칠성이 '근우운동의 의의'라는 주제로 강연했다. 1931년 1월 26일 오후 7시 백선행 기념관에서 평양지회는 '생의 비결'(황애시덕), '여성운동의 금후(주요섭)'라는 주제로 여성문제 대강연회를 개최했다. 1932년 10월 1일부터 14일까지 편물 강습회를 개최했다. 강사는 정칠성 외 2인으로 소재는 재킷, 조끼, 모자, 목도리, 외투, 아동복, 바지, 치마 등이다.

지역에 부는 새 바람

근우회는 지역에서 새 바람을 일으켰다. 이전에 조직된 여성단체들은 대개 해체돼 근우지회로 재조직되었다. 근우지회는 본부와 마찬가지로 창립 대회 또는 설립 대회 그리고 정기 대회를 열었다. 대회는 지역에 활기를 불어넣었고 여성들은 열정과 실천을 경험했다. 신바람 난 지회의 창립 대회 현장을 찾아가자.

1928년 2월 25일 신고산 발기위원회는 청년회관 대강당에서 지회 창립 대회를 열었다. 위원들은 새벽부터 선전 전단을 시내에 뿌렸다. 대회장에는 무궁화 모양에 심장을 수놓은 근우회기가 펄럭였다. 1000여 명의 청중이 몰려왔다. 본부 대표 박호진이 여성운동의 필연을 설명했다. 이어서 50여 통에 달하는 축전과 축문이 낭독되었다. 안건은 본부 제기 안건을 기본 삼아 지역 문제를 추가했다.

신고산지회는 '회관 위치, 예산 편성, 본부 대회 파견 대의원 선거, 교양 및 훈련, 미신 타파, 가정 행상, 선전 조직' 등의 문제를 토의했고 '여성 대우 차별 철폐, 인신매매 폐지, 조혼 및 강제결혼 철폐, 마굴(魔窟)[149]에 처한 여성 조사, 불량 부녀 조사, 일부다처 철폐, 여성운동 반동자 박멸'을 결의했다.

근우 춘천지회는 "벌써 우리들은 약자가 아니다. 남자의 노리개가 아니다. 화장의 도구를 뒤로 물리치고 용감히 뛰어나와 싸우자! 여성 스스로의 해방이 되는 날에는 세계는 해방될 것이다"라는 선전문을 통해 창립을 알렸다.[150] 1928년 4월 3일 춘천지회 설립 대회장 단상은 붉은색 천에 근우회라고 쓰고 좌우에 '일천만 여성은 한 깃발 아래로 모이자! 여자도 이제는 약자가 아니다!' 따위의 표어를 붙였다. 본부 위원 심은숙이 취지를 설명했고, 안건은 '회원 교양, 문맹 퇴치, 사회 정세 조사, 현 조선 교육제도 개선, 여권옹호, 인신매매 철폐, 우의 단체 제휴, 회관, 회비' 등이다.

근우 명천지회는 1928년 3월 15일 명천 공회당에서 설립 대회를 마쳤다. 명천지회는 농촌 여성을 대상으로 순회강연을 다니면서 회원을 모집했다. 5일부터 김온과 김순희는 '여성의 지위' '가정주부에게'라는 주제로 순회강연을 다녔다.

또한 3월 8일 '부인데이'를 맞이하여 기념식과 강연회를 개최하는 행사를 꾸렸다. 근우 웅기지회는 1931년 3월 8일 부인데이를 맞아 전순구가 '부인데이의 설명'을, 차혜원이 '현대 여성의 임무'라는 주제로 강연회를 열었다. 무려 600여 명이 강연장 안팎에 가득 찼다. 정사복 감시경찰이 강연장을 감시했다. 남성은 방청을 절대 금지한다는 구실로 기자들도 입장을 막았다.

함남 영흥지회는 창립 3주년을 맞아 부인 선전 및 위안 사업으로 가극회를 개최했다. 이날 모여든 관객은 1000여 명으로 수십여 종의 가극 무도는 관객들을 즐겁게 했고 40여 원의 '동정금'을 모았다.

근우 부산지회는 1929년 연합 대운동회에 이어 1930년 제2회 부산 여자 대운동회를 부산 공립보통학교 운동장에서 열었다. 각 지역에서 모여든 여성 대중으로 성황을 이루었다. 16개 경기가 있은 뒤 대회 임원 일동의 가장행렬이 있었는데 사람들이 배가 아플 정도로 웃었다고 한다.

회령지회는 1930년 4월 8일 오후 7시 반 청년동맹회관에서 제1회 정기 대회를 개최했다. 군중이 1000명이나 회관 안팎으로 빽빽이 몰려왔다. 집행위원장 홍인순이 인사말을 하고 100여 명에 달하는 회원 점명이 끝났다. 경찰이 시내에 붙인 포스터를 아무 말도 없이 뜯어버렸다고 보고했다. 청중이 경찰에게 반향적 언사로 질문하며 발을 동동 구르는 등 한동안 소동이 있었다. 100여 통에

대구지회

부산지회

부산지회 원유회

달하는 축문과 축전 그리고 축사를 들은 뒤 안건을 토의했다. 토의 안건은 '회비 징수 방법, 반 조직, 교양, 월례회 개최, 부녀야학 개최, 부녀 소비조합 창립, 대의원 상경비 지출, 소년동맹 조직 촉성, 농촌 부녀 교양, 노동부인 옹호, 공창 폐지, 미신타파의 실현 방침, <별건곤> 모욕 기사 대책, 조혼 및 매혼 관습 타파'였다. 이날 대회에 내건 슬로건은 아래와 같다.

1 여자 해방은 세계가 해방되는 날에

1 여성 대중아! 경제적 정치적 사회적 전적 이익을 획득하자

1 투쟁하자! 투쟁이 있는 곳에 승리가 있다

1 조선 여성은 근우회 깃발 아래로

1 ○○별 대우에 항쟁하자

1 농촌 부녀의 문맹을 퇴치하자

1 단결하자! 단결은 우리의 무기다

1 조선 여자 해방은 근우운동에 있다

1 노동부인을 적극적으로 옹호하자

1 우리는 국제 부인데이를 적극적으로 지지하자[151]

동경지회는 1927년 12월 27일 오후 1시에 신간 동경지회 회관에서 발기인회를, 1928년 1월 21일 설립 대회를 열었다. 60여 명 회원이 출석하고 방청객이 100여 명이나 되었다. 동경지회는 2월 26일 오전 11시 집행위원회를 열고 국제 부인데이와 선전 주간데이 활동 안건을 결정했다. 선전 주간데이는 12일에 전단 발행, 13일에 포스터 발행, 14~16일에 호별 방문, 17일에 전단 발행, 18일에 연설회로 이어졌다.[152] 3월 18일 연설회는 23일에 거행되었다. 23일에는 '봉건적 유습을 타도하자!' '여성에 대한 일체 차별 대우에 항쟁하자!' '전 조선 피압박 여성은 단결하자!' '노예 교육 정책에 반대하자!' 따위의 현수막을 대회장에 내걸었다. 근우회 동경지회 회원인 지경숙, 최동희, 양봉순, 김영애, 김길례, 노남교, 이경원, 김재홍, 김정희, 최성실, 이양전, 김장출 등과 재일노총을 비롯한 신간회 동경지회, 동경노동조합, 학우회, 푸로예술동맹 동경지회, 신흥과학연구회, 청년동맹, 삼총해금동맹 등의 후원 단체 연설도 잇따랐다. 30여 명의 연사가 등장해 연설할 때마다 감시경찰은 '주의!', '중지!'를 연발했지만 연사들은 아랑곳하지 않았다. 오히려 1000여 명 청중은 감시경찰에게 '횡포! 횡포!'를 부르짖었다. 이날 모습은 이전에는 보지 못했던 풍경이었다.[153]

근우지회는 지역에서 벌어지는 사회문제에도 적극 개입했다. 대표적 사례가 원산지회이다. 1929년 원산 총파업 때 근우 원산지회 회원 40여 명은 2월 4일 원산 총파업 가족들을 방문했다. 그들은 원산 노동연합 회원의 가족을 일일이 방문해 따듯한 말로 끝까지 단결하라고 격려했다. 원산의 진흥을 묻는 말에 원산지회장 김영순은 "원산의 진흥책은 전 원산의 노동시장을 획득하는 동시에 노동자의 공고한 단결과 계급적 의식을 훈도하는 데 있는 줄 압니다"라고 대답했다.[154] 지역에서 벌어지는 사회문제에 적극 개입하고 관여하는 것은 원산지회만이 아니라 다른 지회도 비슷했다. 특히 동맹파업이 일어날 때 파업과 함께 여성 노동자들의 실태 조사가 이루어졌다.

근우회의 주요 사업 가운데 하나는 야학 설치였다. 이는 창립총회를 비롯해 전국대회에서 주요한 안건으로 상정되었고 1929년 전국대회에서는 지회의 주요 사업으로 설정되었다. 1929년 9월 2일 중앙상무 집행위원회는 야학 설치를 위해 학무국과 교섭하기로 결정했다. 교섭위원은 김수준, 한신광, 허정숙이다.

이러한 본부의 노력과 별도로 지회 주요 안건 중 하나는 야학 설치였다. 김천지회, 김해지회, 담양지회, 단천지회, 평양지회, 기장분회, 진주지회, 웅기지회, 강릉지회, 주을지회, 목포지회, 의주지회, 북청지회, 청진지회, 통영지회, 하동지회, 밀양지회, 간도지회, 용정지회, 창춘지회, 장연지회에서 야학을 운영했다.

그런데 야학을 운영하려면 몇 가지 조건이 있다. 공간과 시간 그리고 재정이다. 이 모든 것들이 충족되어야 야학을 운영할 수 있다.

근우지회가 운영하는 야학은 10년 또는 4~5년 된 곳도 있고 신설된 곳도 있다. 4~5년 된 야학은 근우지회로 인계되기 전 여자청년회가 운영하던 것이었다. 여자청년회가 운영 허가를 얻지 못하거나 운영 경비 문제로 근우지회로 넘긴 곳도 있었다. 이들은 연극, 영화, 음악회 등으로 부족한 경비를 마련했다.

담양 여자 야학은 5년 전에 여자청년회가 설립한 것으로 근우 담양지회에서 인수해 매년 70~100여 명을 가르쳤다. 겨울철 연료가 없을 정도로 경영이 어려웠지만 경영자 측의 열성과 강사들의 무보수 교수로 유지됐다. 또한 1929년 11월 30일과 31일 <동아일보>와 <조선일보> 지국 후원으로 조선 영화 대회를 개최해 운영비를 마련했다. 목포지회는 1930년 1월 23, 24일 목포극장에서 신춘 가극 대회를 열었다. 이 역시 경비를 마련하기 위함이었다.

근우회가 운영하는 야학의 선생님과 학생들

웅기지회는 아동과 부녀에게 한글을 가르쳤는데 지회원들은 모두 무료로 가르쳤다.

김해지회도 여자 야학을 운영했다. 김해 여자 야학회 학생 수는 180여 명이다. 그런데 '강사 불온'을 이유로 폐쇄 처분을 받았다. 이에 야학회는 합성학교에서 임시총회를 열고 경영권을 근우지회로 넘겼다.[155] 김해지회는 회원을 강사로 추천하여 허가 신청을 도지사에게 제출했다. 그리고 1929년 1월 11일 개학했다.

김천지회는 1927년 10월 18일부터 금릉학원 교실에서 여자 야학을 개최하고 산술, 조선어, 작문, 일어 등을 가르쳤다. 진주지회 야학도 가정부인과 배우지 못한 여성들을 가르치는 데 목적을 두었다.

김천지회

1931년 근우지회가 경영하던 야학은 '근우회는 불온 단체'라는 구실로 모두 폐쇄 명령을 받았다. 경비 부족은 물론 일제의 탄압이라는 이중의 고통을 겪어야 했던 것이다. 이는 제7장에서 더 자세하게 살펴보겠다.

6장

무궁화에 심장을 새기다

"눈에 막대 든 것을 살피라" –기관지 <근우> 창간

근우회 기관지 발행은 창립 대회 때 안건 중 하나이다. 당분간 회보 발행은 월 1회로 결정되었다. 1927년 10월 회의에서 편집부는 금년 안으로 기관지를 발행한다며 일반 회원의 참여를 촉구했다. 그러나 기관지 <근우>는 1929년에야 창간호가 발간되었다. "대체로 이번 호의 내용이 충실치 못하며 통속화하지 못하게 되었습니다. 더욱이 언문이 적은 것이 부인 독자 제위에게 죄송하기 마지않습니다"라며 제2호는 한자를 줄이고 읽기 쉽게 구성하겠다고 편집후기에 밝혔다. 그래서 제2호는 농촌 여성 특집호를 마련했다. 경무국에 검열을 받으려 원고를 보냈는데 내용이 불온하다 하여 모두 압수되었다. 그리고 1929년 9월 28일부로 불허되었다. 이에 임시호를 준비했다.[156]

> 근우회 본부에서 발행하는 동회의 기관지 근우(槿友)는 그간 원고를 두 차례나 작성하여 도서과에 출원하였던바 두 차례를 연달아 압수를 당하였음으로 동회에서는 어쩔 수 없음으로 그 대책을 강구 중이라더라.[157]

<근우> 제2, 3호의 발간 움직임은 1930년에도 이어졌다. 중앙

집행위원회와 전국대회에서도 기관지 발간 문제가 논의되었고 지회에서도 요구가 빗발쳤다. 1930년 여름 사업 계획을 묻는 기자의 질문에 정종명은 이렇게 대답했다. “눈앞에 닥친 일은 회관 건축과 기관지 속간입니다. 기관지 근우는 보시다시피 겨우 창간호가 나오고는 이래 나오지 못하였는데 그것을 다시 계속하려고 출판부에서 활약하는 중입니다. 본래 것같이 못 된다 하면 하다못해 팜플릿이나 리부렛트로라도 내여 보려고 합니다.”[158] 기관지 발간이 안 되면 팸플릿이나 리플릿으로 발행하려 했지만 이것도 뜻대로 진행되지 못했다. <근우>는 창간호를 끝으로 제2호부터는 빛을 보지 못하고 말았다.

다행히 <근우> 창간호는 그 내용을 접할 수 있다. 창간호에서 밝힌 권두언에는 “지식에 굶주린 우리는 정치도 경제도 사회도 자기 자신까지도 눈뜨고 보지 못하는 가련한 우리이다. 그러나 이 불행이 영원히 있을 것은 아니다. 약자와 강자의 유동되는 끊임없는 역사의 수레바퀴는 일분일초를 쉬지 않고 돌고 있다. 이에 우리는 역사적 필연의 사명으로 근우회를 조직하였다. 그러나 지도자의 결핍과 경제와 자유를 가지지 못한 처지임으로 그동안 잠자는 장래에 있어 서로서로의 뜻을 나누기에 없지 못할 기관지 근우는 많은 지장 가운데에서 이제야 고고의 첫 소리를 치게 되었다”라고 밝힌다.

<근우> 목차 구성은 다음과 같다.

권두언, 근우 발행의 제하여
근우회 강령
근우회 선언
정종명, 근우회 운동의 회고(삭제)
허정숙, 근우회 운동의 역사적 지위와 당면 임무
배성룡, 조선 여성운동의 현재
정헌태, 근우회의 임무와 발전책
추천, 내외국 부인운동의 정세
<근우운동에 대한 각 방면 인사의 기대>
홍병선, 가정부인 해방에 / 이종린, 먼저 응분의 의무를 다하라 / 홍명희, 정치적 의식 각성을 / 한용운, 적은 일부터 / 송진우, 가정부인 교육에 / 김기전, 조선 현실에 적응한 운동에로 / 김동혁, 먼저 교양으로부터 / 장린, 노동부인의 조직화를
정칠성, 의식적 각성으로부터-무산 부인 생활에서
이시완, 근우운동의 의의와 전망
이성환, 금후의 조선 여성운동-도회를 떠나서 모든 힘을 농촌에
두성, 부인 강좌-경제 조직의 변천과 부인의 지위
H생, <평론>
1 근우회에 대한 인식 착오 / 1 여성운동과 언론기관 / 1 여자청년회 문제 / 1 학교 당국과 여학생(삭제)
<회원으로서의 희망>
김선, 회원으로서의 희망-본회 강령을 다시 생각하면서 / 우봉운, 여성 각자의 의식적 동원에서 / 홍은희, 회원의 의무적 실행을 / 김정원(청진), 계몽운동의 노력 / 김영순, 우리본위의 교양을 보급하자 / 김활란, 사업에 꾸준히 하자 / 김정원, 가갸부터 알리우자
이기영, 부인의 문학적 지위
한신광, 근우운동과 재정 방침에 대하여
박호진, 여직공 방문기
신정균, K형에게 드리는 글
C 생, 목포지회 분규 사건에 대하여(삭제)
조사부, 근우회 회항 일람
백아생, 3·8-우리의 명절
질의란
투고함
흥부, 놀부표
이태준, 그림자(단편소설)
편집 여언

<근우> 표지, 1929년 5월.

<근우> 창간호는 총 122쪽으로 1929년 5월 발간되었다. '근우회 운동의 회고'(정종명), '학교당국과 여학생'(H생), '목포지회 분규 사건에 대하여'(C생) 등 세 편의 글이 삭제되었다.

<근우> 내용은 크게 다른 곳의 여성운동을 소개하고 조선 여성운동의 현황을 살핀다. 이를 토대로 근우회의 위상과 임무를 제시하는 글들로 배치했다. 이들 임무 중 노동과 농민 여성의 실정을 분명하게 파악해 근우회의 운동 방향을 제시하는 것도 중요하게

제기되었다. 여기에 창간호이기 때문에 각 방면 인사의 바람과 회원들의 다양한 희망을 간단하게 소개한다. 그리고 기관지로서 각 지회 현황을 자료로 남겨두었다. 재정과 관련한 현실적 문제, 각 지회와 여자청년단의 관계나 언론과 근우회의 관계 등을 중요하게 지적했다.

여기에서는 이들 글의 분석보다는 고민 상담란을 살펴보겠다. 페미니스트 문화평론가 크리스 위던은 잡지 전체의 근간이 되는 가치관이 가장 명료하게 드러나는 곳이 바로 고민 상담란이라고 지적했다. 상담자와 담당자의 문답이야말로 잡지가 말하고자 하는, 생산하고자 하는 담론이라는 것이다. 여기에 해당하는 것이 '질의란', '투고함', '놀부표'이다.

질의란에는 '횡포한 남편을', '노상 무례', '신식 며느리 늙은 시어머니', '유치원 교육', '어떻게 할까요'라는 5개의 질문이 소개되었다. 이들 항목은 고부관계, 남편 문제, 자녀 교육, 사회관계에서 오는 문제로 정리할 수 있다.

함흥 출신으로 부자 남편과 결혼한 여성은 "속아서 시집온 처녀의 수요는 조금만 지나면 진시황의 삼천궁녀를 초월할 지경"이라며 남편의 횡포를 소개하고 "앞으로 결혼하실 분은 많이 주의하여 주시기를 바라며 우리 여성을 위한 모임인 근우회는 이런 비극이 없도록 인도해주십시오"라며 문의한다. 이에 상담 담당자는 "자기부터 찾아라"며 "마굴로부터 세상에 나오는 결심을 하라"고 대답한다. 결혼은 일생의 행복과 불행을 결정하는 것으로 오랫동안 서로 알아야 한다며 이렇게 이루어진 결혼이 아니라면 하루빨리 청산하라고 말한다.

<근우> 편집진은 고부간의 갈등에 대해 "아들이 결혼을 하거던 잘 살던 못살던 둘 다 쫓아 내보내여 따로히 독립살이를 하게 하는 것이 상책일까 합니다"라고, 비종교 유치원 문의에 대해서는 "조선 현실에서 불가능하므로 가정교육이 필요하다"고 답한다.

남편이 아내에게 "공부하지 않으면 이혼을 하겠다고 합니다. 시부모님들은 학교가 다 무엇이냐고 벼락이 내리므로 어쩌면 좋을는지요"라는 상담에는 "야학 같은 데 충실히 다니라"고 충고한다. 서문 밖에 사는 박 아무개는 '노상 무례'라며 아래와 같이 사연을 알렸다.

> 나는 나이 40세인 여학생입니다. 지금은 선생과 학생 젊은이와 늙은이를 물론하고 양머리만 들면 여학생이라고 합니다. 그런데 제일 좀 창피하고 곤란한 일이 있습니다. 혹 밤에 볼일 보러 가려면 새파란 젊은 아이들이 길이 넓음에도 불구하고 간이 떨어져라 하고 탁 틀어맞고 갑니다. 또는 귀청이 떨어질 만치 남의 옆에 와서 기침을 하지요. 그 밖에 '이것 봐라, 하이카라상 괜찮다'고 부르는 자도 있습니다. 이것을 당할 때 무엇보담도 어린 여자들이 다닐 수 없겠다는 염려로 마음이 상합니다. 어떤 날 밤에 사고로 밤 10시경에 집에 돌

아오느라고 광문 넓은 길을 지날 때 3인의 검정 양복을 입은 남자와 만나게 되었습니다. 무심코 지나가는데 '여학생이 밤출입은 나빠. 이것 보와, 어대 가 이리 와' 하고 별별 망측한 말버릇이 나오지요. 하도 어이가 없어 하하 저것들은 어머니와 여자 형제가 없는가 하고 혼자 중얼거렸더니 '없다 나쁜 년이다.' 하고 달아납디다. (…) 어린 소학생까지 여학생만 만나면 의례 하는 '히야가시'인데 대체 어떻게 하여 이 버릇을 고칠까요.

박 아무개는 단발한 여성이 지나가면 희롱과 조롱으로 모욕당하는 현실을 상담하고 있다. 더구나 밤길을 갈 때면 남자들이 행동거지 하나하나 간섭하며 폭행과 욕설을 한다. 이에 편집 담당자는 밤낮을 가리지 않고 길거리에서 희롱이 벌어진다며 다음부터는 "두말 말고 따귀부터 갈겨놓고 버릇을 가르치"라고 대답한다. 여성 행동과 외양의 조롱은 꽤 긴 역사를 갖고 있고 이에 대한 상담도 끊임없이 이어진다. 1955년에 창간되어 1970년까지 발행했던 여성잡지 <여원>의 상담란을 보자.

문: 23세의 미혼 여성입니다. 어느 날 가설극장 구경을 갔다가 어떤 남성의 괴롭힘을 받게 되었지요. (…) 끈덕진 그 남성은 끝내 저의 뒤를 따르곤 했어요. 한때는 만나 주지 않으면 죽이겠다고 하며 나중에 안 일이지만 빗을 비수라 하며 위협까지 했어요.

답: 당신의 고민은 마치 사춘기에 있는 소녀가 자기 신체의 모든 자연스러운 변화를 보고 놀라며 고민하는 것과 마찬가지입니다. 하나의 짓궂은 장난 같은 것이라 하겠습니다. 그 남자가 당신을 괴롭히는 정도가 모두 이런 정도로 빗을 가지고 칼이라고 속이는 장난 같은 것이 아닌가 합니다. 너무 심각하게 생각하지 말고 가볍게 생각하십시오.[159]

상담 담당자는 불편한 감정과 위험을 감지한 여성에게 '사춘기 소녀 감성'이라고 단정하고는 위협적 행동에 대해 장난으로 넘기라고 조언한다. <근우>의 담당자가 위협적 행동을 당한 여성의 감정에 공감하며 강력하게 대응하라고 말한 것과 사뭇 다르다.

길거리 희롱은 개인 문제가 아니다. <근우>는 이들이 사회적으로 어떻게 재생산되는지도 지적한다. K생이라 밝힌 여성은 아무개 학교 졸업생 학예회를 갔다. 그는 그곳에서 졸업생 소개를 듣는다.

그 소개하는 순서에는 ① 씨명, ② 용모 '눈은 억실억실 코는 오똑 입은 앵두빗 살색은 백설', ③ 스타일 '키는 솔족 크고 몸집은 호리호리 여성적이고', ④ 성격 '약간 신경질이나 현모양처의 질이 풍부하고', ⑤ 어느 곳 소학교 중학을 졸업 후 금년 우리 학교 졸업 또는 지금 금만가의 처로 있다고, ⑥ 장내는 독일 혹은 일본으로 건너가서 (…)

무선 전신 발명가, 비행가, 교장, 음악가가 될 것이라는 이것이다. 나는 여기에서 제일 낙망한 것은 (…) 유아의 지도를 (위한) 지도자 양성소에서 졸업을 받고 (…) 우리의 자녀를 완전한 길로 인도하여 행복스러운 조선을 만들겠다는 포부가 나올 줄 생각하였던 것이 (…) (내가 스타일도 좋고 남편에 복종도 잘할 것이며 또는 절대미인) 이니 날 좀 데려가시오 하는 듯이 미모를 소개하는 것은 (…) 얼마나 비천한 일이며 여성 자신의 얼마나 큰 모욕임을 불구하고 스스로 행함에는 참으로 한심한 일이다.

일반 청중은 분통이 터졌다며 학교가 아닌 미인 상점이라고 격렬하게 비판했다. "'제군 친구를 사귀며 결혼을 하며 사업 성취에는 의지와 지식과 인격 여하에 결정되는 것이며 결코 얼굴이 어여뿐 미로서 결정되는 것은 아니다.', '비행기를 연습하고 무선 전신을 발명하는데 미가 무슨 상관이며' 현모양처 교육은 '허영심 충만이라고 보지 않을 수 없다'"라고 비판했다.

'놀부표'에서는 연애, 의복, 화장, 유행 등의 문제를 간결하고 분명하게 지적한다. "남자들이 모이면 하는 이야기들이, 잡지의 내용들이 '여자 화장 사치 이야기뿐이며 (…) 성교, 생식기, 처녀막, 연애, 방약무인한 욕설, 이따위 음담패설이 아니고는 잡지쟁이들의 공복을 채울 수 없고 소위 글줄이나 쓴다는 자들도 여자 문제만 나면' 모두 희롱과 조롱뿐이다. 이는 오랫동안 '우월한 지위에 앉아', '그 기회를 이용하여 마지막 발악으로 여자를 중상하자는 데 불과'하다"고 말한다. <근우> 편집진은 오히려 남성들이 더 심각하다며 아래와 같이 지적한다.

연애부터 보자

연애는 언제든지 남녀가 다 같이 하는 것이 아닌가. 이러함에도 불구하고 그 책임과 허물을 여자에게만 넘길려고 애쓰는 것은 남자들 자체의 추태만을 감추고자 애쓰던 것이 가증스럽고 야비한 일이다.

여자 화장과 남자 화장

여자는 분 바르고 크림 바르고 기름 바르는 것이다. 그러면 남자는 화장을 안 하는가? 한 달에 한 번 두 달에 한 번 가도 좋은 이발소에 일주일에 한 번 이 주일에 한 번씩 드나드는 것은 무슨 이유인가. 하루 한 번씩 면도질 (…) 포켓 속에 상용인 머리빗, 향수, 파우드, 땀 빼는 용지까지 사용한 것이 이 모든 것이 화장이 아니란 말인가.

의복 시비

양복 한 벌만 가지면 몇몇 해식 입는데 여자는 일주일에 한 벌씩 갈아입으니 사치는 물론이요 돈은 어대서 나느냐고. (…) 양복 한 벌에 보통 적게 잡아 6, 70원 오바 하나에 7, 80이니 보통 한 해의 적어도 4, 5개를 가져야 되는 와이셔츠 매 개에 보통 3원으로부터 6, 7원

내복 역시 1년에 사오 벌식(여름 내복은 며칠밖에 못 입는다) 가격은 겨울 것은 적어야 10원 이하 3원이 최하이다.

조선에 와서는 남자만을 양복 입어도 좋다고 하고 여자가 입으면 하이카라니 못된 껄이니 도무지 거리에 나설 수가 없을 뿐만 아니라 가정에서 금함으로 못 입고 우리 옷을 입는다.

(…) 그들이 무엇으로 여자만 들추어 사치이니 화장이니 하고 중상할 자격이 없지 않나. 구두 뒤축이 높다고 야단이니 가죽이 더 들어감이 많을까 염려인가. 매일 한 번식 면도질 하고 파우드 바르는 것을 그대들은 이렇게 말할 것이다. '보기 싫게 자꾸 길어 나오니 자연 깍지 않을 수 없고 약으로 바른다고' 그러면 여자도 보기 싫고 귀찮지 않게 자꾸 바람에 흐트러지니 기름을 바른다.

유행 좋아하는 남성

여자는 유행을 너머 좋아하여 치마가 정강이 위에 올라왔다 내려왔다 저고리가 웅덩이까지 내렸다 올랐다 목도리가 넓었다 길었다 야단이라고 그러면 남자의 양복바지 소매가 당나팔같이 넓었다 토수같이 좁았다 양복저고리 길이가 엉덩이를 덮었다 드러냈다 단추가 둘 되었다 셋 되었다 모자 체양이 넓었다 좁았다 바지를 입고 다녔다 신고 다녔다 외투가 길었다 짧았다. 품이 좁았다 넉넉하다는 것은 유행이 아니고 무엇이란 말인가.

지나친 사치와 화장을 옳다고 두둔하는 것은 아니지만 이는 "너무 여자를 멸시하고 욕하자는 데 불과"하다는 것이다. 그래서 "남의 눈에 티 든 것만 떠들지 말고 그대들 눈에 막대가 든 것을 잘 살피란 말이다."라며 남성들의 기준과 잣대를 먼저 생각하라고 충고한다. 누가 여성의 행동과 외모를 평가하는지 정확하게 지적하고 있다.

'질의란', '투고함', '놀부표'는 여성의 일상 현실을 정확하게 분석한다. 길거리에서의 성희롱, 여성을 사치와 허영의 상징으로 몰아가는 담론을 지적하면서 그 주체가 가부장 남성임을 분명히 하고 이를 비판한다. 한발 나아가 식민지 가부장제를 재생산하는 '현모양처' 양산 교육을 비판한다.

"조선 자매들아 단결하자"-근우회 선언

근우회 선언은 1927년 7월 집행위원회에서 통과되었다. 그 전문을 소개하면 아래와 같다.

> 역사가 있은 후로부터 지금까지 인류 사회에는 다종다양의 모순과 대립의 관계가 성립되었다. 유동 무상하는 인간관계는 각 시대에 따라서 혹은 이 부류에 유리하게 혹은 저 부류에 불리하게 되었나니 불리한 처지에 서게 된 민중은 그 시대의 사회적 설움을 한껏

받았다.

우리 여성은 각 시대를 통하여 가장 불리한 지위에 서 있어 왔다. 사회의 모순은 현대에 이르러 대규모화하였으며 절정에 달하였다. 사람과 사람의 사이에는 인정과 의리의 정열은 최후잔사도 남지 아니하고 물질적 이욕이 전 인류를 몰아 상벌의 수라장에 들어가게 하였다. 전쟁의 화는 갈수록 참담하여 가며 확대하여 가고 빈궁과 죄악은 극도에 달하였다. 이 시대의 여성의 지위에는 비록 부분적 향상이 있었다 할지라도 그것은 환상의 일편에 불과하다.

조선에 있어서는 여성의 지위가 일층 저열하다. 미처 청산되지 못한 구시대의 유물이 오히려 유력하게 남아 있는 그 우에 현대적 고통이 겹겹이 가하여졌다.

그런데 조선 여성을 불리하게 하는 각종의 불합리는 그 본질에 있어 조선 사회 전체를 괴롭게 하는 그것과 연결된 것이며 일보를 진하여는 전 세계의 불합리와 의존 합류된 것이니 모든 문제의 해결은 이에 서로 관련되어 따로 따로히 성취될 수 없게 되었다. 억울한 인류가 다 한가지 새 생활을 개척하기 위하여 분투하지 아니하면 아니 되게 되었으며 또 역사는 그 분투의 필연적 승리를 약속하여 주고 있다.

조선 여성운동의 진정한 의의는 오직 이러한 역사적 사회적 배경의 이해에 의하여서만 비로소 파악될 수 있는 것이니 우리의 역할은 결코 편협하게 국한될 것이 아니다. 우리가 우리 자신의 해방을 위하여 분투하는 것은 동시에 조선 사회 전체를 위하여 나아가서는 세계 인류 전체를 위하여 분투하게 되는 행동이 되지 아니하면 아니 된다.

그러나 일반만을 고조하여 특수를 망각하여서는 아니 된다. 고로 우리는 조선 여성운동을 전개함에 있어서 조선 여성의 모든 특수점을 고려하여 여성 따로의 전체적 기관을 가지게 되었나니 여사한 조직으로써만 능히 현재의 조선 여성을 유력하게 지도할 수 있는 것을 간파하였기 때문이다.

조선 여성운동은 세계 사정 및 조선 사정에 의하여 또 조선 여성의 성숙 정도에 의하여 바야흐로 한 중대한 계단으로 진전하였다. 부분부분으로 분산되였던 운동이 전선적 협동전선으로 조직된다. 여성의 각층에 공동되는 당면의 운동 목표가 발견되고 운동 방침이 결정된다. 그리하여 운동은 비로소 광범하게도 유력하게 발전할 수 있게 되었다. 이 단계에 있어서 모든 분열 정신을 극복하고 우리의 협동전선으로 하여금 더욱 공고하게 하는 것이 조선 여성의 의무이다.

조선 여성에게 얽혀져 있는 각종의 불합리는 그것을 일반적으로 요약하면 봉건적 유물과 현대적 모순이니 이 양 시대적 불합리에 대하여 투쟁함에 있어서 조선 여성의 사이에는 큰 불일치가 있을 리가 없다. 오직 반동층에 속한 여성만이 이 투쟁에 있어서 회피 낙오할 것이다.

근우회는 이러한 견지에서 사업을 전개하려 하는 것을 선언하나니 우리의 앞길이 여하히 험악할지라도 우리는 일천만 자매의 힘으로써 우리의 역사적 임무를 속행하려 한다.

여성은 벌써 약자가 아니다.

여성 스스로 해방하는 날 세계가 해방될 것이다.

조선 자매들아 단결하자.

근우회 리플릿 <여성과 단결>

근우회 리플릿 제1집은 <여성과 단결>이다. 이는 이현경이 편집 및 발행했다. 1927년 8월 15일 근우회 선전일, 거리에 나가 5전씩 받고 리플릿을 팔았다. 회원과 지회 또는 단체에도 리플릿을 배부했다. 리플릿 판매 광고가 신문에 여러 차례 실렸다. 여기에서는 최은희가 기록한 전문을 소개한다.

우리는 여자입니다. 크게 말하면 세계 여자의 하나요, 적게 말하면 조선 여자의 하나입니다. 오늘날 사회는 원래가 남성을 중심으로 하여 조직되어 있으므로 어느 나라에서든지 여자는 항상 불평등한 대우를 받고 눌리어 지내는 중이지만 특히 조선에 있어서는 일반 정형이 다른 나라와 유독 다르고 오랫동안 유교의 영향을 받아서 제재가 심하였던 그만큼 이 현상이 더욱 심합니다.

자 – 보십시오! 오늘날 우리 사회의 여성의 처지와 지위가 어떠한

상상으로 그린 리플릿 그림 ©이임하

가를! 여자는 재산을 상속할 권리가 없고 남편이나 아들이 있는 여자는 재산을 소유할 수가 없습니다. 직업을 구하기가 어렵기도 하고 같은 시간의 노동을 하고도 같은 품삯을 받지 못하거니와 특히 한번 아이를 배면 대개는 일자리를 떼이게 됩니다. 교육을 받을 기회도 남자보다 극히 적거니와 설령 기회를 얻는다 하더라도 소위 '현모양처주의'라 하여 남자에게 매여 살게 하는 교육밖에 시켜주지 않습니다. 남자는 첩을 두셋씩 두고 기생집 색주가집을 다녀도 상관이 없지만 여자는 남편이 죽은 뒤에라도 개가를 해서는 말썽이 됩니다. 특히 그의 가정생활이 어떠합니까. 빨래를 하고 음식을 만들고 아이를 기르고 집안을 보살핌으로 아침부터 저녁까지 징역 생활을 하지 않습니까? 우리는 결코 아내가 되고 어머니가 되는 것을 싫어하거나 정조를 지키지 않으려는 것이 아닙니다. 그러나 원리상으로 보아서 여자가 정조를 지켜야 한다면 남자도 정조를 지켜야 할 것이고(이하 52자 생략) 남자가 남편이 되고 아버지가 되기 전에 우선 '사람'이 되고 사회의 한 분자가 되어야 할 필요가 있다면 여자도 아내가 되고 어머니가 되기 전에 우선 그러하여야 되는 것이 아닌가요?

이에 대하여 어떤 분은 이렇게 말합니다. '그러나 그것은 하는 수 없는 일이라고!' 왜 그런가 하니 여자는 원래 약자로 생리상으로 보아서 신체 구조가 남자와 다를 뿐이라 남자보다 훨씬 연약하고 지력(智力)으로도 훨씬 떨어지는 까닭이라 합니다.

물론 일리가 없는 바는 아닙니다. 현 사회의 남자와 여자를 비교할 때에 여자가 체력으로나 지력으로나 남자보다 떨어지는 것은 사실일 것입니다. 그러나 생각하여 보시오. 그의 원인이 어디 있는가를! 여러분이 보시는 바와 같이 같은 남자로도 직업과 생활에 따라서 체격과 사고력에 적지 않은 차이가 있지 않습니까? 군인에게는 군인의 체격과 기질이 있고 직공에게는 직공의 특성이 있고 교원에게는 교원, 문사에게는 문사의 특질이 있지 않습니까? 그렇다면 수천 년 동안을 남성에게 짓밟히어서 규중에서 살아온 그들이 체격으로나 사고력으로 남자에 좀 떨어진다 하여 영원히 평등될 날이 없으리라고 단정함은 얼마나 우스운 일이겠어요? 그들이 현재 연약한 신체를 가지고 지력에 있어서 남자보다 떨어지는 것은 과거 수천 년 동안을 불평등한 사회환경에서 살아오고 불평등한 교육을 받아온 필연의 결과가 아닙니까? 말하자면 선천적으로 남자보다 떨어져서 그런 것이 아니요 사회의 모순으로 인하여 생긴 불평등입니다.

그의 보기 쉬운 예로는 여러분은 제주도의 해녀와 곡마단의 여자를 보신 일이 있겠지요? 체력 근력이 보통 남자에 비교하여 결코 떨어지지 않지 않습니까? 물론 여자에게는 회잉(懷孕)기가 있습니다. 산전 산후는 반드시 얼마 동안을 쉬어야 합니다. 그러나 자녀를 생육함이 인류 사회에 없지 못할 일인 이상 그로 인하여 여자가 남자와 평등이 될 수 없다 함은 너무나 무리가 아닙니까?

여러분! 그렇다면 우리는 어떻게 하여야 하겠습니까? 오늘날 우리가 당하고 있는 가지가지의 압박과 불평등이 선천적으로 남자보다 떨어져서거나 우리의 잘못으로서가 아니요, 과거 수천 년 동안의 사회생활의 모순으로 인하여 생긴 필연의 결과라 한다면 우리는 어떻게 하여야 하겠습니까?

여기에 우리의 단결이 무엇보다도 필요하게 됩니다. 여러분은 '화

살의 비유'를 들으신 일이 있겠지요? 한 개씩으로는 마음대로 분지를 수도 있는 화살도 열 개 스무 개를 모으면 분질러지기는 고사하고 굽힐 수도 없게 됩니다. 우리는 서로 따로이 떼어서는 체력으로나 지력으로 혹은 남자보다 다소 떨어질 것입니다. 그러나 단결함에 따라 우리는 반드시 강자가 될 것입니다. 생각하여 보시오! 우리의 일천만 여성의 힘을 모은다면 하지 못할 일이 어디 있겠습니까?

그러나 오해하여서는 아니 됩니다. 우리가 여성의 단결을 부르짖는 것은 결코 여성만이 단결하여 남성과 대립하여 싸우자는 의미는 아닙니다. 물론 농민운동이 농민을 중심으로 하여야 하고 노동자의 해방이 노동자의 손으로 이루어져야 한다는 것과 같은 의미에서 여성운동은 여자를 중심으로 하여야 할 것이고 여자의 해방은 여자 자신의 노력으로 될 것입니다. 그러나 동시에 우리는 농민운동만이 단독으로 진전될 수는 없는 것이고 노동자만이 단독으로 해방될 수 없는 것임과 같은 의미에서 여성운동만이 단독으로 존재하거나 여성만이 단독으로 완전한 해방을 얻을 수 없는 것임을 알고 있습니다. 그것은 오늘날 우리가 당하고 있는 불평등과 부자유는 대부분 현 사회의 모순에서 직접 온 것이므로 여성운동만으로는 어떻게 할 수 없는 까닭입니다.

조선에는 이미 각 계급의 여성을 망라한 우리의 유일 조직인 근우회가 있습니다. 일천만 자매의 힘을 모아서 일면으로 여권의 향상, 여성의 해방을 위하여 노력함이 그의 목적인 동시에 (이하 40자 생략)하게 될 것입니다. 우리는 벌써 약자가 아닙니다. 우리의 힘은 오직 단결에 있습니다.

근우회의 깃발 아래로 모이어 듭시다.[160]

보라색과 무궁화-특수와 보편의 동시성

근우회는 특수성과 보편성을 구분하지 않았다. 근우회는 조선 민족과 조선 여성을 기반으로 삼고 있었지만 거기에 머물지는 않았다. 그들은 조선 여성의 해방이 세계 여성의 해방과 맞닿아 있다고 끊임없이 주장했고 세계 여성해방도 항상 주장했다. 21세기에 와서야 전 지구화가 화두가 된 것처럼 알고 있지만 20세기 초 근우회는 여성운동의 전 지구화 문제를 제기했던 것이다. 근우회 선언, 창립 취지문, 강령, 행동강령, 기관지, 상징색은 언제나 세계를 염두하고 있었다.

근우회는 "조선 여성을 불리하게 하는 각종의 불합리는 그 본질에 있어 조선 사회 전체를 괴롭게 하는 그것과 연결된 것이며 일보를 진하여는 전 세계의 불합리와 의존 합류된 것이니 모든 문제의 해결은 이에 서로 관련되어 따로 따로히 성취될 수 없게 되었다"라고 선언했다. 특수와 보편은 서로 연결된 것이라고 선언한다.

여성해방이 조선 해방이고 이는 세계 인류의 해방이라는 것이다. "우리 자신의 해방을 위하여 분투하는 것은 동시에 조선 사회 전체를 위하여 나아가서는 세계 인류 전체를 위하여 분투하게 되는 행동이 되지 아니하면 아니 된다." 근우회는 조선 민족 해방이 먼저이고 그다음이 여성해방이라고 선후관계를 말하지 않는다. 대신에 여성해방이 조선 민족 해방이고 세계 인류 해방이라 말한다.

<여성과 단결> 리플릿에도 근우회의 이 인식은 변함이 없다. "우리는 여자입니다. 크게 말하면 세계 여자의 하나요, 적게 말하면 조선 여자의 하나입니다."

근우회는 조선의 특수성 즉 식민지라는 특수성을 인식하고 있었다. "일반만을 고조하여 특수를 망각하여서는 아니 된다. 고로 우리는 조선 여성운동을 전개함에 있어서 조선 여성의 모든 특수점을 고려한다." 조선 해방과 세계 해방은 동시대에 존재하지만 역사적 맥락이 다르기에 운동의 방향과 지향이 다름을 분명히 한다.

근우회는 동시대성과 동시성을 주장했다. 그리고 불평등의 기원을 역사와 사회적 구조에서 찾았다. 이를 타파할 힘은 단결에서 찾은 것이고 따라서 근우회의 모토는 조선 여성, 세계 여성, 단결이었다. 이를 담아낼 상징은 바로 보라색과 무궁화였다.

근우회는 독자적으로 배지, 깃발, 노래, 색을 만들었다. 근우회 상징은 1927년 창립 대회부터 논의되었고 1928년 제1회 전국대

상상으로 그린 근우회 배지와 깃발 ©이임하

회 준비위원회에서 배지와 회기를 제작했다. 1929년 제2회 전국대회는 무궁화 모양에 '근우' 두 글자를 넣은 것을 근우회 배지로 결정했다. 근우회 전국대회 때 연두색과 보라색을 근우회의 색으로 알렸다. 준비위원들은 모두 보라색이나 연두색 띠를 두르고 대의원을 맞으러 서울역에 서 있었다. 또는 붉은 꽃을 들고 있었다. 본부 위원들과 지회 대의원들은 보라색 배지를 가슴에 달고 대회장으로 들어왔다.

왜 보라색이었을까. 보라색은 여성 참정권 운동의 상징색이다. 19세기 말 유럽에서 불었던 여성 참정권 운동가들 즉 서프러제트(suffragette)는 흰색, 녹색과 함께 보라색을 상징색으로 삼았다. 미국 참정권 운동단체 전국여성당(NWP)도 흰색, 금색과 함께 보라색을 상징색으로 삼았다. 전국여성당은 "보라색은 목표를 이루기 위해 충성과 끈기, 대의를 향한 불굴의 의지를 뜻한다"라고 밝혔다. 그리고 3·8 여성의 날에도 보라색은 여성들의 투쟁을 알리는 상징색으로 등장하곤 했다. 보라색이 상징하는 역사를 근우회는 알았던 것이다.

그러면 근우회 상징 문양은 왜 무궁화였는가? 이유는 세 가지인 듯하다. 일제 강점기 대중, 일상, 민족을 강조할 수 있었던 것이 무궁화였기 때문이다.

미술사학자 목수현은 이렇게 설명한다. 대한제국 시기 훈장이나 훈장 증서, 복식의 도입 과정에서 참조한 일본 황실의 국화와 오동 꽃 같은 상징물이 필요했다. 그래서 등장한 게 오얏꽃(자두나무 꽃)과 무궁화였다.

그런데 무궁화가 일반에게 널리 알려진 계기는 노래였다. 1897년 8월 15일 '대조선 개국 505회 기원절' 기념식이 독립관(모화관)에서 열렸다. 정부 관료와 학도, 인민이 많이 모였고 각국 공영사들이 예복을 갖추고 자리해 있었다. 이때 배재학당 학생들이 부른 노래가 '무궁화 노래'였다. 어떤 내용인지는 소개되지 않았다.[161] 노래 가사가 모두 소개된 것은 1899년 6월 29일자 <독립신문>에 '방학 예식'이라는 기사에서다.

오늘 오후 2시에 정동 회당에서 배재학당 학도들의 방학 예식을 거행한다는데 (…) 모든 학원이 무궁화 노래 하고 (…) 무궁화 노래는 (1절은) 성재 신손 오백 년은 우리 황실이요 산고 수려 동 반도는 우리 본국일세. 후렴은 무궁화 삼천리 화려강산 대한 사람 대한으로 길이 보전하세.

대한제국 시기 오얏꽃이 국가 상징으로 대외적으로 사용되었지만 민간에서는 무궁화가 나라꽃으로 인식되기 시작했다. 일제강점기 여학생들이 즐겨 했던 자수 소재도 무궁화였다. 상징할 나라가 없는 시절, 겨레의 꽃으로 인식되었다.

이러한 역사적 배경이 근우회 배지에 무궁화를 등장시킨 것이다.

근우회는 식민과 제국의 질서가 단지 조선에 국한된 것이 아니라 전 세계적 체제임을 알고 있었다. 따라서 식민지 일상의 균열이 곧 제국의 일상의 균열을 가져오고 이것이 곧 세계 여성해방의 첫걸음이라 여겼으리라. 이러한 인식은 근우회의 상징색인 보라색과 상징 문양에서 잘 드러난다. 특수와 보편은 결코 선후관계가 아니며 동시대적 동시성을 갖는다. 근우회가 보기에 하나의 잣대로 운동의 선후관계를 강조하는 행위는 누군가의 희생을 요구하는 것일 뿐이다.

7장

근우회는 불온하다!

일제 경찰의 끈질긴 방해공작

> 신간회 온성지회는 제4회 정기 대회를 (…) 28일 오후 2시부터 온성 예수교회당에서 회원 백여 명과 방청객 삼백여 명이 운집하여 위원장이 개회 선언을 하려던 참이다. 임석한 경관은 18세 이하의 소년과 소녀 그리고 근우회에서 온 여자 방청자를 퇴장시킨 뒤 개회하라며 개회를 금지시켰다. (…) 규약 제4조에 의하여 18세 이상 소년 및 근우회원의 입회를 수리한 후 회원의 자격으로 출석한다 하며 개회하려 하였으나 역시 여자는 우의 단체원이나 신간회원임을 불구하고 참여를 불허한다 하며 개최를 금지했다.[162]

근우회는 발기 대회, 창립 대회, 정기 대회를 열어 설립과 활동을 세상에 알렸다. 근우지회도 본부와 비슷한 방식으로 창립 대회와 정기 대회를 열고 지역사회와 소통했다. 대회가 열리는 날이면 지역 여성들이 모여들었고 호기심이든 관심이든 간에 남성들도 대회를 보려고 몰려들었다. 즉 근우지회의 대회는 지역사회 잔칫날이었다.

잔칫날 근우회원들은 사회제도와 여성 차별의 현실을 여러 형태로 제기했다. 일제는 이를 달가워하지 않았다. 그들은 갖가지 방식과 구실로 대회를 방해하거나 금지했다. 다음을 보자.

| 금지 사유 1. 명령 불복종 |

함경남도 홍원지회는 1929년 3월 16일 발기 대회를 개최한 뒤 26일 설립 대회를 청년회관에서 개최했다. 설립 대회에 참가한 회원은 67명이었다. 그런데 홍원경찰서는 4월 13일 갑자기 홍원지회 간부들인 김성옥, 김성희, 지순남, 홍신옥을 검거했다.[163] 그들은 종일 취조를 받고 밤 7시에 석방되었다. 검거 이유는 홍원 청년동맹과 연락 관계가 있는지 확인하기 위함이었다. 홍원경찰은 이틀 뒤 또다시 이들 4인과 부형들을 경찰서로 불렀다. 경찰은 부형들에게 "금번은 특히 용서하는 것이니 추후부터는 절대로 자식을 그런 사람들과 교제시키지 말라고 하며 이제 또 그런 사람들과 교제시키는 때는 용서 없이 징역을 시킬 터이며 만약의 부모의 말을 잘 듣지 않는 때는 곧 경찰에 의뢰하라"고 충고 아닌 위협을 하고 부형들에게 다짐을 받고 3시간 뒤에 내보냈다.[164]

홍원경찰서의 방해는 1930년 8월 14일에 열린 제2회 정기 대회 때도 이어졌다. 여름 더위에도 회원 40여 명이 모였고 방청객까지 몰려들었다. 대회장 안에는 회의 순서와 테제(기본 강령) 그리고 10여 종에 달하는 슬로건을 걸어놓았다. 정기 대회 시작 5, 6분을 남기고 홍원경찰서는 지회 간부인 최채금, 최박순, 박금순 3인을 갑자기 호출했다. 홍원경찰서 고등계 주임과 사법계 주임이 번갈아 가면서 취조를 장시간 이어갔다. 홍원지회는 오랫동안 시국 불안이라는 구실로 대회를 금지당하다가 조건부로 허가가 나

이날 겨우 정기 대회를 개최했다. 그런데 정작 대회 책임자를 붙잡아간 것이다. 경찰은 대회 개최 시간이 상당히 지났는데도 이들을 돌려보내지 않았다. 교섭위원이 경찰서에 여러 번 갔지만 곧 돌려보낸다는 답변뿐이었다. 결국 회원들은 각각 흩어지고 이날 개최하려던 대회는 부득이 뒤로 미뤄졌다. 오후 6시 5분에 연행된 3명 가운데 박금순만 석방되었다.

그들을 가둬둔 이유는 '명령 불복종'이었다. 방청을 금지한다는 조건으로 행사를 허가했는데 이전에 붙인 포스터에 '방청 대환영'이라는 문구가 그대로 남은 것을 꼬투리 잡은 것이다. 최채금, 최박순은 5일간 구류 직결처분을 받았다. 이에 지회장 최채금은 경찰서장의 언도에 불복해서 정식 재판을 요구할 것이라고 밝혔다.

함경북도 성진지회는 정기 대회를 개최하려고 두 번이나 날짜를 정해 경찰에 신청했으나 시국이 불안하다는 이유로 금지당했다. 준비위원들은 다시 1930년 4월 6일 경찰에 신청서를 제출해 '남자의 방청과 학생 남녀의 방청을 절대 금지한다'는 조건으로 허가받았다.[165] 4월 6일 대회 장소인 천도교당에 모여든 군중이 무려 200명에 달했다. 대회장 정문에는 '남자 방청을 경찰이 금지'란 포스터를 붙이고 각 지국 기자들만 입장시켰다. 시작도 되기 전에 성진경찰서 감시경찰은 '조선, 중외, 동아 삼 지국장 이외의 지국 기자는 법적 통신원으로 인정하지 않으므로 입장하지 말라'며 폭언으로 대회장을 한동안 소란스럽게 만들었다. 이에 질문과 항의가 이어지자 경찰은 "질문 이유는 경찰서에 와서 들으라"는 답변으로 일관한다. 결국 입장했던 기자들은 대회 개최를 위해 퇴장했다.[166] 우여곡절 끝에 오후 1시 정기 대회는 300여 명이 참석한 가운데 장내가 떠나갈 듯한 박수로 시작되었다. "예심(豫審) 지연에 항쟁하자"를 비롯해 10여 종의 슬로건이 걸린 대회장에서 20여 명의 경찰이 삼엄한 경계를 펼쳤다. 팽팽한 긴장감이 감도는 가운데 금지당한 <북선일보(北鮮新報)> 모욕 사건을 제외한 다른 안건들을 토의하고 오후 6시 30분에 근우회 만세삼창으로 무사히 폐회했다.

1931년 2월 19일에는 성진지회 집행위원회가 시국 불안을 이유로 금지당했다. 25일에 다시 신청서를 제출했지만 일제 경찰은 같은 이유로 불허했다. 결국 4월 3일 사회단체 연합회관에서 성진지회 제3회 집행위원회를 개최했다. 오후 9시 40분에 폐회했는데 갑자기 감시경찰이 들이닥쳐 회의 서류를 압수해갔다. 20일 정기 대회 역시 불온하다는 이유로 금지당했다.

| 금지 사유 2. 여성운동 필요 없음 |

일제 경찰은 지회의 창립 또는 정기 대회를 노골적으로 방해했다. 그 이유는 시기가 불온해서, 박람회 기간이라서, 국경지대라서, 야간이라서, 옥외라서, 방청객이 있어서, 남성들이 있어서, 시간을 초과해서, 여성운동이 필요하지 않아서 등이다. 그중 일제 경찰의 본심과 가장 가까운 것이 "여성운동이 필요하지 않다"는 구실이다. 다른 이유는 핑계에 불과하다. 이런 점에서 근우회는 일제 식민 질서를 깨트리는 불온한 단체였다.

일제 경찰은 여성들이 식민지 가부장 질서 안에 머물기를 바랐다. '문제'가 생기면 가부장을 불러 경고하는 등 방해 작전은 치밀하고 비열했다.

1930년 4월 10일 목포지회 제2회 정기 대회는 오후 2시 반부터 목포 청년동맹회관에서 개최되었다. 회원과 방청객 40여 명이 참가했다. 지회장이 개회를 선언하자 감시경찰은 일반 방청을 금지한다며 방청객들을 퇴장시켰다. 목포 청년동맹, 목포 신간지회 등에서 보내온 축문은 감시경찰에게 압수당했다. 안건 토의에 들어가 간부 한국혜가 여성운동을 주제로 언론기관에 관한 의안을 낭독하던 때였다. 감시경찰은 안건이 모두 불온하다며 토의를 금지하고 임원 선거만 허용했다. 회원들은 대회에서 중요한 토론을 금지한다면 임원 선거는 왜 하느냐고 분노했다.[167] 결국 임원 선거 뒤인 6시 반에 만세삼창으로 끝마쳤다.

1928년 7월 15일 근우회 임시대회 때 동경지회에서 전국에서 대의원이 모인 김에 여성문제 강연을 하자고 건의했다. 주제는 근대 여성운동의 두 가지 조류(강영순), 현 단계의 부인운동(이현육), 경제 사관에 나타난 여성의 지위 변천과 현 과정에의 그것 비판(이종률)이고, 그 외 근우회 연사 참가로 기획했다.[168] 그러나 이

강연 역시 평소 불온한 문서를 발표하고 과격한 행동을 한다는 이유로 금지되었다. 이뿐만 아니라 종로경찰서 고등계는 17일 근우회 전국 임시대회에 동경지회 대의원으로 참석했던 김정옥을 검거했다.

근우회 함경북도 연합회 제2회 정기 대회를 1930년 3월 22일 나남에서 개최하려고 준비위원들은 분주하게 움직였다. 나남경찰서는 동연합회 집행위원장 진규를 소환해 대회를 금지시켰다. 각지에서 '만세 소동'이 심하여 시국이 불안하다는 이유였다. 이에 여론은 경찰이 애매한 시국 불안론으로 대회를 금지하는 것은 무리한 행동이라고 비난했다.

야간 행사라며 대회를 허용하지 않기도 했다. 함북 명천지회는 농촌 부녀의 참석을 예상하고 제2회 정기 대회를 야간에 개최하기로 했다. 그런데 경찰은 야간집회 절대 허용 불가를 내걸어 부득이 연기되었다.

경상북도 영주지회 설립 대회 때이다. 1929년 4월 2일 본부 위원 정칠성이 취지 설명을 비롯해 축전과 축문을 낭독하고 의안을 토론하고 순조롭게 대회를 마쳤다. 대회 시작 때 경찰은 남자 방청을 금지했고 심지어 기자 참석까지 간섭했다. 영주경찰서는 "여자의 모임에 남자가 무슨 상관이 있느냐"라며 100여 방청인과 외지에서 온 내빈들의 출입을 금지시켰다.

함경남도 이원지회는 1929년 12월 5일 차호 청년회관에서 제

1회 임시대회를 개최했다. 경성본부에서 온 축전과 각 사회단체에서 온 수십 통의 축문을 읽고 축사를 들었다. 그런데 감시경찰이 축사하는 사람에게 폭언을 하고 마음대로 담배를 피워 대회장은 아수라장이 되었다.[169] 양산지회 설립 대회는 1929년 6월 21일 오후 9시 청년회 동맹회관에서 개최되었다. 준비위원의 경과보고 뒤 본부 위원 박호진이 취지 설명을 하려는데 감시경찰이 금지했다. 창립 대회 때 시종일관 위협적인 태도로 대회 분위기를 긴장에 싸이게 했다. 대회장 분위기를 위협적이고 두려움에 떨게 만들어, 불편하게 하는 것이 경찰의 전략이었다.

함경남도 신창지회 창립 대회는 1929년 28일 오후 8시 청년동맹지부 회관에서 열렸다. 안건을 토의하던 중이었다. 갑자기 감시경찰이 시간 초과라는 이유로 해산을 명령했다. 한순간 소동이 일어났고 장내 공기는 험악해졌다. 교섭위원들이 대화를 시도했지만 경찰은 막무가내였고 모인 사람들은 결국 10시에 흩어졌다.

함경남도 신흥 지역에서는 일부 여성들이 신흥지회를 설치하고자 준비했다. 1929년 10월 31일 집회계를 신청하러 경찰서로 갔다. 그런데 신흥경찰서 고등계 경찰은 "신흥에는 여성운동이 필요하지 않다"는 이유로 금지했다.[170] 부득이하게 대회는 연기되었다.

평안남도 순천군에서는 순회강연단 심은숙의 방문을 기회로 6월 8일 오후 8시 순천지회 설립 대회를 열고자 했다. 그러나 경찰은 신청이 늦었다며 대회를 허락하지 않았다. 함경북도 길주에서는 지회 설치 대회를 1929년 6월 15일 천도교당에서 개최하려 했지만 경찰은 상부의 명령이라며 금지했다. 함경남도 단천지회는 1929년 1주년 기념 축하회를 개최하려고 만반의 준비를 다했다. 경찰에 거듭 신청서를 제출했다. 그러나 경찰의 대답은 조선박람회 기간이므로 도저히 허가할 수 없다는 것이었다. 단천지회는 결국 행사를 열지 못했다.

국경지대라서 대회뿐만 아니라 단체 조직도 꾸리지 못한 지역도 있다. 근우 함경북도 연합회 위원장이자 주을지회 특파원 진규는 1930년 3월 18일 함경북도 무산군 읍내 아무개의 집에서 20여 명의 여성을 만나 근우회 취지를 설명했다. 곧바로 이 자리에서 준비위원회를 꾸리고 19일 30여 명의 근우 회원을 모집하여 무산지회를 설치하려 했다. 그러나 무산 경찰서는 진규, 김보금, 한양순 3인을 호출해 무산은 국경지대이므로 근우지회 설치를 금지한다고 말했다.[171]

경기도 수원 여성단체인 영우회는 '여성운동 대세'라는 주제로 토론했다. 이어서 여성해방 단체의 중앙집권체인 근우지회를 지지하는 의견이 나오자 감시경찰은 곧바로 토의를 금지시켰다.

탄압은 더 강화돼 1930년에는 실외 집회를 불허한다는 방침이 내려졌다. "최근에 만세운동이 일어난 뒤부터 (…) 지난 15일 밤 근우회 경성지회 위원회를 위시하여 각 단체의 회합은 전부 금지를 당하고 있는 형편이며 옥외집회(는) 어느 기간까지 절대로 불허할 방침인 듯하다."[172] 그리고 1931년에는 "신간, 근우 등 단체의 집회 금지 등으로부터 조선에서 대소의 정치적 또는 사상적 지향을 띈 모든 집회와 결사의 자유를 속박"해 실내외 모든 집회가 금지되었다.[173]

강연회와 '바깥놀이'를 금지하다

| 강연회 |

지회에서 열리는 대중 강연은 여성문제를 가장 널리 그리고 빠르게 제기하고 근우회를 대중에게 알리는 방법이다. 따라서 본부 위원들은 지방 방문 때에 대중 강연을 기획했다. 이때 강연 준비와 선전보다 경찰의 허가를 받는 일이 더 힘들었다.

1927년 10월 근우회 본부 위원 박원희와 정칠성이 지회 설립 문제로 함흥에 갔다. 함흥 여자청년회와 함흥 여자기독청년회는 10월 9일 오후 2시에 동명극장에서 '부인문제 대강연회'를 열었다. 정칠성은 '여성의 각성과 단결'로, 박원희는 '특수 환경에 처한 조선 여성의 사명'이라는 주제로 강연했다. 경찰은 몇 번이나 되풀이해서 이를 금지했다. 박원희가 "조선은 농산국이오 일본은 공업국이다. 조선의 원료를 싼 가격으로 일본에서 사다가 다시 조선에다 높은 가격으로 방매함으로 조선의 경제는 날로 쇠퇴하여 간다. 이것을 방어하기 위하여 조선적으로 무슨 기관이 있어야 하겠다"는 말을 마치자 경찰은 강연 중지를 명령했다.[174] 그리고 박원희를 경찰서로 연행해 오랜 시간을 붙잡아 두었다. 박원희는 저녁 7시 오로리 여자상조회 주최 강연회를 하기로 했다. 경찰은 "강연을 간다면 지금 검속하고 그렇지 않으면 내보내겠다"며 협박했다. 결국 그는 오로리 강연회도 못 갔는데, 오로리 경찰로부터 강연회도 금지당했다는 전보를 받았다.

근우회 주최로 '국제 무산부인데이'를 기념하고자 1928년 3월 8일 오후 7시 반부터 동아일보사 강당에서 기념 강좌를 준비했으나 경찰의 금지로 중지되었다. 회령지회의 지회 설립기념 강연도 역시 "시국이 불온하다"는 구실로 금지되었다.

이런 일은 강연 도중에도 비일비재하게 벌어졌다. 대구지회는 여성문제 강연회를 1928년 9월 16일 조양회관에서 개최했다. 비가 오는데도 시작 전부터 300~400명의 청중이 모여들었다. 지회장 이춘수가 사회를 맡았다. 정칠성이 나와 '여성으로 본 현 사회'를 주제로 강연했다. 강연 중 감시경찰이 주의를 주었고 결국 중지 명령을 받았다. 박호진은 '조선 여성운동의 당면임무'로 열변을 토하는 중 역시 감시경찰로부터 중지당했다. 강연 뒤 박호진과 정칠성은 대구경찰서에서 훈계받고 방면되었다.[175]

마산지회와 마산 청년동맹은 김귀동, 강종록, 김종신, 여해 등 4인을 초청해 11월 26일 여성문제 강연회 개최를 준비했다.[176] 마산 경찰서에 강연 신청서를 제출했지만 금지당했다. 이유는 강사가 불온하다는 것이다.

함경남도 단천지회에서는 1930년 5월 27일 본부 창립 4주년 기념식을 크게 열고 이어 기념 강연까지 했다. 그런데 단천지회 회원 김온이 강연회 감상평을 하면서 경찰이 남자 방청을 금지한 것은 극단의 강압이라고 규탄했다. 감시경찰이 연달아 주의, 중지를 말하면서 장내 분위기는 긴장되었다. 결국 김온은 중지 명령에 응하지 않았다며 소환되었다.

평안북도 의주지회는 1930년 9월 15일 학술 강연회를 기획했다. 주제는 한글 문제(박연원), 농민운동의 당면 임무(이재향), 예술의 사회적 고찰(박완식), 여성문제(서재평), 소년운동의 사적고찰과 당면 임무(장선명) 등이다.[177] 지회장이 경찰서에 원고를 들고 갔는데 "상부에서 명령한 집회 금지가 해제되지 않았다"는 이유로 갑자기 금지했다.

해주지회는 1930년 7월 18일 오후 9시 청년동맹회관에서 창립 제2주년 기념식을 거행한 뒤 하려던 박호진의 강연이 중지당했다. 제목은 '사회 변천과 여성의 지위'였다.

| 음악회 |

함경남도 영흥지회는 본부 지령에 따라 재만동포 구제 동정금을 모집하기 위해 1929년 9월 15일 음악회 개최를 준비했다. 경찰은

11일 시기 문제라는 이유로 금지했다. 영흥지회는 여러 번 교섭했으나 음악회를 열 수 없었다. 결국 영흥지회는 일반 유지 인사에게 기부금과 동정금 60여 원을 모집했다. 그런데 경찰은 "이 방법도 안 된다"며 모집한 금액을 전부 압수하고 군수에게 양해를 구하라고 했다. 이에 위원들은 군수를 면회하고 그 사실을 말했더니 군수는 "앞으로 다시 모집함은 불문하나 모집한 금액은 근우회 명의는 그만두고 군수 주선으로 일본 영사관으로 부치라"고 대답했다.[178] 위원들이 이에 따르지 않자 경찰은 모집한 금액을 다시 돌려주고 영수증까지 일일이 받아오라고 했다. 위원들은 모집 금액을 다시 돌려주었다. 일제 경찰은 어떤 활동을 하든 금지로 일관했다.

함경북도 명천지회는 1928년 8월 13일 오후 8시부터 농민 위안 음악회를 공회당에서 열려고 했다. 신청서를 제출한 뒤 1주일이 되도록 아무 말이 없다가 음악회 당일 감시경찰은 "여자 악사만 출입을 허가한다"며 진행을 방해했다. 우여곡절 끝에 음악회는 10시에 끝마쳤다. 음악회 뒤에도 감시경찰의 행패는 이어졌다. 다과 자리에서 악사의 답사가 불온하다며 검속했던 것이다.[179]

함경북도 웅기지회와 경흥 소년동맹 연합으로 야학회 경비를 보충하려고 음악회를 준비했으나 웅기경찰은 금지했다. 1929년 3월 30일 웅기지회는 기근 구민 구제책으로 가극 음악대회를 개최하려고 신청서를 제출했다. 경찰서는 허가하는 대신 수입금 전부를 경찰서로 가져오는 것은 물론 분배 방법도 경찰에서 강구하겠다는 조건을 내걸었다. 웅기지회는 수익금은 기근 구제회에 주겠다며 버텼다. 결국 경찰의 허가를 받지 못해 이 계획은 무산되었다.

북청지회는 1930년 10월 24일, 25일 음악 무도 대회를 천도교 대강당에서 열었다. 첫날에 400~500명의 관중이 참여해 큰 성황을 이루었다. 다음날 북청 경찰서는 북청지회 간부를 불러 24일에 한 연극이 불온하므로 25일은 허가할 수 없다고 통고했다. 근우지회 간부들은 노래와 춤만 하겠다고 했으나 그것도 허락하지 않았다. 북청 대중들은 경찰의 무리한 탄압에 분개했다.

| 원유회(園遊會) |

경성지회는 100여 명 회원과 원유회를 열기로 결정했다. 1928년 10월 22일 오전 10시, 장소는 동대문 밖 상춘원이다. 그런데 동대문경찰서가 금지명령을 내려 중지되었다. 대구지회는 1930년 5월 7일 시외 동촌으로 원유회를 가고자 했으나 경찰이 금지했다. 모처럼 소풍에 아이 업고 밥을 싸온 회원들은 정거장에서 돌아가야 했다.

통영지회는 재외 여자 유학생 환영회를 5일에 개최하려고 준비했다. 1929년 8월 4일 저녁 8시 통영경찰서는 갑자기 환영회 개최를 금지했다. 이유는 서장의 명령이라고 했다.[180]

함경남도 이원지회는 1930년 2월 13일 함남 여성운동자 간담회를 이원에서 개최하기로 했다. 차호 주재소는 이원지회장 이춘월을 소환해 이원 경찰서에 출두하라는 소환장이 왔다고 전했다.

1월 31일 이원지회장은 30리가 넘는 경찰서까지 집행위원 조증화와 함께 갔다. 이원 경찰서는 시국 불안으로 간담회 금지를 말했다. 이원지회장과 위원들은 차호 주재소에 전달해도 좋은 일을 큰일이나 있는 듯이 먼 곳까지 불렀다고 크게 분개했다.[181]

이원지회에서는 1930년 근우 부인 선전데이를 앞두고 운동회를 열려고 신청서를 이원경찰서에 제출했다. 이원경찰서는 지회장을 불러 금지했다. 지회원들은 분노해 상무위원들이 다시 교섭했으나 소용없었다. 금지 이유를 묻자 경찰은 처음에는 그럴 필요가 없다며 대답하지 않았다. 자세한 이유를 듣건대 시국이 불안하고 경제공황인 이때에 회원이 10전씩 내 운동회까지 할 필요가 없어서 금지한 것이라고 했다.[182]

동아일보사 옹기 지국은 1931년 9월 19일, 20일 국경 축구 대회를 열려고 했다. 9일 경찰서에서 갑자기 담당자를 소환해 후원 단체가 불온하다는 이유로 대회를 금지했다. 후원 단체는 신간, 청맹, 근우회였다. 한편 함경북도 온성에서는 상부 명령이라며 근우지회 단오놀이를 금지했다.

근우회 경영 야학은 모조리 폐쇄하라!

지회의 야학 운영은 지역에서 가장 활발한 활동 가운데 하나로, 글을 모르는 여성들과 아동들, 학령기를 넘긴 학생들을 가르쳤다. 야학 운영은 가르칠 공간, 시간, 그리고 재정 마련이 우선이다.

1928년 12월 17일 진주지회장 성석순은 진주경찰서 고등계의 소환장을 받았다. 소환 이유는 진주지회에서 경영하는 부인 야학회 폐쇄 때문이었다. 이 야학은 3년 전 진주 여자청년회에서 경영하던 것을 근우지회가 인계해 운영하고 있으며, 1928년 봄에 경상남도 학무국에 허가원도 제출한 상태였다. 그런데 갑자기 1929년 7월 17일 학무국에서 폐쇄 명령을 내렸다. 진주지회 집행위원들은 긴급 위원회를 열고 도지사에게 질문서를 보내고 대책을 강구했다.

함경남도 북청군 신창 주재소는 1929년 7월 29일 갑자기 북청지회 위원장 송혜덕을 소환해 야학 폐쇄를 명령했다. 지회장은 준비를 다 마친 부녀 야학을 금지하는 까닭을 물었다. 경찰은 "야학을 강습회로 인정하여 취체(取締)[183]하라는 당국의 예규가 있는데 명칭은 야학이지만 강습회나 마찬가지이며 강습회를 허가 없이 경영함으로 금지시키겠다"고 대답했다.[184]

경상남도 하동지회는 3년 전에 여자 야학회를 창설했다. 이곳에서 배우는 아동은 100여 명에 달한다. 갑자기 경남 학무국은 "인가를 내지 않으면 폐쇄하겠다"며 위협해 인가원을 제출했다.

통영지회는 여자 야학원 설치를 위해 연극을 준비하는 중이었다. 2주일 전부터 하루도 쉬지 않고 열심히 연습했다. 통영지회는 허가를 얻으려 각본을 가지고 경찰서로 갔다. 그런데 경찰은 위험

단체인 근우회에게 여자 야학원을 허가할 수 없고, 연극도 금지하겠다고 했다.

근우회 기장분회에서 경영하던 여자 야학과 청년동맹 기장지부에서 경영하던 노동 야학은 1919년에 설립되었다. 10년 동안 경비 곤란과 교사의 문제로 폐지에 이른 적이 한두 번이 아니다. 그때마다 간부들의 노력과 지방 유지들의 후원으로 운영이 재개되었다. 나중에는 학생 수가 200명에 달하는 등 교양기관으로 자리잡는다. 보통학교 교실을 빌려 사용했는데 1928년 12월 6일 교장이 이유도 없이 사용을 금지했다. 결국 여자 야학과 노동 야학은 문을 닫았다. 전라남도 담양지회가 운영하는 담양야학은 1931년 경찰의 해산명령으로 9년 만에 문을 닫았다.

> 전남 담양 청년동맹에서는 다년간 학원을 경영하여 다수의 무산 아동을 교육하다가 4년 전에 당국의 간섭으로 어찌할 수 없이 문을 닫고 뒤를 이어 당지 근우회 지회의 경영으로 4년 동안이나 여자 야학원을 유지하여 돈이 없는 무산 여성과 학령 초과한 생도를 교육하여 오던바 군청 당국에서는 허가 없이는 경영하지 못한다느니 여러 번 간섭이 있었으나 경영자 측에서는 허가 수속을 제출하고 시종일관하게 경영하여 생도 수가 120명의 성황을 이루었던 지난 15일에 돌연히 당지 오 군수로부터 학원 경영자 측을 호출하여 경관의 입회하에서 학원의 해산을 명령하였다. 그 이유는 동 야학은 강습소

령에 위반되는 동시에 선생이 불온하고 재원이 부족하다는 것이라며 해산명령을 당한 경영자들은 하는 수 없이 16일에 생도를 강당에 모아놓고 비분에 싸인 해산식을 거행하였다. 선생님과 120명의 생도들이 눈물 흘리고 고별하던 광경은 정이 있는 자의 눈물을 기우리게 되었고 일반은 무산 여자의 장내 교육에 대하여 걱정을 한다고 한다.[185]

일제가 근우지회 야학을 해산한 이유로 내건 것은 강습소령 위반, 교사 불온, 재원 부족이다. 교사 불온을 이유로 오랜 역사의 야학들이 1930년대 들어 해산되었다. 담양야학 이외에 근우 김해지회가 운영하던 김해야학도 이에 해당한다.

근우회 김해지회에서 경영하는 여자 야학회는 설립 10년의 역사를 갖고 학생 수는 200명이다. 그런데 사립학교 취체령에 의해 경영자 불온이라는 이유로 1929년 6월 8일 농민연맹에서 경영하는 노동 야학회와 김해지회에서 경영하는 야학회의 허가 신청이 각하되었다.[186] 이에 두 야학회는 김해 시민대회를 열어 방침과 태도를 결정하려 했다. 그러나 시민대회마저 경찰이 금지했다. 김해지회와 농민연맹은 밤새 대책을 논의하고 군과 도에 교섭원을 파견, 교섭하고 야학회를 유지할 것을 결의했다.

김해지회 위원장 김필애와 집행위원 허무인, 최정숙, 박악이는 8월 28일 도지사를 방문하고 허가를 얻기 위해 진정했다. 진정위원으로 함께 갔던 농민연맹 위원장 배종철은 이렇게 말했다.

> 군 당국에 교섭을 하여 왔으나 그 답변이 이론에 맞지 않을 뿐 아니라 도무지 시의가 보이지 않음으로 근일은 개학기도 절박하였음으로 군수를 다시 방문하고 적극적으로 그 이유를 질문한 즉 우물쭈물한 어조로 책임을 도 당국에 미룸으로 부득기 도에 진정 간 것이올시다. 도지사를 만나고 보니 군수의 말과는 판이한 점이 많습니다. 그리고 직접 지사의 책임 있는 답변을 듣고 가게 되었습니다. 만약 당국으로부터 명확한 이유도 없이 인가치 않는다면 우리는 전 김해 농민의 결의로 끝까지 싸울 것이며 인가 여하도 불구하고 경찰로서 폐문케 하는 날까지 개학을 할 각오입니다.[187]

근우 김해지회와 김해 농민연맹 교섭위원들은 모호한 도지사의 답변만 듣고 별다른 효과를 얻지 못하고 돌아왔다. 김해지회와 농민연맹은 긴급 위원회를 열고 토의를 한 뒤 1929년 8월 31일 도지사에게 허가 신청을 다시 제출했다. 그리고 이번 신청에도 불허되면 당국의 강제처분을 당하기로 결의했다. 그렇게 1년이 지났다.

1930년 9월 17일 경남 도지사는 근우 김해지회와 농민연맹 야학에 폐쇄 명령을 내렸다. 그날 밤 그들은 긴급 집행위원회를 열고 먼저 관계 당국에 위원을 파견하기로 결정했다. 명령 한마디로 야학을 없앤다는 사실에 분노했다.

경상남도 학무과는 근우지회가 불온 단체이며 교사가 부적당한 인물들이라며 9월 12일 폐쇄 명령을 내렸다. 김해 농민연맹은 대표위원을 뽑았고 11월 28일 대표위원 14인이 부산으로 갔다. 최여봉, 한성봉, 허성도, 김사익 등 4인은 소전 학무과장, 학무과원 3인, 경찰부 고등과 이시다 경부, 박 보안과장 등을 약 1시간 동안 만났다. 학무과장은 경영자와 교사가 부적당한 인물이므로 폐쇄 명령을 내렸다고 대답했다. 김해지회와 농민연맹은 힘이 미칠 때까지 야학을 지속하겠다고 밝혔다. 학무과는 명령을 듣지 않으면 강제로 폐쇄하겠다고 위협했다.

이렇게 근우지회와 학무과의 팽팽한 긴장이 이어졌다. 폐쇄 명령에도 굴하지 않던 야학은 두 가지 이유로 결국 문을 닫았다. 첫째, 강사와 간부는 격문 사건 혐의자로 경찰서에 유치되었고, 둘째, 10년 동안 건물을 빌려주던 합성학교 설립자 측에서 갑자기 이를 거절했던 것이다.[188] 1930년 12월 8일 밤 경영자인 김해지회와 농민연맹은 학생을 강당에 모아놓고 해산 선언을 했다. 선생과 생도 모두가 울었다. 이 야학회는 10년의 역사와 400여 명의 졸업생을 남겨두고 해산되었다.

근우지회가 경영하던 야학은 1930년과 1931년에 모두 폐쇄 명령이 내려졌다. 재정 상태와 상관없이 10여 년 역사의 야학들이 이 시기에 모두 폐쇄된다. 1934년 평양지회 운영 야학에 가해진 탄압을 보면 그 운명이 짐작되리라.

평양부 전기과에서는 부내 근우회 조신성 여사 경영의 무산 아동 교육기관 근우야학에서 10월분 전등료 1원 69전을 내지 않았다 하여 5일 오후 2시경에 돌연 전기과원 수명이 동 야학에 이르러 야학 관계자가 아무도 없음에도 불구하고 교실에 들어가 송전 중지장을 달고 전구를 떼여 갔다. (…) 이는 너무 가혹한 짓이라고 하여 일반의 비난이 높으며 학교 관계자의 말에 의하면 별로 독촉을 받은 일도 없다 하여 극도로 분개하고 있다.[189]

대회장의 감시경찰

1928년 대구지회 설립 대회는 25일 오후 2시 대구 달성공원 앞 조양회관 3층 대강당에서 개최하였다. 200명에 가까운 회원과 400~500명의 방청인으로 대성황을 이루었다. (…) 정사복 경찰 10여 명이 임장하여 엄중한 경계가 있었다.[190]

진주지회는 '학교교육이냐 가정교육이냐'라는 문제로 토론회를 열었다. 언제든지 우리네의 모임에 빠지지 않는 경찰은 이날 밤에도 고등계 주임을 비롯하여 여러 명의 형사 출석으로 경계는 자못 엄중했다.[191]

오늘날엔 낯선 풍경이지만 일제 강점기엔 너무나 익숙했다. 강연회나 야유회에는 4~5명, 전국대회는 10~20여 명의 감시경찰이 항상 자리했다. 근우회의 모든 활동은 경찰과 함께했다. 감시경찰이 근우회 활동을 침범하는 범위는 너무나 넓어 말할 수 없을 정도다. 집행위원회, 전국대회, 강연회, 음악회, 야유회, 야학 등 모든 회의와 집회에는 반드시 신청서를 제출했다. 신청서를 제출해도 회의 날 또는 음악회장에서 '금지!'라고 소리치면 연주는 물론 지금껏 준비했던 활동을 멈춰야 한다. 연기되기도 하고 여러 번 연기되다 무산되는 일도 허다했다.

선전지와 포스터를 준비하려면 먼저 관할 경찰서에 원고를 제출해야 한다. 밀양에서 10여 명의 여성이 4월 3일 발기 준비회를 열고, 4월 25일 창립 대회 준비에 들어갔다. 선전지와 입회원서 및 회기 등을 마련했다. 그런데 선전지를 인쇄하려고 원고를 경찰서에 제출했는데 문구가 불온하다는 구실로 그대로 압수당했다.[192]

또 이런 일도 있었다. 청진지회는 남만주와 온성에서 발생한 기근을 구제하기 위해 손수건 180장을 판매하려 했다. 수건에는 표어와 근우회 이름을 썼다. 청진경찰서는 허락을 받은 뒤 판매하라며 청진지회장을 불렀다. 고등계 주임은 3일 동안만 수건을 팔되 표어를 비롯한 근우회 문구를 한 자도 쓸 수 없고, 팔린 대금은 모두 경찰서로 가져오라고 말했다. 이러한 경찰의 규제에 청진지회 집행위원들은 수건을 팔지 못할지언정 판 돈을 경찰서에 가져갈 수 없다며 분개했다. 본부 위원 김정원이 19일 경찰서장을 방문하고 경찰의 무례에 항의했다. 고등계 주임은 다른 곳에서도 수건에 표어를 쓰지 않았고 판매 대금도 경찰서에 가져왔으니 그렇게 하라고 다시 강조했다. 이 말을 들은 청진지회 집행위원들은 근우회를 멸시하는 처사라고 대책을 세우는 한편 본부에도 이 사실을 알렸다.[193]

근우회 광주지회는 1929년 5월에 창립되었다. 아직 본격적인 활동을 시작하기 전인 6월, 광주경찰서는 지회원을 조사한다며 정복 순사가 집집마다 찾아다녔다. 그들은 성명과 나이를 물으며 신분을 조사했고 부모나 시부모에게 위협적인 행동을 취했다. "우리의 존재를 무시함인 동시에 예속을 파괴하는 것이 아니냐"는 광주지회의 질문에 서장은 "양풍미속을 침해함은 부하의 실수이나 언제든지 필요에 의하여는 조사할 수 있다"고 대답했다.[194] 학력, 연령, 입회 월일 등의 정보는 간부에게 명부를 요청해 조사할 수 있는데도 이러한 무리한 행동을 취한 까닭은 개인 생활을 침해하고 가족에게 근우 활동을 알리기 위함이었다.

이런 일도 있었다. 1929년 11월 11일 오후 4시부터 공회당에서 신의주 청년계의 중진이요 신간회 간부이자 하차운반조합 총무인 고성창과 근우회 집행위원인 박은형의 결혼식이 있었다. 신랑 신부가 모두 신망을 받는 이들이므로 여러 곳에서 축전과 축문을 보냈다. 결혼을 축하하는 축문을 읽고 축사도 들으며 무사히 결혼식을 마쳤다. 그런데 감시형사가 의주군 읍내 노동조합 간부인 서재평의 축사가 불온하다며 현장에서 검거하고 모든 축문을 압수했다. 연행된 이가 저녁 8시에 석방돼 큰 문제가 없는 듯했다. 그런데 갑자기 이튿날 새벽 의주 경찰서에서 축문을 읽은 박명식을 비롯한 4명을 검거해 취조했다.[195] 이들은 축사를 잘못했다는 이유로 치안 유지법 위반으로 결국 재판을 받았다.

거듭된 검거와 인신구속

> 1929년 경기도 경찰부는 범죄자 사진 4000장과 함께 사회운동자 2000명 사진도 수집했다. 경기도 경찰부에서는 근우회, 신간회, 조선노동총동맹, 조선청년총동맹, 조선농민총동맹 등 온갖 사상단체의 중요인물을 포함해 민족운동자나 사회운동자로 이름 있는 사람 약 2000명의 사진을 구해 한곳에 비치했다.[196]

조선총독부는 허가서 제출, 감시경찰 파견, 금지, 폐쇄 명령 등으로 근우회를 감시하고 통제했다. 근우회 회원이라는 이유만으로 발언할 수 없었다. 강연하다가 감시경찰이 "주의! 주의!"를 연거푸 외쳤으며 말을 듣지 않으면 곧바로 중지시키고 경찰서로 연행했다. 그리고 부모들을 경찰서로 소환해 "딸들을 잘 감시하라"고 위협했다. 공개적인 비난도 잦았다. 집집마다 돌아다니며 딸 또는 며느리의 이력을 묻는 행위도 서슴지 않았다.

그런데도 근우회 여성들의 끈질긴 투쟁과 실천은 멈추지 않았다. 감시와 협박에도 겁먹지 않았다. 이토록 용기 있고 담담하고 끈질긴 싸움이 있었던가. 조선총독부는 모든 감시망을 동원해 근우회 여성들을 옭아맸지만 성공하지 못했다.

근우회원에 대한 탄압은 가택수색, 검거, 취조, 구류 그리고 구속과 감옥살이로 이어졌다. 아래는 언론에 보도된 근우회관과 회원에 대한 가택수색 사례이다.

1928.11.21: 종로경찰서는 근우회 본부와 지부를 약 2시간 동안 샅샅이 검색하고 서신왕래와 필적 등을 세밀히 조사하고 돌아갔다. 증거품은 없었다.

1928.12.28: 종로서는 28일 오전 7시경 형사대 수명이 시내 공평동 근우회를 돌연 습격하고 동 10시까지 가택수사를 하는 동시에 근우회 간부 정종명, 우봉운, 김숙 등의 집을 일일이 수색하는 한편 근우회 간부 10여 명을 본서로 인치하여 일일이 지문을 박고 방면했다.

1930.8.19: 오전 10시 고등계 형사 5명이 부산 청년회관을 수색하는 한편 부산 신간지부, 청소년, 근우 외 각 세포단체에서 보관된 서적 서류 할 것 없이 모조리 압수했다.

1930.9.1: 새벽에 함남 차호에는 또다시 격렬한 문구로 경찰을 위협한 격문이 여러 곳에 첨부되었다. 경찰은 범인을 체포코자 차호

일대를 물샐틈없이 철야 경계를 하는 동시에 청소맹원들과 근우회원들의 필적을 받아 갔다.

1930.11.14 : 부산경찰서는 전 계원이 총출동하여 양화 직공조합 작업부를 습격하고 수색 (…) 부산지회 근우회원의 집도 일제히 가택수색을 하는 중이다.

1931.1.7 : 함흥 편창제사 공장 여직공 동맹파업 문제에 대하여 경찰측에서는 배후 조사를 하던 중인데 7일 오후에는 그곳 근우회관을 엄중 수색했다.

1931.2.22 : 통영경찰서는 (…) 7, 8명의 형사대가 청년동맹회관에 달려가서 동 회관 안에 있는 청년동맹, 근우지회, 신간지회, 노동조합 등 각 사무실을 모조리 수색하여 도서와 원고, 기타 여러 가지를 압수했다.

아래는 근우회원 불심검문과 검거 그리고 취조 사례이다.

1928.12.24 : 경남 경찰부는 밤 6시 반에 들어온 연락선 창경환에서 내린 양장한 젊은 여자 2명을 데려다 놓고 한 시간 동안이나 문을 굳게 닫고 엄밀히 심문한 뒤에 돌려보냈다. 한 사람은 교토 근우지회 서무부 간사 황인경(34)이요, 또 한 사람도 역시 교토 근우지회원으로 현재 동지사 재학 중인 류 아무개라는 여학생이다. (…) 불온 문서나 가지고 오지 않았는가 해서 그와 같은 조사를 한 것이다.

1929.9.20 : 동대문경찰서 (…) 20여 명의 청년을 검거했다. 근우회 본부 중앙 집행위원 박차정, 김정원도 함께 검거되었다.

1929.9.20 : 인천을 떠나 경성으로 향한 기차에 근우회 상무 집행위원 최옥동(21)이 타고 있었다. 기차가 경성역에 도착하자 정거장 파출소 경관에게 이끌려 취조를 받은 후 돌연히 행방불명이 되어 회원 여러 사람은 각 방면으로 그의 종적을 찾았으나 작일 오후까지 소식을 알 길이 없어 매우 염려하는 중이라는데 정거장 파출소는 본정 관내이나 동서에서는 그러한 사람을 인치한 사실이 없다고 부인했다.

1929.11.10 : 원적을 강원도 김화에 두고 경성에 와서 고학하는 한편 근우회에서 일을 많이 보아오던 김정순은 20여 일 전 박람회 기간 중에 경부선 열차에서 경찰에게 검거되어 수원서에 취조를 받다가 지난 13일에 석방되었는바 경찰은 강원도 사건에 관련이 있나 하여 그렇게 취조한 것이다.

1929.12.4 : 종로서에서 4일 정오까지 인치한 검속자 총수는 전 82명에 달하는데 (…) 근우회의 정종명, 박호진, 허정숙를 비롯하여 장안숙, 박영숙 외 도합 6명의 묘령 여자도 끼어 있다.

1929.12.15 : 격문 사건과 광주 학생 관계로 대구서는 시내 각 주의자 집과 기타 사상단체인 회관을 수색 (…) 근우지회 간부 이춘수와 신간지회 간부 유연술, 정윤시 등을 검거한 뒤 엄중 취조 중이다.

1930.2.3 : 학생 격문 사건 (…) 3일 검거된 영주지회 상무 정찬자는

4일 오후 9시 방면(되었다).

1930.2.9: 근우지회 이춘월 검속하여 수일 동안 차호 경찰관 주재소에서 취조받았다.

1930.2.28: 새벽부터 대구경찰서는 대구지회 간부 이춘수, 이범옥, 이계순 씨를 검거하여 취조 중이다.

1930.3.3: 광주경찰서는 오후 1시 16분 열차로 광주역에 도착한 목포지회 간부 김영애를 검거하여 취조 중이다.

1930.3.22: 근우회 신정균 씨도 취조 중이다.

1930.3.22: 함남 근우회 도연맹 집행위원장 최채금을 검거하여 경기도 경찰부에 호송되었다 (…) 지난 26일에 무사 석방하였다는데 검거의 이유는 자못 모호하다.

1930.7.6: 근우회 전 원산지회장 김영순이 취조받고 있다.

1930.7.10: 근우회 중앙상무 김순희는 함남 여성운동자 간담회에 근우회 특파로 내려오던 중 자기 고향인 함북 명천 자택에 유숙 중인 지난 10일 아침 돌연히 가택수색을 당하고 검거되어 명천서에서 취조를 받다가 지난 16일에 석방되었다.

1930.9.1: 근우 부산지회 집행위원장 최소남 (…) 인치하고 엄중 취조했다.

1930.11.1: 정종명은 20일 동안 부산, 동래, 울산, 마산, 김해 외 여러 지방을 순회하고 지난 1일 진주에 들어오자 당지 경찰서 고등계에서 소환하여 장시간 심문하고 검속하였다.

1931.1.7: 지난 15일 오후 6시경 근우 북청지회 회원 김경선, 이계선, 이귀○ 3인이 북청 경찰서에 검거되었다. 함흥 편창제사소 맹파공이 복직한다는 소식을 들은 북청지회 근우회원은 맹파여공을 만나서 '제사소 측으로 요구 조건을 승인한다는 것과 월급 25원씩 준다는 계약서를 받고 가라'고 말했다. 이 말을 듣고 맹파 여공 50여 명은 각각 집으로 돌아갔다. 이에 경찰 당국은 복직 여공을 방해했다며 검속했다.

1931.1.22: 출옥 동지를 환영하려다가 경찰 검거에 분개해 시위운동을 해 200여 명이 검속되었다. 검속된 근우회 지회 간부는 김동성, 함학보, 한중호, 유분석, 주복암 등이다.

1931.6.3: 근우회 본부위원으로 오랫동안 여성운동계에 활약하다가 상해로 건너갔던 조원숙이 3일 오전 홀연 시내 종로경찰서 경찰에게 이끌려 경찰서로 왔다. 그의 트렁크까지 경찰서로 가져다가 샅샅이 조사했다.

1931.6.8: 근우 마산지회 집행위원장 이희는 오전 9시경에 갑자기 마산경찰서로부터 소환되어 장시간 엄중 취조를 받았다. 동 서에서는 근우지회 집행위원 중 아무개 씨를 또 소환 취조했다.

1931.6.27: 종로서는 27일 밤에 형사대가 근우회원 김 아무개(25)를 검거한 후 28일은 일요일인데도 불구하고 경찰이 별실에서 극비밀리에 엄중 취조했다.

1931.7.24: 경기도 경찰부에서는 가택수색을 한 후 근우회 집행위

원 강정임(26)을 검거하여 취조 중이다.

1931.8.1: 함북 성진군 등견루의 기생을 비롯하여 각 요리집 기생들이 음독 단발 파업 등을 일제히 실행하였다. 성진경찰서에서는 당지 근우 회원 5명을 인치 취조 중이다. 선동 혐의가 분명히 있다 하여 폭행 및 업무방해 등 죄명으로 지난 1일 청진검사국에 송치했다.

1931.8.2: 성진군 학남면 용대동 경찰관 주재소에서는 지난 2일 오전 11시경에 근우회원 주순희를 호출해 취조했다. 멸치 운반 노동부녀들이 종래에 없는 임금 인하에 대하여 너무도 억울하다고 공장주 측에 임금 인상을 요구하였다는 사실로 이면에 선동이나 있지 않은가 함이었다.

1931.8.8: 함북 성진 청맹, 근우, 농조원 10여 명은 염천 바닷가에 가서 해렵(海獵)하려고 8월 8일 모든 준비를 다했다. 성진경찰서에서는 해렵도 못 간다 함으로 부득이 준비된 음식이니 사가에서 나누어 먹고 성진 동해안으로 잠깐 산보를 나갔다. 정사복 경관 3명이 돌연히 나타나서 해산을 명하고 청맹, 농조, 근우회원 8명을 검속했다.

1931.9.10: 영흥군 억기면 오포리에서 일어난 농업 노동자 맹파 사건으로 다수의 청년이 경찰에 검거되었다. 경찰은 이들이 송국되는 것을 역까지 전송 나간 근우회 김영화, 김상옥 등을 검거했다. 검거 이유는 전송이 치안에 방해된다는 것이다.

1931.10.13: 아침부터 함흥경찰서에서는 (…) 근우회 상무 박숙정

(…) 을 검거했다.

1931.11.10: 영흥 농민 데모 사건으로 경찰대는 (…) 영흥기업소에서 일을 배우고 있는 김희숙을 검거했다. 김희숙은 오랫동안 근우이원지회 집행위원으로 활동했다.

1932.5.15: 지난 15일 아침부터 신의주 경찰서 고등계와 평북 경찰부는 (…) 전 근우지회 집행위원장 박은형의 집에 습격하여 가택수색을 한 후 박은형을 검거 인치하여 그동안 비밀리에 취조했다.

아래는 근우회원 구류와 구속 사례이다.

1929.4.20: 진주경찰서는 근우 진주지회장 성석순을 소환해 장시간 취조했다. 성석순은 10일간 구류 처분을 받아 20일 진주 감옥으로 압송되었다. 지난달 30일에 목포 근우지회에 보낸 축문이 불온하다는 것이다.

1930.9.17: 용산서 고등계에서 검거에 착수한 모종 비밀결사 사건은 그간 취조가 일단락되었다. 주정원(여), 강정희(여) (…) 11명을 치안 유지법 위반 사건으로 송국했다.

1929.9.30: 종로경찰서 고등계에서는 (…) 근우회 본부 집행위원장 정칠성, 위원 허정숙을 호출했다. 미와 고등계 주임은 장시간 취조한 뒤 3일간의 즉결처분을 내렸다. 집행위원회의 결의로 동경 조선 노동자 송환 문제와 전주여자고등보통학교 사건의 희생자 처벌

문제에 대한 항의문을 발송한 것이 문제가 되었다.

1930.5: 회령보흥학교 교원으로 근우 청진 집행위원 윤천녀와 윤선희는 (…) 지난 2월 초순경에 청진고등여학교 학생을 선동하여 여학생 만세시위를 계획하였다는 혐의로 1심 징역 1년을 불복하고 경성 복심에 공소했다.

1930년 여학생 만세시위로 박호진, 정종명, 정칠성, 한신광, 허정숙 등이 검거되었고 박차정과 허정숙이 보안법 위반으로 구속되었다. 1931, 1932년에 강정희, 박호진, 정종명도 보안법 위반으로 구속되었다.

8장

근우회의 여성들

식민지 하층 여성이 왜 가장 혁명적인가

근우회는 연령, 학력, 지역이라는 틀에 맞춰 집단을 나누는 근대 통치성에서 벗어난 단체였다. 근대의 경계 짓기를 거부한 것이다. 근우회는 여성의 지식 계발과 지위 향상을 목적으로 하고 있지만 여기에서 머물지 않고 모든 일에 개입하겠다고 알렸다. 이는 허정숙의 답변에도 잘 드러난다.

1930년 1월 여학생 만세시위 때 허정숙을 비롯한 서울 여학생 9명이 재판을 받았다. 재판관은 심리 과정에서 허정숙에게 근우회가 어떤 단체인지 묻는다.

> **재판관:** 피고는 근우회 서무부 위원인가? 동 단체는 무엇하는 단체인가? 또 근우회 전신인 여성동우회에 참가한 일이 있는가?
>
> **허정숙:** 근우회 전신인 여성동우회는 사회주의 연구단체이었고 현재 근우회는 조선 부인의 지식 계발과 지위 향상을 강령으로 하고 그 표면에는 계몽운동을 하고 있고 (…)
>
> **재판관:** 근우회의 근본 목적은 그런 것이 아니라 부인 민족운동단체가 아닌가?
>
> **허정숙:** 민족운동이라든지 사회운동에는 남녀라든지 혹은 부인의 구별이 없소.[197]

허정숙의 답변은 근우회가 여성의 지식 계발과 지위 향상이라는 강령을 목적으로 활동하고 있으며, 사회운동에 남녀구분이 없듯이 여성은 모든 부분에서의 차별에 적극 개입하겠다는 것이다. 즉 근우회는 일제 식민체제를 일상에서 균열 내고 민주주의를 조직 안에서 실천하고 각종 사회문제에 개입했다. 그리고 성차별과 성폭력 그리고 백래시에 단호한 목소리를 냈고, 행동을 했다. 그들은 잦은 가택수색과 연행, 검거 그리고 인신구속에도 멈추지 않았다. 잦은 검거와 인신구속은 근우회의 여성들에게는 훈장과 같았다. 식민지 여성들은 식민지 질서 체계에서 하층이었지만 식민지 지배 질서를 깨뜨리는 가장 혁명적 활동을 전개했던 것이다. 그것은 중앙본부뿐만 아니라 지회도 마찬가지였다.

이 모든 활동의 중심은 당연히 근우회의 여성들이다. 근우회는 중앙본부와 지회 활동가 그리고 회원들로 구성되어 있다. <근우> 기관지 지회 일람표에 따르면 직업별 정보를 알린 지회는 25개이다. 이는 1928년 중반까지 지회에서 본부로 올라온 자료를 근거한 것이라 정확하지 않지만 근우회원의 직업 동향을 확인할 수 있다. 이에 따르면 직업 구성은 가정부인이 47%로 가장 많고, 노동이 24%, 농민 1.3%, 학생 7.4%, 그 외 직업이 13.2%이다. 근우회원은 무직이라고 밝힌 6.9%를 제외하고 모두 직업을 갖고 있었다.

여기에서는 중앙본부에서 활동한 여성들을 중심으로 확인하겠다. <표 7>은 발기인, 창립총회, 전국대회(제1~3회) 준비위원·집행위원을 정리한 것이다.

<표 7> 근우회 중앙 집행위원

발기인 1927.4.26	강정희, 길정희, 김미리사, 김복순, 김선, 김순영, 김영순, 김은도, 김일엽, 김활란, 박경식, 박신우, 박원희, 박흥순, 방신영, 서필선, 손정규, 신숙경, 신알벳트, 양매륜, 유각경, 유영준, 이덕요, 이은혜, 이현경, 임순분, 전지자, 정소군, 정자영, 정종명, 정칠성, 조원숙, 주세죽, 진숙봉, 차사백, 최은희, 최활란, 현덕신, 홍애시덕, 황신덕
창립 대회 집행위원 1927.5.27	김동준, 김선, 김영순, 김활란, 박경식, 박신우, 박원희, 방신영, 우봉운, 유각경, 유영준, 이덕요, 이현경, 정종명, 정칠성, 조원숙, 차사백, 최은희, 현덕신, 홍애시덕, 황신덕
제1회 전국대회 준비위원 1928.4.18	강정희, 김동준, 김필수, 문인순, 박경식, 박영해, 박호진, 방신영, 신경애, 신정균, 심은숙, 우봉운, 유각경, 유영준, 이경희, 이현경, 정종명, 정칠성, 조원숙, 차사백, 최은희, 허정숙, 홍애시덕, 황신덕, 황찬희 [198]
제1회 전국대회 집행위원 1928.7.14	강정희, 김복희, 김순실, 김영희, 김필애, 박은덕, 박현숙, 박호진, 백신애, 성석순, 심은숙, 양봉순, 유금봉, 이춘수, 이현경, 정종명, 정칠성, 조신성, 차사백, 한신광, 허정숙, 황기성, 황신덕 **검사위원** - 강석자, 김수준, 김활란, 백덕수, 우봉운, 유각경, 최은희 **후보위원** - 김정옥, 김필수, 김희경, 윤제순, 이혜경, 최춘애, 황찬희
제2회 전국대회 준비위원 1929.7.3	강석자, 김상순, 김선, 김수준, 김숙, 김정희, 박영해, 박호진, 백덕수, 서석전, 손메레, 신정균, 심은숙, 온순명, 우봉운, 유각경, 이경희, 정순희, 정종명, 정칠성, 한신광, 허정숙, 황신덕, 황찬욱

제2회 전국대회 집행위원 1929.7.29	김경희, 김선, 김성은, 김순실, 김순희, 김영순, 김온, 김정원, 김필애, 박은덕, 박은형, 박차정, 박호진, 백덕수, 성석순, 우봉운, 유덕희, 유보경, 이봉근, 이춘수, 이현욱, 전순구, 전혜덕, 정종명, 정칠성, 제영순, 최선애, 최수자, 최옥동, 최채금, 한신광, 허정숙, 현덕신, 황신덕 **후보** - 강정임, 김경선, 김경옥, 김봉린, 김수선, 손단, 이경희 **중앙검사위원** - 김동희, 김상순, 김수준, 김홍은, 신정균, 윤재순, 조신성 **중앙검사위원 후보** - 김숙, 김정옥, 이성수
제3회 전국대회 준비위원 1930.4.17	강정임, 김상순, 김수준, 김정원, 김효준, 박문성, 서석전, 신정균, 오수남, 우봉운, 유덕희, 유영준, 이경희, 정윤희, 정종명, 정칠성, 한신광
중앙 확대 집행위원 1930.12.18	강정임, 고연우, 김광호, 김선, 김수준, 김정원, 김호, 박영애, 손메례, 심은숙, 안정숙, 우봉운, 윤성상, 윤치정, 이계순, 이춘수, 정선화, 정연해, 조신성, 진규, 최숙자, 황애덕 **중앙검사위원** - 김상석, 신정균, 정종명, 정칠성, 조상달

<표 7>과 <표 8>에 따르면 근우회 중앙본부의 집행위원은 활동 시기에 따라 크게 세 부류로 나눌 수 있다.

근우회 창립과 해소 전 과정에 관여했던 인물은 정종명, 정칠성 그리고 우봉운이다. 이들은 5년 내내 근우회와 함께했다. 정종명과 정칠성은 근우회 중앙 집행위원장이었다. 이춘수나 조신성처럼 지방지회장과 위원들 가운데도 비슷한 경력을 가지고 있는 이들도 많다. 여기에서는 중앙본부에서 활동했던 인물을 중심으로 구성했다.

<표 8> 근우회 중앙위원

□ 참여 시기 ▒ 미참여 시기

<table>
<tr><th>발기인 창립 대회 준비위원 1927.4.26</th><th>창립 대회 집행위원 1927.5.27</th><th>1회 전국대회 준비위원 1928.4.18</th><th>1회 전국대회 집행위원 1928.7.14</th><th>2회 전국대회 준비위원 1929.7.3</th><th>2회 전국대회 집행위원 1929.7.29</th><th>3회 전국대회 준비위원 1930.4.17</th><th>중앙확대 집행위원 1930.12.18</th></tr>
<tr><td colspan="8">정종명, 정칠성, 우봉운</td></tr>
<tr><td colspan="6">황신덕</td><td colspan="2" bgcolor="#cccccc"></td></tr>
<tr><td bgcolor="#cccccc"></td><td colspan="4">심은숙</td><td colspan="2" bgcolor="#cccccc"></td><td></td></tr>
<tr><td colspan="2">김선</td><td colspan="2" bgcolor="#cccccc"></td><td colspan="2"></td><td bgcolor="#cccccc"></td><td></td></tr>
<tr><td colspan="3" bgcolor="#cccccc"></td><td colspan="5">김수준</td></tr>
<tr><td colspan="2" bgcolor="#cccccc"></td><td></td><td bgcolor="#cccccc"></td><td colspan="4">신정균</td></tr>
<tr><td colspan="3" bgcolor="#cccccc"></td><td>이춘수
조신성</td><td bgcolor="#cccccc"></td><td></td><td bgcolor="#cccccc"></td><td></td></tr>
<tr><td colspan="5">유각경</td><td colspan="3" bgcolor="#cccccc"></td></tr>
<tr><td colspan="3" bgcolor="#cccccc"></td><td colspan="4">한신광</td><td bgcolor="#cccccc"></td></tr>
<tr><td colspan="2" bgcolor="#cccccc"></td><td colspan="4">허정숙</td><td colspan="2" bgcolor="#cccccc"></td></tr>
<tr><td colspan="2" bgcolor="#cccccc"></td><td></td><td bgcolor="#cccccc"></td><td colspan="3">이경희</td><td bgcolor="#cccccc"></td></tr>
<tr><td colspan="4">이현경, 조원숙, 차사백, 최은희</td><td colspan="4" bgcolor="#cccccc"></td></tr>
<tr><td colspan="2">유영준</td><td colspan="3" bgcolor="#cccccc"></td><td colspan="3"></td></tr>
<tr><td colspan="2">현덕신</td><td colspan="3" bgcolor="#cccccc"></td><td></td><td colspan="2" bgcolor="#cccccc"></td></tr>
<tr><td colspan="3">강정희, (김영순), 박경식, 박원희,
방신영, 이덕요</td><td colspan="5" bgcolor="#cccccc"></td></tr>
<tr><td colspan="3" bgcolor="#cccccc"></td><td colspan="3">김순실, 김필애, 박은덕,
박호진, 성석순</td><td colspan="2" bgcolor="#cccccc"></td></tr>
<tr><td colspan="5" bgcolor="#cccccc"></td><td colspan="3">강정임, 김정원, 서석전, 유덕희</td></tr>
</table>

황신덕은 발기인부터 제2회 전국대회 집행위원까지 활동했던 인물이다. 심은숙은 1927년 10월 정치 연구부 집행위원으로 선임되었다. 발기인회에 개입하지 않았지만 이때부터 심은숙은 근우회 활동을 했다. 3년 정도 근우회 중앙 활동을 했던 인물들은 김선, 김수준, 신정균, 이경희, 이춘수, 조신성, 한신광, 유각경, 허정숙이다.

근우회 창립 또는 제1회 전국대회까지 핵심적 역할을 했던 인물은 강정희, 이현경, 조원숙, 차사백, 최은희, 유영준, 박경식, 박원희, 방신영, 이덕요이다. 발기인 모집과 창립총회를 준비하는 데 중요한 역할을 한 인물 가운데 김활란이 있다. 김활란은 창립총회 준비 당시 "조선 여자의 지위 향상을 위하여 단결하고자 하는 여자면 사회주의나 민족주의나 의사나 교원이나 가정부인이나 회사원이나 망라하여 전국적으로 여성운동에 진력해보라는 것입니다. 그러나 모든 것에 자유가 없는 우리니까 장차 어떻게나 될른지오. 하여간 되도록 힘써 보겠습니다"라고 말했다.[199] 김활란은 창립 대회 때 집행위원으로 뽑혔다. 그런데 1927년 11월 1일 조사부 상무를 사임했고 중앙 집행위원회는 이를 수리했다. 김활란이 사임한 뒤 김활란과 가까웠던 일부 회원은 근우회 활동을 정리했던 것 같다.

이에 대해 정종명은 근우회 신년 포부에서 아래와 같이 말했다.

운동 경험상 절실히 느낀 것은 우리 자신의 통일이 불충분한 것입니다. 예수교 여성들은 통일전선에 대하여 정렬이 몹시 부족한 것 같습니다. 협동전선에 있어서는 교인이면 교인, 사회주의자면 사회주의자 등 각 개인의 특수점은 각 개인의 문제로 부치고 같이 할 일에 대하여서는 모두가 최대의 노력을 바치는 것이 우리의 의무일 줄 압니다.[200]

그리고 제2회 전국대회 이후 근우회 핵심인물은 김순실, 김필애, 박은덕, 박호진, 성석순, 강정임, 김정원, 서석전, 유덕희, 백덕수, 김상순 등이다. 박호진은 제1, 2회 전국대회 집행위원이었다. 후기 핵심인물들은 대개 지방지회의 대의원으로 중앙 집행위원으로 활동했다.

다음은 우리가 기억해야 할 이들과 그들이 남긴 글이다.

창립과 해체를 함께한 세 명의 인물

◉ 정종명(鄭鍾鳴 1896~?)

1896년 서울에서 태어났다. 1906년 배화여자학당에 입학했으나 학자금이 없어 중퇴했다. 1913년 결혼해 다음 해에 아들을 출산했다. 1915년 남편과 사별한 뒤 한동안 전도 활동을 했다. 자신의 힘으로 생활을 유지하겠다는 결심을 하고 1917년 세브란스 의전 간

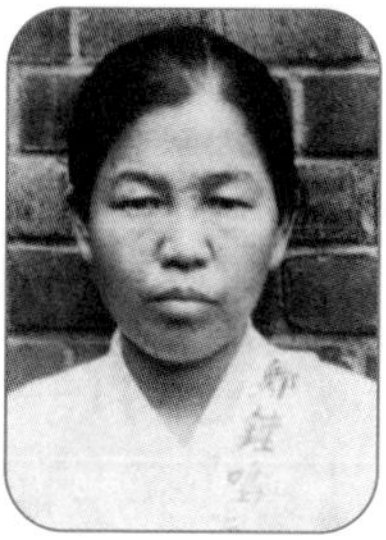
정종명

호부 양성소에 입학했다. 간호사 자격증을 얻은 뒤 1920년 조선총독부 의학교 조산부과에 입학했다. 1921년 조산원을 개원했다. 1919년 3·1운동이 일어나자 관련 서류를 보관한 혐의로 체포되었다. 이 경험으로 정종명은 두 가지 결심을 한다. 즉 자유를 얻기 위해 비혼 여성으로 생활하기, 불합리한 현실과 맞서기였다. 1922년부터 사회활동을 시작했다. 조선여자고학생상조회, 고려공산청년회, 조선간호부협회, 조선여성동우회, 북풍회, 정우회, 신간회 결성에 참가하고 일을 맡았다. 1930년 8월 조선공산당 재건설 준비위원회, 1931년 조선좌익노동조합 전국평의회 조직준비회에 가담해 중앙발기회에서 서울 지역 책임자로 선임되었고 4월에 구속되었다. 5년 만인 1935년 7월 만기 출옥했다.

일제 강점기 때 정종명은 10년을 한결같이 한반도 곳곳을 누비며 강연을 다녔다. 통쾌한 말소리와 조리 있는 설명은 청중을 무아몽(無我夢)에 이르게 했을 정도로 유명했다. 동료들은 그의 신출귀몰한 모습을 보고 '방울 당나귀'라는 별명을 지어주었다.

1년간의 운동의 교훈, 자기의 처지를 버리자, 협동전선을 위해서

실제 운동에 종사하는 우리는 책에서는 볼 수도 없는 산 교훈을 얻게 됩니다. (…) 나는 실제 운동의 경험에 의하여 한 가지 중대한 분노를 느낍니다. 그것은 일반이 여성문제를 경시하는 것입니다. 어느 회합을 물론하고 무슨 문제 무슨 문제가 엄숙하게 토의되다가 여성문제의 토론이 상정되면 장내 공기는 대개 긴장을 잃게 됩니다. 그들은 그 문제에 대하여서는 신중한 토의를 하고자 하지도 않게 됩니다. 이것이 일반 남자 운동자들의 태도입니다. 그런데 여성 자신들도 자신의 문제에 대하여 강한 정렬을 갖지 아니하는 경향이 있으니 남자들이 여성문제를 그와 같이 경시하는 데 대하여서도 분개하지 아니하는 것 같습니다. 금후에 우리는 이 점에 대하여 크게 싸워야 할 줄 압니다. 일방으로 일반 사회와 싸우는 동시에 또 일방으로 우리 자신들 의무 정렬에 대하여 싸워야 합니다.(<동아일보> 1928년 1월 1일)

순회강연과 간이문고로 부녀자의 문맹 퇴치

쓰러질 때까지 나아가는 것이 우리 운동자의 의무요 또한 책임이니까요. 우리의 운동이 각 부문에 큰 영향을 주는 것인 만큼 여성운동도 더욱 진영을 굳게 하고 물샐틈없는 조직으로 본시 정해놓은 근우회의 강령대로 일하여 나아갈 뿐인가 합니다. 우리 근우회는 작년에 겨우 돌을 잡혔읍니다만은 지금은 전 조선에 많은 곳이나 되는 지회와 수천 명의 회원을 가졌습니다. (…) 우리의 여성운동을 남자에게 의뢰하지 말고 가장 대담하고 용맹 있게 싸워 나아갈 만한 아름다운 희생자—우리가 간절히 바라는 것은 이 인물들의 출현에 있는 것입니다. 제일선에 앞잡이로 나서서 굽히지 않고 끝까지 일할 만한 분자인 새로운 투사들이 새해에는 쏟아져 나오기를 우리는 간절한 마음으로 바라고 기다리는 동시에 방방곡곡에 우리 근우회의 지회가 서고 벽항궁촌까지라도 글 못 보고 책 못 읽는 여자가 하나도 없게 되기를 위하여 목숨을 바쳐 일하고자 합니다.(<조선일보> 1928년 12월 19일)

◉ 정칠성(丁七星, 1897~1958?)

정칠성

1897년 경상북도 대구에서 태어났다. 8살부터 기생 수업을 받았다. 1917년 한남권번 소속으로 경성에 있었다. 1919년 3·1운동 뒤 금죽이라는 기명 대신 칠성으로 이름을 바꾸고 도쿄로 떠났다. 1922년 도쿄에서 여학생 학흥회 간사로 활동, 삼월회 발기인, '로자 룩셈부르크, 여성과 사회' 팸플릿을 발간했다. 1923년 귀국한 뒤 대구여자청년회, 조선여성동우회, 화요회, 정우회, 경성여자소비조합, 신간회 등의 단체 결성에 참가해 활동했다. 도쿄 여자기예학교에서 편물을 배웠던 정칠성은 편물 강사로 활동했다.

3·1운동은 "21세 당시는 3·1운동 직후 종로네거리에 서서 바라보는 젊은 가슴은 흥분에 넘쳐 뜨거운 눈물을 흘리면서 그 뒤를

따라다닌 일도 있었다"고 회상한 것처럼 기생으로 살았던 정칠성에게 큰 변화를 가져왔다. 일제 강점기 정칠성은 가야금 산조와 소리를 하는 예술가였으며 편물을 강의하는 기술자였고 사회주의 사상을 공부했던 이론가였고, 여류 정객으로 이름을 떨친 사회비평가였다.

의식적 각성

다 같은 세상에 같은 여자만으로도 그와 딴판의 생활을 하고 있는 무산 여성은 문명도 무엇도 아무 상관 없이 예나 지금이나 조금도 변함없이 한없는 천대와 빈곤에서 시달림을 당하고 있다. 한 몸으로 능히 감당하기 어려운 고력이 아니고는 하루의 목숨을 부지할 수 없는 가련한 운명이다. (…) 일반 선각 여성들은 너무 개인의 향락만에 정신을 쓰지 말고 같은 운명에서 울고 있는 암매한 동렬을 위하여 분투와 책임을 가져야 될 줄 안다. 따라서 모든 운동에 있어서는 남녀 공동전선을 벌이면서 또는 여성운동은 전체 운동의 중요한 부분이라고 떠들기만 하고 오히려 봉건적 낡은 도덕은 여성 자신에게만 맡겨두고 무자비한 비판과 무책임하게 방관 조소만 하는 신구남성의 철저한 각성과 노력도 잊어서는 아니될 줄 안다.(<근우> 제1권 제1호, 1929)

계몽운동에 주력

작년 7월 대회 이후에 근우회는 학생 사건 기타로 많은 간부를 잃어

버리고 계속하는 ○○으로 근우회가 주로 하여야 할 일반 여성 교양 방면에까지 손이 돌아가지 않아서 말하자면 1930년 1년간의 근우운동은 매우 평범하였다고 생각한다. (…) 마치 남성 전유의 남성만의 분야인 것처럼 인식하고 있는 시기에 있어서 일반 여성의 의식을 촉성시키기 위한 계몽운동 같은 방면이 크게 의의를 가지고 있다. 1931년에는 근우운동의 수준을 고답적인 데서 대중적인 곳으로 인하하여 활발하게 꾸준하게 일례를 들면 문맹 퇴치와 같은 계몽운동 방면에 주력하려고 한다. 그리고 학생, 직업부인, 가정부인 각층의 여성을 근우회의 조직 속에 망라하기에 노력할 것이다.(<조선일보> 1931년 1월 1일)

◉ 우봉운(禹鳳雲, 1891~?)

우봉운

1891년 경상남도 김해에서 태어났다. 1910년 정신여학교를 졸업한 뒤 3년간 대구 계성여학교에서 교사 생활을 했다. 1913년 북간도로 망명해서 간도 명동학교와 블라디보스토크 삼일여학교에서 교사로 있었다. 우봉운이 맡고 있는 명동여학교는 1911년에 북간도에서 처음으로 여성들을 교육시킨 곳이다. 10여 년 동안 교사로 있으면서 철혈광복단원, 부인독립회원으로 활동했다. 귀국한 뒤 1922년 조선불교여자청년회 회장, 능인여자학원 교장을 맡았다. 조선청년총동맹 창립 대회에 참가했고, 조선여성동우회, 경성여자청년동맹, 경성여자소비조합, 신간회 결성에 참가하며 활동했다.

우봉운은 북간도에서의 생활을 그리운 청춘 시대라며 이렇게 소개한다. "내게도 감미하는 그립던 청춘 시대가 있었다. 그것은 지금부터 20여 년 전 내 나이 스물셋 되던 해 외로운 처녀는 큰 뜻을 품고 황막한 북만주의 너른 벌을 헤매었다. 그때 생각에는 북만주를 무대로 일하여 보려 함이다. 처음 이동휘 씨 따님과 함께 국자가(局子街) 중국학교에 입학하여 거기서 중국말과 글을 배운 뒤 그 이듬해에 예정과 같이 해란강 부근 명동촌에다가 명동학교를 설립하고 거기에서 젊은 여교사 되어 아침나절 학동에게 글을 가르쳤다."[201]

내용 없는 우월감 가두로 진출 반항, 남성에 대한 선전포고

하등의 이론도 내용도 없는 우월감을 가지고 난무하는 남성 그 아래에서 이론에 닿지 않는 억압과 멸시를 받고 있는 여성 대중을 위하여 단연한 처방을 아니 내릴 수 없는 것이다.

첫째, 남성은 여성에게 대하여 봉건적 유물에 의한 도구시와 또는 여성 기능에 대한 무조건 멸시 그것이다. 둘째, 여성의 적멸적·경제적·사회적 모든 입장에 대한 남성 자체를 턱없이 우월화 시키는 것이고 셋째, 여성에 대한 인간으로서의 기만 행동 등등이다. 이상 조목을 전제 삼아서 구체안을 세우기로 한다. 그러면 첫째 여성 자신이 의식적으로 단호한 사회적 진출을 도모하여야 하고 또 자신을 사회적 존재를 만들기에 노력하여야 하며 따라서 하지 아니치 못할 경제적 독립 그것이다. 경제적 독립에 대한 해결은 물론 직업 전선의 노동 여성이 되어 공장에로 각기 각자의 기능대로 할 것이다. 도구화, 기능 무시, 적멸적·경제적·사회적 모든 우월감과 전행에 대하여 실천적 진출과 맹렬한 이론을 세워서 적극적으로 그 무근거함을 대항하여야 한다. 억압과 멸시와 굴종에서 단연히 튀여 나오너라. 어린 자식은 경제권 가진 남성에게 맡겨라. 그리고 공장으로 사회로!(<동아일보> 1932년 1월 2일)

근우회 중심인물 11인의 기록

◉ 황신덕(黃信德, 1898~1983)

1898년 평양에서 태어났다. 1910년 평양 청진소학교를, 1915년 숭의여학교를 졸업했다. 1913년 독립결사대 송죽회에 가입했다. 한동안 평양 남산현유치원 보모로 일했다. 1920년 도쿄 지요다(千代田)고등여학교를 졸업하고 1921년 와세다 대학 철학과 청강생으로 있다가 1926년 니혼 여자대학 사회사업부 여공보

황신덕

전학과를 졸업했다. 도쿄 유학 시절 여자 유학생 단체인 학흥회, 여자기독교청년회, 삼월회에서 활동했다. 귀국 뒤 <시대일보>, <중외일보>, <신가정> 기자로 일했다. 조선여성동우회, 정우회, 근우회, 경성여자소비조합 창립위원으로 활동했고. 1928년 실천여학교 교원으로 일했다. 1934년 여자 의전 발기 준비위원으로 선정되었다. 황애시덕·황인덕 자매와 함께 경영난에 빠진 중앙보육학원을 인수했으나 1년 뒤 재정난을 극복하지 못해 문을 닫았다. 1940년 경성가정여숙을 창설했다. 전시체제기 일제 침략을 미화하는 글과 선전 활동을 했다.

1년간 운동의 교훈, 단체 훈련이 대단 부족, 반항의식도 박약

제일로 절절히 느낀 것은 우리에게 단체적 훈련이 부족한 것입니다. 이것이 실제인즉 단체적 투쟁에 큰 영향이 있습니다. 혹은 개인과 단체를 구별하지 못하고 또는 다수결의 복종하는 습관과 의지를 가지지 못하였습니다. 그것이 우리의 단결에 대하여 많은 지장을 줍니다.

제이로 간절히 느낀 것은 우리도 좀 더 알아야 하겠다는 것입니다. 우리에게는 일반 문제에 대한 기초 지식이 부족하다는 것과 또는 정치 문제, 사회 문제 등에 있어서 그것을 우리 자신의 문제로 생각하여 이해하는 능력이 부족하다는 것이 즉 모든 문제에 대하여 둔감이라는 것이 통절히 느껴집니다. 이것에 대하여 금후에 많은 노력을 하여야 할 줄 압니다. 그 방법으로서는 지식을 부지런히 섭취하는 것이 필요한 것은 물론이지마는 동시에 모든 문제에 대하여 부절히[202] 실제로 투쟁하여 실천하는 중에서 이해를 얻도록 하는 것이 필요합니다.

제삼으로 느낀 것은 우리 여자의 반항이 전체로 아직 부족하다는 것입니다. 우리 여성은 경제적으로, 정치적으로, 성적으로 극도의 압박을 받고 있습니다. 생각하면 실로 애처로운 일입니다. 그만한 압박을 받고 있는 이상 우리의 반항은 모든 기회에 맹렬하지 아니할 수 없는 것입니다. 그 점에도 불구하고 사실에 있어서는 그렇지 못한 것이 사실입니다. 이것은 분명히 운동이 아직 유력하지 못한 증거이니 우리는 더욱 더욱 노력하여 여자 측의 반항을 활발하게 하지 아니하면 아니 될 줄 압니다.(<동아일보> 1928년 1월 1일)

◉ 심은숙(沈恩淑,1906~?)

심은숙

강원도 화천에서 1906년 태어났다. 직업이 산파로 알려졌으므로 심은숙은 간호부 양성소를 나와서 조산사 면허 시험을 보거나 조선총독부 의학교 조산부과를 마쳤을 것이다. 조선여성동우회는 여성해방을 알리기 위한 방법으로 단발을 단행했다. 1925년 3월에 조선여성동우회 허정숙, 주세죽, 김조이가, 이어서 11월

7일에 심은숙, 조원숙, 김영희가 단발했다. 심은숙은 허정숙, 조원숙과 함께 근우회의 '삼숙'으로 통했다.

심은숙은 조선여성동우회, 경성여자청년동맹, 재동경 조선여자청년동맹, 중앙여자청년동맹, 신흥청년동맹, 한양청년연맹 결성과 집행위원으로 활동했다. 신간회 활동도 했다. 한양청년연맹과 경성청년연맹의 동맹 추진위원으로 선정돼 활동했다. 심은숙은 근우회 활동 이전 주로 청년단체를 조직하고 다양한 활동을 벌였다. 청년단체는 해결되지 않은 사회문제를 조사하고 밝혀 사회적 연대를 이끌어냈다. 숙명여고보 맹휴 사건도 그 한 사례이다.

"신흥청년동맹에서는 (…) 숙명여고보 맹휴 사건에 대하여 여러 가지 토의가 있은 결과 금번 동교 학생 전부가 동맹 휴교 행동을 취하게 된 원인은 현대 교육제도의 결함과 또는 교육자의 고압적 행동에서 일어나게 된 것이므로 잠재한 흑막을 철저히 조사하여 일반 민중 앞에 그 진상을 폭로시키는 동시 적극적으로 규탄하기 위하여 먼저 진상조사위원 삼 인을 선정하여 조사케 했다는데 그 진상 여하에 딸아 일반 사회단체와 연합하여 대책을 강구하리라더라. 조사위원은 심은숙, 권태동, 주동천이다."[203]

동물 학대 방지와 아내 학대 방지

일전 신문을 보니 남편의 학대가 하도 심하여 견디다 견디다 못해서 남편의 자는 틈을 타가지고 도끼로 살해하려다가 형벌만 받게 된 사실이 실려 있는 것을 보았다. (…) 아무리 구박이 심하더라도 남편을 죽이려고까지 한다는 것은 생각만도 실로 끔찍한 노릇이다. 이런 끔찍한 노릇을 실지로 행하다니 나쁜 여자요 몹쓸 여자요 사람 아닌 여자다. 그러나 그 여자도 오장육부를 가진 사람일 것이 틀림없으니 사람인 이상 같은 사람을 죽이려고 하기에 겁이 나고 가슴이 떨렸을 것이 틀림없다. 오직이나 구박이 혹독하고 무서워야 그렇게 끔찍스러운 일을 저지르도록 갔으랴? 그 여자가 나쁜 것은 물론이나 그 남자 역시 그만 못지않게 나쁘지 않은가? 여자가 벌을 받아 싸다면 그 남자에게도 어떠한 죄를 주어야만 될 것이다. (…) 어디서인지 동물 학대 방지회란 명사를 본 듯하다. 그 회는 아마 동물이라도 학대를 말자는 의미로 단체를 모은 것일 게다. 또 어디서인지 영국서 고양이 한 마리를 해치고서 3개월인가 금고를 당하였다는 뉴스를 본 듯하다. 그 역시 동물 학대를 법률로서 방지하려는 것일 게다. 그러나 조선서는 동물 학대 방지는 제2, 제3의 문제요 아내 학대 방지가 제일 긴급하지 않을까 한다. 아내가 아무리 천하고 또 천하더라도 동물보담이야 좀 귀중할 게니까 말이다. 상류사회의 신사로부터 땔나무꾼, 숯장수, 행랑아범 등 위엄 많으신 남성 제씨여! 아내 학대 방지에 대한 소감이 과연 어떠십니까?(<여성> 1권 4호, 1936)

◉ 김선(金善, 1897~?)

김선

평북 강계에서 1897년에 태어났다. 강계여자공립보통학교를 마치고 경성으로 올라와 경성여자고등보통학교를 졸업했다. 일본 고베(神戶) 여자신학교를 마쳤다. 잠깐 귀국했다가 다시 동경으로 가서 메이지 대학에서 사회학을 공부했다. 조선여자교육회 부회장(1920), 조선여자기독교 청년회 집행위원 등을 맡았다.

한때 여자 유학생 강연대원으로 이름을 날렸다. 열변하는 그의 모습이 이렇게 소개되었다. "학생 시대는 물론이고 귀국한 뒤에도 한참 당년에 여류 변사로 뽑여 시골로 다니며 장광의 혀(舌)를 흔들며 조선 여성의 해방을 부르짖고 모든 남성들의 횡포를 타매할 때에 그 누가 그의 열변을 갈채치 않으며 통쾌하게 여기지 않았으랴. 그가 한번 연단을 나서면 모든 청년들이 "이크 대구 처녀의 웅변이 또 나온다"고 말도 하기 전에 박수부터 하고-그를 대구 처녀라 한 것은 그가 대구 사람이라는 말이 아니라 그의 입이 남보다 조금 크기 때문에 그런 별명을 지은 것이다-또 길을 가면 지나가는 학생들이 의례히 옆을 꾹꾹 찌르며 "저기 가는 저 여자가 연설을 잘한다"고 하였다. 그때에는 자기도 물론 조선의 여류 웅변가 또는 조선 여성해방운동의 선구자가 되기를 꿈꾸었을 것이다"[204]

직업여성의 교화를 위하여

직업여성이라 하면 범위가 상당히 넓으나 불행한 처지에서 호구지책으로 어려운 육체노동에 시달린 여성군에 한하여 생각하는 바를 적어보려 한다.

대개 어떠한 직업인가 하면 제일 섬유공업이니 방직과 제사 가공품 등이오, 제이 연초회사·정미소·제직회사 등이오, 제삼 백화점 종업원·버스껄, 제사 음식점 여급(식모도 포함) 등 이상은 도회지를 심중으로 한 직업여성이오 지방에 따라 농업과 어업에 종사하는 여성들을 또한 생각하지 아니할 수 없다.

이상의 여성들을 덕육(德育)으로나 지육(智育)으로나 체육(體育)으로 사회의 한 사람 즉 일분자됨에 부끄럽지 않도록 지도하자는 것이 교화 문제를 제출한 본의일 것이다. (…) 그 원인이 어디 있다는 것은 중언을 요치 않아도 현명하신 독자 제씨께서 이미 알 것이니와 나의 우견으로 말한다면 이집저집으로 돌아다니면서 살아 사람의 대우를 받지 못하고 천대와 멸시와 냉정한 대우에 자포자기적 반심이 그들로 하여금 그렇게 만들이 아닌가 생각하게 되는데 그 개인 개인의 인격적 손실과 신용 타락은 얼마이며 또 개인에만 그치는 바가 아니고 그들이 모성임을 생각할 때 실로 두려움을 금키 어렵다. 그러면 어찌할까 우선 식모로부터 노동시간을 감할지니 밤까지 주인의 일에 얽매여 자유의 시간이라고는 수면 시간 외에 없는 그들에게 일요일과 밤만은 자유를 주되 그 시간은 그들이 자기

들을 위하여 이용하되 수양회 같은 것을 조직하여 위생 기타 도덕 상 필요한 수양을 시켰으면 하는 것은 오래전부터 바라는 바이던 이 일을 직접 당하는 자는 우리 가정부인들이매 이 일에 힘써 보았으면 하고 또 농촌 여성은 농한기를 이용하여 각각 그 지방 중요 단체나 교회에서 합력하여 정신 계발에 노력했으면 그 얼마나 좋을까 생각한다.(<신가정> 3-2, 1935)

◉ 김수준(金繡準, 1896~?)

김수준

1896년 부산 동래에서 출생했다. 1910년 사립 초량학교를, 1913년 경성여자고등보통학교 본과를, 1915년 사범과를 졸업했다. 공립보통학교에서 10년간 교사 생활을 했다. 1920년 조선총독부는 조선 13도에서 조선인 여성 교사 1명씩 뽑아 일본 시찰단을 조직했는데 김수준은 경남 대표로 뽑혔다. 시찰단은 오사카, 교토, 나라, 요코스카, 닛코, 도쿄 등 일본의 주요한 곳을 18일 동안 둘러보았다.

조선여성동우회, 사회주의자동맹, 경성여자청년회 결성을 주도하고 집행위원으로 활동했다. 1925년 재경 조선해방운동자단체 연합 간친회에 경성여자청년회 대표로 참가했다. 그리고 경성여자소비조합을 창립하고 이사장으로 활동했다.

다음은 '경성 여자소비조합 방문기'에 서술된 김수준의 모습이다.

"여성의 손으로 조직된 오직 하나인 경성 여자소비조합은 작년 4월에 창립되었으니 벌써 1년이란 세월이 흘렀다. 조합원은 102명-그것이 모다 여자들이다. (…) 점방에 발을 들여노차 맨 먼저 눈에 띄우는 것이 숯(木炭) 열두 섬(俵)을 한쪽에 쌓아둔 것과 생선 마른 것을 질서 있게 배열한 것과 미역 탈애, 고초 탈애, 두부, 깨소금, 후초, 콩나물, 김, 간장, 된장들을 혹은 종이봉지로 혹은 함지박에 가득 담아 놓은 것이 보이고 또 저쪽 정면에 유리창을 하여단 진열 상자 속에는 '레-도크림' '구라부크림' '카자린크림' 병이 수십 개가 일렬로 섰고 그 우에는 빨간 왜사탕, 울통불통한 마메콩들이 잔치집에 온 듯 풍성하게 준비되어 있다. (…) 어린애가 감기 들었다고 담뇨로 꽁꽁 싸안고 나온 이 조합 이사장 김수준."[205]

음식 고칠 것이 너무 많아

조선 사람의 음식은 많이 비합리적으로 되어 있다. 이것은 시대가 경과됨을 따라서 변천되어야만 할 것이 장구한 세월을 지내오는 동안에 아무 변화가 없었다. 천편일률로 옛이나 오늘이나 똑같은 방식대로 되어 오는 관계상 불합리적, 불경제적인 것을 면치 못하게 된 것이다. 그 일례를 들면 1일 3식 하는데 아침에도 밥, 점심에도 밥, 저녁에도 밥 이렇게 변통이 없이 밥으로만 3식을 한다는 것은 너무 불합리한 일이다. 매번 밥뿐임으로 이 결과로 일가의 시간 불경제가 상당할 뿐만 아니라 금전상으로도 낭비가 많다고 생각한다. 그럼으로 나의 생각 같아서는 아침저녁은 밥으로 할지라도 점심 같은 것은 빵과 같은 간이한 것으로 하는 것이 좋을 듯하다. 또 김치, 깍두기 같은 것에 고춧가루를 너무 많이 혼합하는 것이 나쁘다. 속이 약한 어린아이들에게 좋지 못함으로 고춧가루의 분량을 줄이는 것이 좋겠다는 의견을 가진다. 끝으로 개선하기를 바라는 것은 조선 사람 가정에서 혼례 등 같은 때에 찬물(饌物)로 색떡을 해서 보내는 것은 참말로 불경제이며 또 위생상으로도 폐지하여야 될 음식이라고 (생각)한다.(<동아일보> 1931년 1월 1일)

◉ 신정균(申貞均, 1884~1931)

신정균

1884년 충청북도 괴산에서 태어났다. 『한국 사회주의운동 인명사전』에 따르면 1922년 신정균이 자신의 집을 판 대금을 연인 김한에게 주었는데 그는 이를 조선공산당 조직 자금으로 썼다고 한다. 그런데 1922년 김한은 무산자동맹회원이었고 1923년 김상옥 사건으로 일본 경찰에 검거되었다. 검거 이유는 1922년 서울에서 의열단원이 조선총독 암살을 계획했기 때문이다. 김한은 징역 5년을 받았다. 아마도 신정균의 집 판매 대금은 조선공산당 조직 자금이 아니라 의열단의 폭탄 구입과 운반 비용으로 쓰였으리라. 애국부인회, 조선여성동우회, 신간회 회원으로 활동했다. 1931년 조선공산당 재조직준비위원회 사건에 연루되어 검거되었으나 불기소 처분을 받았다. 1931년 7월 1일 기관지 천식을 치료하던 중 사망했다. 장례는 4일 사회단체 연합장으로 치러졌다. 신정균의 별세 소식이 '부인운동의 선구' 기사로 알려졌다.

"근우회 본부 검사위원장으로 조선 사회운동과 특히 부인운동에 많은 공로를 남긴 신정균 여사(53)는 1일 오전 5시 20분경에 시내 경운동 70번지에서 별세하였다. 신씨는 일찌기 애국부인회 재정부 책임자로서 사회운동에 종사한 이래 수십 년 동안 부인운동에 힘쓰다가 신병으로 그같이 세상을 떠났다."[206]

K형에게 드리는 글

만일 우리 여자가 남자만 못한 것이 있다 하면 또 우리 무산자가 유산자만 못한 것이 있다면 그래서 압박받는 민족이 압박 주는 민족만 못한 것이 있다 하면 이는 모두 자기 자체를 발전시킬 모든 기회를 놓친 까닭이다.

근우회는 과연 무엇인가?

근우회가 학교인가? 아니다. 근우회는 결코 학교가 아니다.

그러나 우리 일천만이나 되는 조선 여자 아니 온 세계 모든 여자가 압박받는 계급이 되어 있는 것을 깨우치게 하며 그래서 정치적으로

나 경제적으로나 모든 자유를 찾는 것이 곧 이 세상 영원히 압박을 없애버리고 우리 여자도 인간의 한 사람으로서 온갖 힘을 다하여 가장 넓고 귀한 문화를 창조하여서 행복 있고 광명 있는 생활을 만들고자 힘쓰는 뜻으로 이 근우회는 무엇보담도 가장 위대한 학교라 할 것이다.

우리는 모든 사물을 먼저 연구하고 비판하는 것을 게을리하여서는 아니 된다. (…) 먼저 우리 생활을 둘러싸고 있는 사회적 관계와 우리들 영원히 비끼러매인 윤리와 도덕이 무엇임을 알어야 한다. (…) 그동안 우리 여자는 세 가지 길을 밟아왔다. 자살할까, 매음할까, 수도원에 들어갈까 하였다. 너무나 끔찍하고 가엾고 비참한 운명에서 애통하는 일이 전혀 자신의 생활을 발전시킬 모든 자유와 기회와 수단을 잃어버린 까닭으로 이렇게 참혹한 죽엄 길을 걸어간다는 것을 명백히 의식하게 된다면 그래도 여전히 자기 홀로 가장 깨끗한 사람인 체하고 그 무리를 피눈물로서 얼싸안고 같이 길바닥에 나가서 부르짖을 생각이 없는가?

우리는 윤리를 설법하기 전의 먼저 그 자신에 적당한 직업을 주어야 한다. 우리는 도덕을 가르치기 전에 먼저 그 자신을 발전시키고 모든 자유를 주어야 한다. 우리는 검소한 것을 바라기 전에 먼저 그에 노동한 결과를 빼앗지 말아야 한다. (…) 우리 근우회는 두말할 것 없이 진정한 해방을 위하여 우리 여성 자체의 필요한 교양을 얻고자 하는 민족적 교양기관이다. 이 모임을 통하여 질서 있는 조직의 실제 지식을 체험하며 거기서 조직적 훈련을 받고자 하는 것이 우리 근우회의 목적이 되었을 뿐이다.(<근우> 제1권 제1호, 1929)

◉ 이춘수(李春樹, 1894~?)

1894년 경상남도 대구에서 태어났다. 1914년 경성여자고등보통학교를 졸업하고 1915년 사범과에 들어갔다. 그리고 1916년 9월

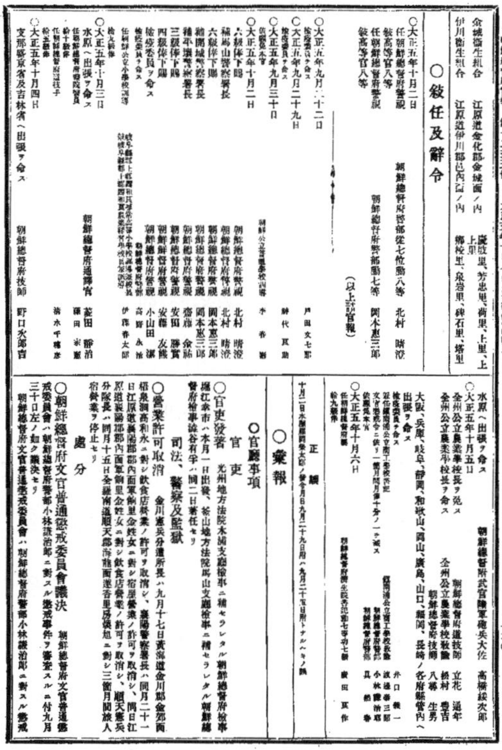
朝鮮總督府官報　第一二五三號　大正五年十月七日

金城衛生組合　江原道金化郡金城面ノ内　巖坂里、芳忠里、商里、上里、上上里
伊川衛生組合　江原道伊川郡邑内面ノ内　郷校里、泉岩里、碑石里、塔里

○敍任及辭令

○大正五年十月二日
任朝鮮總督府警視　朝鮮總督府警部從七位勳八等　北村晴澄
敍高等官八等
任朝鮮總督府警視　朝鮮總督府警部勳七等　岡本惠三郎
敍高等官八等
（以上詔官報）

○大正五年九月二十二日　戸田文七郎
○大正五年九月二十九日　飯代眞助
○大正五年九月三十日　朝鮮公立普通學校訓導　李春樹
○大正五年十月二日
六級俸下賜　朝鮮總督府警視　北村晴澄
補鳥山警察署長　朝鮮總督府警視　北村晴澄
六級俸下賜　朝鮮總督府警視　岡本惠三郎
補開城警察署長　朝鮮總督府警視　岡本惠三郎
補平壤警察署長　朝鮮總督府警視　齋藤倉祐
三級俸下賜　朝鮮總督府警視　安田勝實
四級俸下賜　朝鮮總督府警視　安藤友熊
檢疫委員ヲ命ス　朝鮮總督府警視　小山田潔
高野永治
伊藤春太郎
○大正五年十月三日
水原ヘ出張ヲ命ス　朝鮮總督府通譯官　菱田靜治
篠田宗憲
清水千穗彦
○大正五年十月四日
支那奉天省及吉林省ヘ出張ヲ命ス　朝鮮總督府技師　野口次郎吉

水原ヘ出張ヲ命ス　朝鮮總督府附武官陸軍砲兵大佐　高橋綾次郎
○大正五年十月五日
全州公立農業學校長ヲ免ス　朝鮮總督府道技師　立花通年
全州公立農業學校長ヲ命ス　全州公立農業學校教諭　楊村豊吉
大阪、兵庫、岐阜、靜岡、和歌山、岡山、廣島、山口、福岡、長崎ノ各府縣管内ヘ出張ヲ命ス　朝鮮總督府技師　八幡生男
井口儀一
渡邊春三郎
小林謙治郎
○大正五年十月六日
廣田眞作

正誤
十月二日本欄…ノ發令月日九月二十九日附ハ九月二十五日附トナルヘキノ誤

○彙報

○官廳事項

官吏

○官吏發著　光州地方法院木浦支廳檢事ニ補セラレタル朝鮮總督府檢事堀江季市ハ本月一日出發、釜山地方法院馬山支廳檢事ニ補セラレタル朝鮮總督府檢事谷有孚ハ同二日著任セリ

司法、警察及監獄

○營業許可取消　金川憲兵分遣所長ハ九月十七日黃海道金川郡金郊面梧泉洞高和永ニ對シ飲食店營業ノ許可ヲ取消シ、襄陽警察署長ハ同月二十一日江原道襄陽郡郡内面軍倫里金姓女ニ對シ宿屋營業ノ許可ヲ取消シ、同日江原道襄陽郡郡内面軍倫里金姓女ニ對シ飲食店營業ノ許可ヲ取消シ、順天憲兵分隊長ハ同月十五日全羅南道順天郡海龍面進香里房俊旭ニ對シ三箇月間旅人宿營業ヲ停止セリ

處分

○朝鮮總督府文官普通懲戒委員會議決　朝鮮總督府文官普通懲戒委員會ハ朝鮮總督府警部小林謙治郎ニ對スル懲戒事件ヲ審査スルニ付九月三十日左ノ如ク議決セリ
朝鮮總督府文官普通懲戒委員會ハ朝鮮總督府警部小林謙治郎ニ對スル懲戒

100

이춘수의 교사 발령 내용이 실린 관보

조선공립보통학교 교사로 발령받았다. 김해공보, 부산공보에서 교사 생활을 했다. 1922년에는 김해 여자청년회 총무로, 1923년에는 대구 여자청년회를 창립했다. 1925년 일본으로 건너가 도쿄 여자기예학교를 나왔다. 삼월회, 재동경 조선여자청년동맹 발기에 참가해 도서 출판부를 맡았다. 조선여성동우회, 신간회 중앙위원을 맡았다. 정칠성과 함께 편물 강습회 강사로도 활동했다.

이춘수는 정칠성과 함께 대구 여성운동의 중심인물이다. 정칠성이 줄곧 경성을 중심으로 한 중앙에서 활동했다면 이춘수는 대구에서 활동했다. 1925년 대구 여자청년회는 8일 오후 7시부터 노동공제회관에서 여성의 날 기념 강연회를 '국제 부인운동의 의의'(정칠성), '여성으로 본 여성'(이춘수), '신여자의 임무'(고명자) '자아 완성과 부인 해방'(최화수), '현대인 약탈혼'(신철수), '농촌부인의 생활 상태'(이상훈) 따위의 주제로 개최했다.[207]

1931년 대구 지역 단체를 소개한 기사에 이춘수의 위상을 짐작할 수 있다. "1928년 2월 27일에 창립되어서 회원 수가 약 150명 가량으로 위원장 이춘수 씨의 은인자중하는 노력으로 현하의 난국면을 당해서도 그냥 회원을 통솔해 나가며 사회적으로 대서특서할 만한 공과를 나타내지는 못하였으나 회원 자체 내에 있어서 월례 토론회 같은 자체 교양에 매우 주력하며 이번 팔공산 일대의 수해에는 다른 단체보다 먼저 솔선해서 회원들끼리 모은 의복류만 70여 점을 가지고 위원 4, 5인이 일반 이재민에게 분배해준 일도 있었으며 하여튼 활동이 그다지 침체하지는 않으니 이 현상으로 남아 훨씬 더 일반 가정부인에게 근우운동을 침투시켜서 거기에 공고한 진세를 베푸는 것이 일책이 아닐까 한다."[208]

신년을 제하여 특히 무산 부인에게

전 인류의 역사를 들추어 본다면 지배와 피지배란 단순한 관계가 역사의 구성 요소가 되었을 것이다. (…) 어느 시대나 어떤 사회를 물론하고 정치·종교·도덕·법률·교육은 그 전부가 우리의 압복(壓伏)을 표준 삼아 만들지 않은 것이 없었다. 정치는 여러 말 할 것도 없이 여성으로서 정치 문제의 대상을 삼아본 적도 없었다. 종교는 천지개벽 초인 아담 이브 때부터 여성은 범죄의 원조를 만들어 인류의 타락된 책임을 여자에게 전가하였고 남성의 늑골 일편이 여성의 조성 자료라는 참람한[209] 허구로 여성은 남성의 기생물 됨을 신비화시키고자 노력하였다. (…) 법률도 현대 법률이 소소하게 보임과 같이 모든 특권은 남성에게만 허락하였나니 요컨대 권리는 남성의 독점물이요 의무는 여성의 담당일 것뿐이다. (…) 우리는 여기서 영원히 의식 없는 기계로써 생활하기를 원치 않는다. 예속과 굴종의 보수로써 기한과 궁핍을 선사하는 이 사회를 만족히 알고 살 수 없다. 여성의 반역성 없고 온순한 기질을 이용하여 말썽 없는 임금노예를 만드는 자본가의 편의를 이제는 더 보아줄 수 없다. 이 모욕을 깨달은 염치 가진 여성은 한 깃발 아래로 모이자. 이 불합리한 보수에 만족할 수 없는 강한 의식을 가진 여성은 서로 묶이자. 임금노예로서 경우가 같고 처지가 같은 불행한 여성은 굳게 단결하자. 따라서 우리의 앞에 가린 이중의 철벽은 우리 무산 부인의 단결한 힘이 아니고는 깨트릴 수 없음을 신년 벽두에 다시 외친다.(<조선일보> 1926년 1월 4일)

◉ **조신성(趙信聖, 1874~1953)**

조신성

1874년 평안북도 의주에서 태어났다. 1889년에 결혼했는데 1891년 남편의 자살로 과부가 되었다. 1902년 이화학당과 상동 교원양성소를 졸업했으며 이화학당 사감으로 재직했다. 1907년 국채보상운동 참여, 1908년 일본 도쿄 간다(神田) 성경학교 입학, 요코하마(橫浜) 성경여학교 고등과에서 수학했다. 귀국한 뒤 교육 사업에 매달렸다. 부산에서 교사 생활을 한 뒤 1912년 평양 진명여학교를 인수해서 경영했다. 1919년 3·1운동에 참가했으며 1920년 항일 단체 대한독립청년단을 조직했고, 총참모장으로 항일운동을 했다. 1921년 평양지법에서 2년 6개월 실형을 선고받았다. 1928년 근우회 평양지회를, 1931년 여자실업장려회를 조직했고, 1934년 재단법인 여자의학전문학교 설립 준비위원회 위원으로 활동했다.

이십 당년의 청년같이 조선 일터에 돌진, 이 자리서 더욱 용기 얻어

1934년 9월 20일 평양 부내 장경관에서 조신성의 회갑 축하연이 열렸다. 이 자리에서 조신성은 고마움을 아래와 같은 답사로 전달했다.

"겸양이 아니라 내가 이룬 일이 없고 보잘것없는 사람이거든 이처럼 치하하심은 결국 조선에 사람이 귀하다는 것과 보다 조선에서 사업이 어떻게 귀하다는 것을 말하는 것이니 비애를 아니 느낄 수 없다. 내가 사람으로 태어날 때 하필 조선, 일거리 많은 조선에 난 것은 더 없는 천행이었다만은 일터에 알맞은 일꾼이 되지 못하니 부끄러울 뿐이다. 다만 나는 이 자리에 자백하건대 부끄럽지 아니한 것은 육십 평생에 비가 오거나 눈이 오는 것을 가리어 내가 맡은 공사를 저버린 적은 없었다. 이것이 나의 육십 평생을 지배한 나의 신조요 기운이었다. 그렇게 오늘에 이룬 사업이 없으니 이것이 슬프지 않을 수 없다. 더구나 내 가슴에 경륜이 있고 포부를 지나 오늘이 환갑이라니 앞날이 멀지 않으며 용기 스스로 꺾이지 않음이 아니나 이 자리에서 단연코 내 나이의 40년을 꺾어버려 이십 당년의 청년으로서 다시금 조선의 일터에 돌진하려는 것이다."(<동아일보> 1934년 9월 22일)

◉ 이경희(李瓊姬, 1907~?)

강원도 철원에서 1907년 태어났다. 1926년 경성여자청년회에서 활동했고, 1927년 숙명여자고등보통학교를 졸업했다. 보화여학원, 반도여학원에서 교사 생활을 했다. 그리고 근우 경성지회 유급 상무간사로 일했다. 1929년 중앙청년동맹 북구지부 위원이었다. 남편 권태휘는 재경사회운동자간친회, 혁청단, 한양청년연맹, 무산청년동맹, 정우회 등의 결성에 관여했다. 1929년 가택수색으로

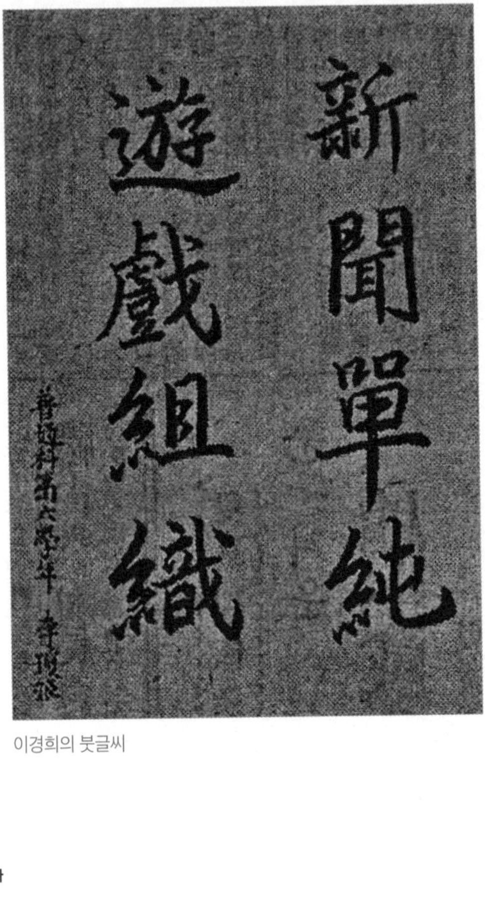

이경희의 붓글씨

남편과 함께 체포되었으나 곧 석방되었다. 이경희는 결혼생활에 대해 "우리는 서로 주의에 공명하여 결합된 만큼 우리의 결혼은 퍽 기쁜 결혼이었습니다. 그 결혼은 오늘날까지 우리들 생활에 여간 좋은 영향을 끼치는 것이 아닙니다. 그래서 조금도 불화한 날이 없습니다"라고 밝혔다.

보건과 취미 육아와 결혼

1. 가족 건강에 대하여 나로서는 이렇다 할 만한 득점을 말할 것이 없습니다. (…) 그리고 나로서는 특별하게 건강을 위하여서는 노력하는 것이 없습니다. 그러나 우리의 생활은 무산자에 생활인 까닭에 특별히 일보는 사람을 두지 못하고 모든 것을 손수 하게 됩니다. 그러한 관계로 자연히 몸이 튼튼하여집니다. 세상에 나아온 지 불과 50일쯤 되는 딸에게는 무한히 노력합니다. 다행히 젖이 흔하므로 3시간 만에 한 번씩 규칙적으로 젖을 먹이며 매일 1번씩 온수 목욕시킵니다. 어린아이 건강에는 무엇보담도 이것이 필요한 줄 알고 매일 실행합니다.
2. 누구를 물론하고 취미가 없이는 하루라도 살 재미가 없을 것입니다. (…) 나는 여성운동에 큰 취미를 가지고 있습니다.
3. 나로서는 반드시 가정교육에 치중하여 어려서부터 발육하는 데 따라서 무엇이던지 사회생활에 적응되는 교육으로 한 큰 투사를 만들 생각입니다.(<조선일보> 1928년 11월 25일)

◉ **한신광(韓晨光, 1902~?)**

한신광

1902년 경상남도 진주에서 태어났다. 1917년 진주 광림여학교 고등과를 졸업하고 보통과에서 교사 생활을 했다. 1919년 3·1운동 때 만세시위에 참여했다가 진주경찰서에 2개월 구금되었다. 1923년 경성 동대문부인병원 간호부 양성소를 졸업했다. 광제병원에서 간호사로 일하면서 산파 면허시험에 합격해 조산사 자격증을 취득했다. "금번에 거행한 간호부, 산파의 시험은 그저께에 실기시험을 마치고 어제에는 그에 대한 입격된 사람의 성적을 발표하였는데 산파는 입격된 사람이 도합 21명 중에 조선 사람으로는 윤영자, 한신광, 박복남 등 3명뿐이며 간호부는 도합 16명 중에 조선 사람은 1명도 없고 서양 여자가 4명이오 기타는 전부가 일본 사람이라더라"[210] 1924년 조선간호부협회 조직에 참여했다. 태화여자관 태화진찰소 사회봉사부원으로 모자보건 일을 했다.

1925년 결혼과 함께 일본으로 건너가 니혼 대학 사회학과에서 수학했다. 삼월회, 재동경 조선여자청년동맹 교양부원으로 활동했다. 신간회, 경성여자소비조합 등에 관여했다. 여학생 만세시위 배후자로 지목받아 검거되었고 징역 1년에 집행유예 6개월을 언도받았다. 1930년 마산으로 내려가서 조산원을 개업했다.

형법상 남자 정조 문제, 민법상 여자 상속 문제, 정치적 여자 공민권 문제에 관한 물음에 이렇게 대답했다.

남자가 불감방종(不敢放縱)

공민권 같은 것은 모르겠습니다만은 재산상속 같은 것은 당연 허해야 될 것입니다. 현재 법령은 남의 처 되는 사람은 소위 준금치산자로 인정하여 부(夫)의 동의가 없으면 재산상 아무 권리가 없고 더구나 상속에 대하여는 하나(일분)의 권리가 없기 때문에 소위 백만장자의 부인으로도 자기 사유는 아무것도 없고 그 남편이 죽은 다음에는 그 아들에게 전 생활을 의탁하게 됩니다. 더구나 그 아들이 착실이나 하면 모르거니와 불행이 불량하게 소비를 하여 집이 기울어 파산을 하게 된다면 어머니 되는 사람은 늙어서 가만이 앉아 곤란을 당할 것이니 그것이 어찌 불합리한 일이 아니겠습니까. 그 법이 만일 조선에 실행된다면 물론 좋은 영향을 줄 것입니다. 그리고 남자 정조 문제는 그 법령이 있다고 해서 여자가 고소를 제기할 것은 아니지만은 그런 제도가 있다면 남자로서도 각성을 하고 지금과 같이 함부로 방종하게는 못할 것입니다.(<혜성> 1권 1호, 1931)

◉ 유각경(劉珏卿, 1891~1966)

1892년 서울에서 태어났다. 1910년 정신여학교를, 1914년 중국 베이징 셰허여자전문학교 보육과를 졸업했다. 그 뒤 정신여학교 교사로 일했다. 1921년 <신가정>의 주필을 맡았다. 1922년 조선여자기독교청년회 연합회 발기인회의 임시회장, 1923년 조선여자기독교청년회 연합회 회장에 취임했다. 1924년 경성 안국유치원을 설립하고 부원장을 지냈다. 1932년 조선여자기독교청년회 연합회 회장과 1935년 조선기독교여자절제회 연합회 회장을 역임했다. 전시체제기 일제 침략을 미화하는 글과 선전 활동을 했다.

유각경

잡지에 소개된 유각경은 "기막히게 담차고 말 잘하고 영리하고 머리가 좋고 사회적으로 활동 잘하고 (…) 과도기의 여성에게 본보기가 될 만한 이"였다.[211]

문맹 퇴치의 실제적 방안 여하

1. 유지자의 분기

문맹 타파운동은 수년 전부터 조선여자기독교청년회에서 하여 오는 중입니다마는 조선 사람으로서 모두 글 아는 사람이 되게 하자면 도회지나 산곡을 물론하고 글 아는 사람이 일어나서 모르는 사람을 가르치게 하는 것이 제일이겠지요. 무슨 형식을 취하여 학교나 야학으로 하는 것도 좋겠지요마는 그를 할 수 없으면 연필과 공책만 가지고도 할 수 있고 나무때기를 꺾어서 땅바

닥에 글을 써서 모르는 사람을 가르쳐도 좋을 줄 압니다.

2. 중앙에서 종용

그 실행 방법으로는 현재 기독교청년회에서 하는 모양으로 어떠한 단체에서든지 적당한 시기마다 회원 몇 사람씩이 궁벽한 지방이나 산곡으로 들어가서 일주일 혹은 이 주일씩 그 동리 글 모르는 사람을 모아가지고 가르친 후에 본래부터 글 아는 그 동리 사람에게 이 운동을 부탁하고 또 다른 동리를 가서 그같이 하였으면 될 줄 압니다. 지금까지 봉급이나 명예에서 교편을 잡아왔지마는 만약 이 운동에 참가하는 사람이 모두 조선의 문맹을 타파하자 이천만이 다 글 아는 사람이 되게 하자는 열렬한 마음으로 이 문맹 타파 운동을 계속한다면 그리 큰 힘이 들지 않을 줄 믿습니다.(<동아일보> 1927년 1월 6일)

◉ 허정숙(許貞淑, 1902~1991)

허정숙

1902년 함경북도 명천에서 출생했다. 1918년 배화여자고등보통학교 졸업 뒤 일본 고베 신학교 간세이 학원을 다녔고, 1920년 중국 상해의 외국어 학교로 유학을 갔다. 신흥청년동맹, 조선청년총동맹, 조선여성동우회, 경성여자청년동맹 결성에 참가했다.

1926년 아버지 허헌과 세계여행을 떠났고, 6개월간 미국 컬럼비아 대학에서 수학했다. 1927년 귀국한 뒤 <동아일보> 기자, <신여성> 편집을 맡았다. 1930년 여학생 만세운동 지도로 보안법 위반 및 치안 유지법 위반으로 구속되어 1932년 출옥했다. 1935년 중국으로 망명해 항일무장투쟁에 참가했다. 조선민족혁명당, 조선청년 전위동맹, 조선의용대 등의 조직에서 활동했다. 항일군정학교 정치군사과 수료 후 팔로군 120사단의 정치 지도원을 맡았고, 화북조선혁명군정학교 교육 과장을 맡아 청년들을 가르쳤다. 잡지 <혜성>에서 조선 여성운동의 리더이자 선구자로 소개할 정도로 일제 강점기 허정숙은 일상을 뛰어넘는 다양한 경험과 이론을 생산했다. 특히 1925년 조선여성동우회의 여성해방을 알리는 활동으로 주세죽, 김조이와 함께 단발해 화제가 되기도 했다. 여러 번 이혼하면서 당대 사회에서 "정조 관념이 박약하다"고 평가받았지만 그런 것에 아랑곳하지 않았다.

부인운동과 부인문제 연구, 조선 여성 지위는 특수

> 인간이 천부한 모든 행복은 여성에게서 격리된 것이다. 경제적으로 무산계급에 처하여 있고 인권상으로 인간의 최하층에서 이중 노예에 매여 있으며 과학적 교육을 못 받은 결과 무식 계급에 속하였고 기능을 양성치 못하였음으로 우준자(愚蠢)의 경지에 처하여 있다. 그러나 자연과 인간 진화의 법칙은 여성의 운명을 여기서 숙명적으

로 국한하지 않고 다시 새로운 기회를 준 것이다. 이상과 같은 역사의 사실이 부인문제를 발생케 하는 원인이 되었고 부인운동의 기원이 된 것이다. (…) 조선 여성은 인류의 역사 중에서 가장 가련한 역사를 가진 인간일 것이다. (…) 조선 여성은 고루한 습관과 제도의 희생으로 전무 교육 상태에 있었고 사회와 단절하고 있다. (…) 현재 조선 여성의 대다수가 무교육자인 가정부인이다. 자산가이나 노동장에 나아간 부인이나 다 같이 여성의 대부분은 소부분의 청년 여자를 제한 이외에는 무식 계급이다. 경제적 독립을 위한 여성이 극소수가 되고 대부분이 경제상으로 무산계급에 속한 여성이다. 극소수의 식자계급의 직업부인 이외에 다수의 노동부인은 사유재산 제도의 몰락기의 상징인 경제적 파멸과 빈한에 몰리어 저임금의 희생을 당하고 있다. (…) 농촌부인도 소작농이 다수인 동시에 무산계급에 처하게 된 도회지의 유산계급 및 중류계급의 여성이나 노동부인이나 농촌부인이나 직업부인 등이 다 같이 경제적으로 또 성적으로 이중삼중의 노예관계에 있다. 조선의 여성은 경제적으로 무산계급에 속하였고 개성으로 보아 노예의 지위에 처하여 있다. 조선 여성에게는 개성의 자유나 인격의 대등은 아직 발생되지 아니하였다.(<동아일보> 1928년 1월 3일~5일)

초기 핵심인물 12인의 기록

◉ 이현경(李賢卿, 1899~?)

이현경

1899년 수원에서 태어났다. 3·1운동으로 19살에 순국한 이선경의 언니이다. 1914년 수원 진명여학교를 졸업하고, 1917년 경성여자고등보통학교를 졸업했다. 1918년 일본으로 건너간 이현경은 니혼 여자대학 사회학부에 진학했다. 가장 절친한 벗은 이덕요이며 일본 유학 시절 동성애적 관계가 널리 알려졌을 정도였다. 여자청년회, 조선여자유학생학흥회, 삼월회, 조선여성동우회 창립과 집행위원으로 활동했다. 1921년 도쿄에 있는 조선인 약 140명 학생들이 3월 1일 히비야 공원에 모여 만세를 부르고 조선 독립을 외쳤다. 경찰이 해산을 명령했으나 끝까지 저항한 사람들을 20여 명 검속했는데 이때 검속된 학생 가운데 이현경도 포함되었다. 1926년 귀국한 이현경은 <동아일보> 기자로 활동했다. 1926년 귀국 때 "고국에 돌아와서 사회운동에 노력할 터이라 하며 특별히 문학이 우월한 재간을 가진 (이)씨는 조선 문예계에 큰 서광을 비치어줄 줄 믿는다"고 소개되었다.[212] 1928년 안광천과 함께 중국으로 망명했다.

사회인으로서의 부인의 사명

필자는 사회인으로서의 현대 부인의 특유 사명에 대하여 항목을 나누어 몇 마디 써보고자 한다.

완전한 사회를 건설하려면 또 불완전한 사회를 개선하려면 사회의 성원 전체가 충분한 자유를 가질 필요 있다. 그런데 재래의 부인은 오직 일개의 여자로서 존재하였음에 지나지 못한 동시에 아직 일개의 사람으로서의 지위를 갖지 못하였다. 가정적으로는 혹 사람이었을는지 모르겠으나 사회적으로는 결코 사람이 아니었다. 남자들이 부인을 사람으로 대우치 아니하였을뿐더러 부인 자신도 사회인으로서의 대우를 요구치 아니하였다. (…) 가정의 노예로 만들어 버리었다. (…) 그러므로 사회인으로서의 부인의 사명은 먼저 사회인으로서의 자각이 없는 모든 부인에게 자각을 주는 데에 있다. 개성의 해방을 얻지 못한 자가 어찌 자유스럽게 사회를 위하야 강력할 수 있으랴? 부인은 제일 자기도 사회를 구성하고 있는 일분자인 것과 따라서 사회의 모든 일에 대하여 간섭할 권리가 있는 주체인 것을 각성하지 아니하면 아니 된다. (…) 현재에 있어서 생각하면 우리 여성은 과연 무력하다. 적약(績弱)한 그 팔이 과연 능히 역사의 거륜을 촉진함에 도움이 될 수 있을까도 의문스러운 것 같다. 그러나 인류 역사는 약자가 강자로 변할 수 있는 것을 충분히 증명한다. 인류의 반수를 점령한 여성 전체가 자각하는 날에는 사회는 과거에 경험하지 못한 새 힘을 얻을 것이다.(<조선일보> 1927년 1월 8~9일)

◉ **조원숙(趙元淑, 1906~?)**

조원숙

1906년 강원도 양양에서 태어났다. 15살 때 서울로 올라와 근화여학교에 입학하여 2학년까지 다니다가 퇴학당했다. 1923년 근화학우회 임원이었으며 11월 조선여자교육협회 남선순회 연극단원으로 활동했다. 조선여성동우회, 경성여자청년동맹, 중앙여자청년동맹, 한양청년연맹, 신흥청년동맹 등의 단체 결성, 집행위원이었다. 1926년 6월 제2차 조선공산당 검거사건으로 검속되었는데 곧 석방되었다. 그해 조선공산당에 입당했다.

조원숙은 심은숙, 허정숙과 함께 근우회의 '삼숙'으로 통했고 활달하고 열정적 활동으로 유명했다. 그리고 조선여성동우회 시절 허정숙, 김조이, 주세죽의 뒤를 이어 단발을 해 세상을 놀라게 했다. 그가 생활하면서 가장 통쾌한 일은 15살 때 부모 몰래 공부하러 서울로 올라온 일이다. "나는 (…) 서울로 유학하고 싶은 생각이 봄 불타오르듯 하여 자나깨나 밤낮으로 공부 갈 생각뿐이었습니다. 어떤 때에는 며칠씩 밥도 잘 아니 먹고 심지어 병까지 난 일이 있었습니다. 그러다가 15살 되던 해 5월 14일 밤이었습니다. 나는 아주 죽기까지 결심하고 도망가는 과부 모양으로 봇짐을 싸가지고 부모도 친척도 동리 사람들도 다 모르는 중에 교군[213] 하나를 잡아타고 집을 떠나서 양양과 강릉 양군의 접경지 되는 지경리까지 와서 교군에 내리니 (…) 시원하고 상쾌한 마음이야 어찌 다 말씀을 할 수 있었겠습니까. 다른 사람들은 그 일을 어찌 생각할는지 알 수 없으나 나로서는 적지 않은 통쾌를 느끼었습니다."[214] 그는 15살 나이에 양양에서 서울로 도망쳤을 정도로 참으로 대담하다.

내가 남자면

내가 전일에 구가정에 있었을 때에는 모든 것이 남성의 구속을 받고 남자와 같이 자유로 활동을 못 하였으니까 나도 남자가 한번 되었으면… 하는 생각이 물론 많았었습니다. 그야말로 상놈이 양반이 되었으면 하는 생각이라든지 가난뱅이가 부자가 되었으면 하는 생각 이상으로 간절하였습니다. 그러나 차차 이 사회에 출각을 하여 남성들이 하는 공부도 하고 남성들이 하는 운동도 하고 여러 방면으로 구속이 없이 남성과 같이 활동하니까 지금에 와서는 전과 같이 내가 남자가 되었으면 하는 무슨 부러운 생각이 없습니다. 그러나 아직 사회의 제도가 그대로 있고 습관이 그대로 남아 있으니까 어떠한 때에는 내가 남자 되었으면… 어떠하겠다는 생각이 없지 않아 있습니다.

첫째는 직업을 구할 때에 남자 같으면 방면이 많겠는데 현 제도에 있어서는 여자는 아무 곳이고 취직하기가 어렵고, 둘째는 어떠한 일을 할 때에 남자가 되었으면 좀 더 자유스럽게 하겠는데 몸이 여자인 까닭에 체질로나 인습으로나 남자와 같이 못 하는 그것입니다.

그러나 남자가 되었으면, 이라는 말은 이 제도 밑에서 하는 말이지 우리 이상대로 제도가 고쳐진다면 사람으로서 성(性)의 구별이 없을 것이요 다만 그 인격, 능률 여하에만 문제가 될 것입니다.(<별건곤> 제10호, 1927년)

◉ 차사백(車士伯, 1897~1990)

차사백

1897년 황해도 해주에서 태어났다. 1913년 해주 의정여학교, 1916년 이화학당 예과를 졸업했다. 해주 의정여학교 교사 생활을 하다가 1921년 일본 오사카 램버드 여자학원에 입학해 1923년 졸업했다. 귀국한 뒤 중앙보육학교 교사와 교장을, 1925년과 1936년 경성여자기독교청년회 회장을 맡았다. 1931년 조선보육협회를 결성해 위원장으로 취임했다. 유아들의 율동과 노래를 편찬한 『율동 유희곡집』(영창서관, 1929)이 있다. 전시체제기 일제 침략을 미화하는 글과 선전 활동을 했다.

그대들을 보내면서-성의와 부지런으로 직무에 나아가라

보육학교 졸업생은 졸업 후에는 대부분이 유치원 보모로 취직할 사람들이니 그들의 길은 단순하지만은 책임은 극히 중하다고 할 수 있습니다. 보모들의 일거일동은 유치원 어린 아동에게 큰 영향을 주는 것이 마치 가정에서 어머니의 감화가 그 자녀에게 전부 영향되는 것과 조금도 다름이 없을 것입니다. 그럼으로 보모가 되어가는 사람들은 단순히 취직이라고 생각을 말고 제2세의 국민이요 우리가 가장 희망 두는 장래를 빛나게 할 어린이요 또 남의 자녀를 맡아 가르치는 이러한 중한 책임을 가지었다는 것을 자각하고 그 임무에 당하도록 하기를 바랍니다. 이것은 늘 느끼는 바이지만은 재래의 유치원에서는 아동을 너무 기계화하는 감이 없지 않습니다. (…) 천진한 자기 생각대로 마음대로 뛰놀 기회를 주고 무럭무럭 자라는 그들의 마음을 북돋아 줄지언정 간섭은 절대 금물입니다. 아동의 생활을 잘 이해하고 자기도 아동과 한마음이 되어 그들과 생활함이 필요하리라고 생각합니다. 그리고 이때까지는 유치원 아동에게 너무 글을 많이 가르치는 경향이 있는데 이것은 보모 자신의 책임은 아니겠지요. 유치원 당국에서 그러한 방침을 쓰니까 그렇게 하는 것이고 또 유치원 당국에서는 원아의 가정 부형들이 원하니까 그러한 방침을 쓰는 것이니 결국은 부형의 원아들에게 유치원에 들어오는 연령의 아동들에게는 지식과 글을 과히 배워주는 것이 필요치 않고 그보다도 그 아동들에게 필요한 과정이 있다는 것을 잘 알게 하여 양해를 얻도록 한 후에 자기의 교육 방침을 쓰도록 할 것이며 보모들 자신을 보아도 너무 모든 것을 이론으로 가르치려고 하는 듯한데 유치원 아동에는 그것이 별 효과가 없을 뿐만 아니라 도리어 어린애들에게 좋지 않은 영향이 미칠 염려가 있습니다.(<매일신보> 1932년 3월 12일)

◉ 최은희(崔恩喜, 1904~1984)

최은희

1904년 황해도 백천에서 태어났다. 1917년 해주 의정여학교 고등과를 졸업하고 경성여자고등보통학교로 편입했다. 1919년 3·1운동에 참가해 서대문형무소에 24일간 구류 생활을 했고, 황해도 백천에서 만세시위자로 구속되어 징역 6개월에 집행유예 2년을 선고받았다. 그 뒤 수원 삼일여학교, 평양 정진여학교, 안주 유신여학교에서 교사 생활을 했다. 1922년 3월 도쿄 닛산 영어학교를 거쳐 그해 4월 니혼 여자대학 사회사업부에 입학했다. 1924년 조선일보에 입사했다. 유영준, 황신덕과 더불어 '세까틀'이라고 불렸다. 솟을 고이는 세 개의 솥발처럼 그들 세 사람이 힘을 합해 지구를 받들고 일어서서 인류의 평화를 부르짖는다는 뜻이다.

조선일보 여기자 최은희와의 회담기

기자: 신문기자는 무슨 동기로 됐으며 또 누구의 소개로 <조선일보>

에 입사를 하셨습니까.

최은희: 나는 평소부터 기자 생활에 흥미를 많이 가졌었는데 (…) 내가 일본으로부터 고향인 해주에 돌아와서 얼마 동안을 놀고 있었는데 하도 심심하기로 허영숙 씨에게 무슨 직업을 하나 소개하여 달라고 하였더니 허영숙 씨는 즉시 회답하기를 <조선일보>의 부인 기자로 추천하였으니 곧 상경하라고 하였습디다. (…) 허영숙 씨가 그때 의사로 있을 때에 황금정 아무개 부호가 치료를 받고 비용이 80여 원이나 되는데 피일차일하고 안 낼 뿐 아니라 금액 감하를 하자고 염치없는 요구를 하였습니다. 그자의 행동이 너무 괘씸하기로 내가 자청하여 그 돈을 받으러 갔었습니다. 그 쇠귀신 같은 부호도 돈을 내고야 말았습니다. 그 소문이 어찌하여 <조선일보> 당국자의 귀에 들어갔던지 나를 여기자의 적임자로 생각하고 채용이 되어 입사했습니다.

기자: 당신이 기자 생활을 하시는 중에 제일 흥미 있고 제일 괴로웠던 일이 무엇입니까.

최은희: 각 사(社)에서 서로 기사 경쟁을 하는데 남의 사에서 알지 못하는 특별 재료를 발견하여 발표하면 그것처럼 흥미있는 것은 없습니다. 더구나 나로서는 다른 사의 여자 기자와 경쟁을 하는데 내가 쓴 기사가 남보다 나으면 더욱 흥미를 느끼게 됩니다. 그리고 인물 소개를 할 때에 세상 사람이 다 아는 인물을 소개하는 것보다 외국이나 어데서 새로운 인물을 먼저 찾아서 소개한다 하면 그야말로

신세계를 발견한 것처럼 상쾌합니다. 또 변장 탐방을 할 때에 남에게 발각되지 않고 잘 성공한 것도 흥미가 있었습니다. 예를 말하자면 약 4년 전 11월경에 내가 행랑어멈 변장을 하고 탐방을 하였는데 남에게 잡히지 않을 뿐 아니라 행랑어멈이 되어서 이 사회를 살펴본즉 기자로서 보는 것과는 아주 딴판으로 보였습니다. 그때에 나는 퍽이나 흥미를 가졌습니다. (…) 나의 노력과 시간 허비한 것과 그 기사의 가치를 비교할 적에 손이 많다면 그것처럼 불쾌한 것은 없습니다.(<별건곤> 제8호, 1927)

◉ **유영준(劉英俊, 1890~?)**

유영준

1890년 평안도 평양에서 출생했다. 1908년 정신여학교를 졸업했다. 1909년 베이징 모정서원을 다니면서 안창호의 지도로 민족운동에 참가했다. 1919년 3·1운동에 참여 임시정부 연락책으로 활동했다. 그 뒤 도쿄 여자의학전문학교에 입학하고 여자학흥회 결성에 참여했다. 1923년 도쿄 여자의학전문학교를 졸업하고 1925년 귀국했다. 이화여자전문학교 교의, 동대문부인병원, 태화여자관에서 근무했다. 경성여자소비조합 감사장을 맡았으며, 1934년부터 여자의학전문학교를 설립하기 위한 교섭위원과 설립추진 재단이사로 활동했으며, 1938년 경성여자의학전문학교 이사를 지냈다.

서구 근대 의학을 전공한 유영준은 예방의학이나 위생을 중요하게 여겼다. 위생 담론은 개인에게 계몽과 책임을 묻는 개인위생을 강조하는 방식과 억압적 구조나 정책 집행을 문제 삼는 방식으로 나뉜다. 조선총독부의 위생 담론은 전자의 태도로 일관했다.

조선총독부는 식민지 민중이 아직도 민간 치료라는 미신에 의지해 질병을 치료하려는 현실을 비난했다. "오늘날 위생상의 관점에서 보면 완연한 하나의 적국(敵國)의 모습이기 때문에 결코 두고 볼 수 없다"라며 이의 개량을 강조했다.[215] 유영준은 조선총독부 위생 담론에 맞섰다. 그녀는 조선총독부의 위생 집행 방법과 식민지 민중 특히 '여성은 무식하다'는 담론을 비판했다.

조선인과 위생을 읽고

조선인에 대한 관변 압박은 남자뿐 아니라 여자에게 더욱 심하니 (…) 남자가 외출한 후에 조사 관리가 일인이 온다면 이같이 어려운 일이 없다. 이런 경우에는 미적미적하고 약자의 행동을 보이면 몰상식한 일인은 몇 마디 말하다가는 욕을 하고 가는 일이 많다. 조선 여자는 무식하니까 할 수 없다고 행용하는[216] 말로 하고 간다. 조선에 와서 관변 사무를 보는 자는 조선어에 부족을 감한다면 그 얼마나 무책임한 관리며 몰상식한 자일까.

필자는 몇 해 전 대청소 당시 일인 순사가 내 집 마루에 앉아서(만일 조선 순사 같으면 그런 대담한 행동을 못하였을 것이다) '어서! 어서! 우리 어무니는 지금 하는 중이요 어서 해! 어서 해!' 하는 꼴을 보았다. 내 동생은 어린 처녀라 무서워서 얼른 부엌으로 뛰어들어 가면서 무슨 일이나 난 듯이 알고 하던 청결도 못 하고 말았다. 일 순사는 동생을 보고 내게로 가까이와 앉으며 일본어를 할 줄 아는가고 물었다. 나는 할 줄 안다고 하였더니 일 순사는 나는 장가를 아니 들었는데 조선 처녀한테로 들고 싶다고 한다. 나는 벼락같이 올려붙이고서 (…) 그 순사보고 청결 독촉 날이 아니고 장가들 선전 날인 줄 아는가고 물어보았더니 순사는 다른 말을 하며 뒤도 아니 돌아보고 나갔다. 이 순사가 그 옆집에 가서 또 어서 소리를 힘껏 질렀다고 한다.(<중외일보> 1927년 2월 3일)

◉ 김영순(金英順, 1892~1986)

김영순

1892년 서울에서 태어났다. 1914년 정신여학교를 졸업하고 1915년 군산 메리볼덴여학교 교사로 있다가 2년 후 모교의 사감으로 취임했다. 1919년 10월 19일 김마리아가 중심이 되어 조직된 대한애국부인회 서기로 활동했다. 이 단체는 혈성애국부인회, 송죽회, 경성애국부인회 등 여러 여성단체의 조직과 활동을 검토하고 조직된 것이다. 이 사건으로 1919년 11월 체포되어 1920

년 12월 대구 복심법원에서 2년형을 언도받았다. 2년간 복역하고 1922년 봄 출감했다. 1923년 태화여자관 교사, 1925년에는 정신여학교 사감, 1928년 기독교 조선여자청년회 이사를 맡았다.

겹옷 실행, 다듬이 폐지

이것을 실행해 온 지가 삼 년째입니다. (…) 솜옷을 폐지한 이유는 여러 가지지만 첫째 위생상으로 보아서도 아주 좋습니다. 가정에서 솜옷을 해 입으려면 몇 해씩 몇 해씩 묵은 솜을 솜틀에다 틀기나 하면 오히려 좋지만 대개는 부인네들 손으로 일일이 다시 피여서 두지 않습니까. (…) 솜옷 만드는 공력과 시간을 비교해 보십시요. 그것은 누구나 다 얼른 짐작할 수 있는 것이니 그러고 보면 위생상으로 보나 경제상, 능률상, 시간상 어느 점으로 보나 하나도 나쁠 것이 없다고 생각합니다.

그러고 다듬이 하는 법도 아주 폐지해 버렸는데 지금은 다른 데서 다듬이 하는 소리만 들어도 듣기가 싫고 미운 생각이 납니다. 우리 가정부인들은 의례 옷에 다듬이 하는 것을 큰일거리를 삼고 있어서 안 하면 안 될 줄 알지만 결코 그렇지 않습니다. (…) 그러려면 물론 흰옷을 먼저 폐지해야 되겠지요. 흰옷은 원래 더럽기가 쉽고 태가 잘 안 나서 빨은 뒤에 풀을 세게 먹이고 다듬이질을 막 하고 또 그러고도 다듬이질을 하는 것이지만 나는 질긴 무명 옷감으로 수수한 빗 세네 가지를 들여서 그와 같이 하여 번갈아 입는데 저고리는 동정이나 가끔 갈아 달고 하면 옷이 쉬 더럽지도 않고 구기지도 않고 태도 훨씬 나서 (…) 간편하고 경제적입니다.

이 두 가지를 실행해 오기는 조선에 물산장려의 소리가 나면서부터 자기는 실행하고 앞으로도 변치 아니하랴 하며 염색 옷과 다듬이 폐지는 우리 학교 생도에게도 실행이 되었으나 솜옷만은 학생들도 얼른 폐지하기가 어려운 모양이여요.(<별건곤> 제4호, 1927)

◉ 현덕신(玄德信, 1896~1963)

1896년 황해도 해주에서 태어났다. 1915년 이화학당 중등과를 졸업하고 평양 진명여학교 교사를 했다. 1918년 일본으로 건너가 도쿄 여자의학전문학교를 입학해 1921년 졸업했다. 여자기독교청년회장, 여자흥학회, 동경여자유학생 등에서 활동했다. 현덕신은 '2·8 독립선언'을 위해 거액의 독립 자금 40원을 김마리아를 통해 전달했다. 1919년 도쿄 조선기독교청년회관에서 열린 '2·8 독립선언'에 참가했다. 1920년 3월 1일 히비야 공원에서

현덕신

3·1운동 1주년을 기념하는 자리에서 독립만세를 외쳤다. 귀국한 뒤 총독부병원을 거쳐 동대문 부인병원에서 오랫동안 일했다. 의사로 재직하면서 간호사들에게 간호학과 생리 위생학을 가르쳤고 정신여학교 생물교사로 일했다. 남편의 건강악화로 광주로 이주

했고 1927년 전라남도 광주에서 개업했다.

끝까지 단발

단발도 한참은 꽤 류행이더니 요새는 만히 기르는 모양입니다. (…) 나는 처음부터 단발한 것이 무슨 미(美)를 취하랴 그럼도 아니요 무슨 주의로 그런 것도 아니며 유행을 따르려고 그런 것도 아니요 단순히 시간 경제로 보아서 깎은 것이기 때문에 다시 기르려는 생각도 없습니다. 그런데 세수하는 데라던지 머리 빗는 데라던지 기타 외출할 때에도 여간 편리한 것이 아닙니다. 그러고 저고리 뒤가 검어지지 아니하니 보기에도 추하지 아니하고 겨울 같은 때는 모자를 쓰니까 문제가 없지만 봄이 되어 바람이나 심하고 모자를 안 쓴다면 바람에 머리털이 날려서 다소 불편한 점이 있을는지는 모르겠습니다. 그러나 하여간 여자들로서 매일 머리를 빗는다는 것은 시간과 노동의 능률로 보아서 퍽이나 불경제인데 그 시간만 절약해가지고 다른 방면에 잘 이용한다면 매우 유익한 일을 할 수도 있으리라고 생각합니다.(<별건곤> 제4호, 1927)

◉ 강정희[姜貞熙, 아그니아, 1905~?)

1905년 러시아에서 태어났다. 러시아에서 중등학교를 졸업하고 1925년 조선어를 배우기 위해 조선에 들어왔다. 1925년 조선에 들어온 강정희가 처음 신문에 소개된 내용이다.

“시내 재동 84번지 경성청년회 안에 있던 노어 연구부에서는 그동안 여러 가지 사정으로 휴지 상태에 있던바 마침 노서아의 생장으로 칫따 중학을 졸업하고 그곳에 있는 의학전문학교에서 의학을 연구하여 가지고 그곳에서 교육에 종사하다가 이번에 고국에 돌아온 강정희 양을 선생으로 초빙하여 그전보다 더욱 충실한 내용으로서 교수를 시작한다.”[217]

강정희

그리고 경성여자청년동맹에 가입했다. 10월 경성청년회가 주최한 노어 연구반에서 강의했다. 1926년 조선여성동우회, 중앙여자청년동맹, 조선청년동맹 중앙 집행위원 등을 맡았다. 1927년 조선사회단체중앙협의회 창립 대회에서 임시 집행부원으로 선출되었다. 조선공산당에 입당했다. 12월 일본 도쿄 외국어학교 영어과에 입학했다. 1928년 체포되어 심문받다가 혐의가 없어 석방되었다. 1930년 8월 학생독서회 사건으로 체포되어 1932년 3월 경성지법에서 징역 1년 6월을 선고받았다.

여성운동에 대한 포부, 중요 사명을 띈 무산 부인 최후까지 싸우라

모든 여성 중 오직 우리 무산 여성만이 최후까지 싸울 수 있는 것입니다. 우리 무산 여성이 전체 운동의 주인이 되지 아니하면 조선 여성운동은 결코 유력하게 발전할 수 없을 것입니다. 그럼으로 우리의 노력은 항상 무산 여성을 단결하고 훈련하는 데 향하지 아니하면 아니 될 줄 압니다. 물론 우리의 당면 운동에 있어서는 무산 여성 이외의 여성들과 협동하여 근우회를 유력하게 하는 것도 필요하지마는 그와 같은 협동은 언제 어떤 조건으로 어찌 될는지 모릅니다. 고로 우리는 우리 여성의 기본적 진영으로서 노동부인의 조직 또는 농촌 빈농 여성들의 조직에 대하여 일시라도 등한히 하여서는 아니 될 줄 압니다. 모든 여성이 다 떨어진다고 할지라도 노동부인만은 끝끝내 싸울 것입니다. 이와 같은 의미에 있어서 신년 벽두부터는 일층 더 노동부인의 조직에 대하여 노력하기를 바랍니다.(<동아일보> 1928년 1월 1일)

◉ **박경식(朴敬植, ?)**

박경식

1919년 경성여자고등보통학교를 졸업했다. 졸업 뒤 도쿄와 상해 등지로 유학을 갔다. 개벽사 <신여성> 부인 기자로 활동했다. <신여성> 잡지에 "시·소설·수필 등으로 문명도 상당히 날리였으며 극과 성악에 천재가 있어 한때는 악단에서 고운 목소리로 청중을 놀래게 한 일도 있으며 여성으로 모여서 하는 소인극에도 의례히 주역으로 연기를 보여준 분이랍니다"라고 박경식을 소개하고 있다.[218] 근화여학교에서 교사 생활을 했으며 근우회 발기인으로 참가하면서 근우회 활동을 했다.

결혼을 장난으로 책임 관념이 박약

지금에 내가 남자에게 대하여 반항이랄까 불평이랄까 하여간 남자의 장점이 아니고 단점을 들어 말하고자 할 때 나는 먼저 남자에게 향하여 말을 하여 둔다.

일부 남성에게 대한 시비라는 것을 말함에 첫째, 남자는 새것을 너무나 좋아한다. 그도 여자라는 이성에게 한하여서 사람의 감정이 새것을 좋아하는 것은 본능이라고 할 만치 어찌할 수 없는 일이지만 남자의 여자에게 대한 너무나 염치없는 생각과 행동을 볼 때에는 기가 막힌다. 번연히 처자가 있으면서도 또 다른 여자와 혼인하고 싶어하며 유부녀를 ○계하는 것이나 얼굴이 조금이라도 해맑은 여자만 보면 이상한 눈으로 대하는 것, 그보다 더 심하여서는 처녀를 함부로 농락하는 것, 경험 없는 순진한 여자를 속여 일생을 같이 할 것같이 하다가는 정조만 빼앗고 나서 천연이 돌아서는 것, 결혼을 일종의 장난 모양으로 손쉽게 하였다.

둘째는 가장 여성을 존중하고 사랑하며 여자의 절대 자유를 주장하다가도 결혼만 하면 그날부터 너무 개성을 무시하는 것, 즉 그것은 저것은 내 것 하는 그 생각이다. (…)

셋째로는 지속성이 없는 것, 말하자면 본부인이 싫어 첩치가[219]를 하고 (…) 궁하면 다시 본부인에게로 기어드는 꼴.

넷째로 남자와 여자가 같이 사업을 하게 될 때에도 의례히 압력을 가지고 자녀를 지배하려고 들며 얌전하고 똑똑한 여자가 있으면 좀 더 큰 인물이 되기를 바라며 잘 지도는 못 하고 돌연한 호기심으로 그 여자를 건드려 타락의 구렁으로 집어넣는 것 등이다.

다시 말하면 국가나 사회에 대한 정신보다 여자라는 것을 염두에 두었으며 여자를 일종의 장난감같이 생각하는 그 심사와 관념이 대체로 박약한 것과 건설주의보다는 파괴주의가 많은 것을 나는 반항한다.(<매일신보> 1928년 1월 10일)

◉ 박원희(朴元熙, 1898~1928)

박원희

1898년 충청남도 대전에서 태어났다. 1916년 경성여자고등보통학교 사범과 졸업 뒤 철원보통학교에서 교사 생활을 했다. 의무 복무 기간인 4년을 채우고 1920년 초 교사직을 그만두었다. 1921년 김사국과 결혼한 뒤 도쿄로 가서 가사 노동자로 일하며 공부했다. 귀국 뒤 사회운동과 여성운동에 주력했다. 1923년 전 조선 청년당 대회에 참가하고 간도로 가 교직에 종사했다. 만주 룽징 동양학원 사건으로 검거되고 청진형무소에서 2개월 복역했다. 1924년 조선청년총동맹 중앙 집행위원에 선출되었다. 조선여성동우회, 경성여자청년회, 중앙여자청년동맹을 조직했다. 재경 조선해방운동자 단체연합 간친회에 경성여자청년회 대표로 참석했고, 숙명여자고등보통학교 분규 해결을 위한 각 단체연합 토의 준비 대표발기회 준비위원으로 선임되었다. 그런데 1928년 1월 5일 사망했다. 근우회에서 사회단체 연합장을 발의하여 여성으로서는 처음으로 34개 사회단체 연합장으로 장례를 치렀다. 정종명은 박원희의 죽음을 슬퍼하며 "삼십 평생을 운동에 헌신 여성운동의 큰 손실이다"라고 말하며 이렇게 말했다.

"박원희 동무는 처음으로 조선 여성운동이 민족주의의 운동에서 사회주의운동으로 전환될 때에 맹연히 모든 조선의 여성을 얽매고 있는 인습을 격파하고 여성운동자의 선구가 되어 가두로 나와 분투하던 참으로 용맹한 리더올시다. 박원희 동지를 잃은 조선 여성운동의 금일은 실로 절대의 손실이라고 생각합니다. 지난 중앙협의회 당시에 억세인 남성들을 상대로도 수만어를 토하여 이론 전선에 맹렬히 싸워 조금도 굴하지 아니한 그때의 생각을 하면 그는 조선 여성운동 선상에 혜성이었습니다."[220]

우리회(경성여자청년회)의 취지, 부인의 독립과 자유와 모성 보호의 실현을 도모하는 조선의 딸들아 굿세게 뭉치자

우리는 현 사회 제도하에서는 어떠한 지위에 있습니까. 여러분도 다 아시는 바와 같이 ① 현 사회는 부인의 인격 존재를 부인합니다. ② 부인에게 헌법상 및 민법상의 모든 권리를 빼앗았습니다. ③ 부인을 육아와 생산의 유일한 기구로 취급합니다. 그러나 모성 보호에 관한 하등의 시설이 없이 생산의 전후까지 가혹한 노동을 합니다. 그러고 또 저들은 학교, 교회 기타 종종의 문화적 시설에 의하여 부인에게 현모양처주의와 사랑을 넣어주어서 여자로 하여금 영원히 노예의 처지에서 스스로 편안히 여기게 합니다.

그런데 우리는 어찌하여 이와 같은 처지에 있게 되었습니까? 이것을 남녀 진화론이나 사유재산 진화론 같은 것으로써 증명할 것 같으면 원시에는 여자가 남자보다도 오히려 우월한 지위에 있었습니다. (…) 그러나 생산 방면이 차차 발달됨을 따라서 남녀 간 분업이 생겼습니다.

즉 남자는 생산 방법의 기관을 잡고 여자는 가정 내에서 분만 및 육아와 가정노동 같은 것을 하게 되었습니다. 그리고 이 분업이 계속되며 노예제도, 봉건제도를 통하여 오는 동안에 부인은 차차로 사회적으로서의 활동 범위가 좁아지며 생활 필요품의 생산자로서의 가치가 떨어지게 되었습니다. 이후로 경제 상태는 점점 부인에게 불이익하게 되며 이에 따라서 정치상 법률상 전혀 무세력하게 되었습니다. (…) 노예제도·봉건제도·사유재산제도를 통하여 남자 전제하에서 사회적 지위와 인간으로서의 아무 기능도, 세력도, 권력도 없는 처지에 이르렀습니다. 여기서 부인들은 자기네의 무생명한 생활에 고통을 느끼게 되며 벌써 1789년에 정치상으로 남녀평등일 것을 주창한 혁명적 부인단체가 불란서에서 많이 일어났습니다. 또한 입센의 저작 『인형의 집』이라든지 (…) 엘렌케이의 『연애론』이며 영국 부인의 광포파 운동 같은 것도 모두 부인 해방의 국부적 운동입니다.

그러나 지금 우리는 이 모든 운동을 총괄한 근본 문제를 해결하여야 겠습니다. 그것이 무엇이겠습니까? 자본주의 경제 조직을 사회주의 경제적으로 고쳐서 우리도 경제적 자유가 있을 것이며 또한 가정 노동을 사회화시켜서 직업에 자유가 있으며 특별히 모성 보호가 있어야 할 것입니다. 그러면 이러한 부인 해방의 신사회를 건설하는 데는 우리는 먼저 부인 해방에 관한 사회과학상의 교의를 선명하게 하며 또한 이것을 널리 선전하여야 할 것입니다.(<동아일보> 1926년 1월 8일)

◉ 방신영(方信榮, 1890~1977)

방신영

1890년 서울에서 출생했다. 1910년 정신여학교를 졸업하고 수피아여학교, 정신여학교, 경성여자상업학교에서 교사 생활을 했다. 도쿄 영양학교에서 2년간 공부했다. 조선여자교육회, 조선여자기독교청년회, 망월구락부를 조직했다. 1929년 이화여자전문학교 가사과 교수로 부임했다. 1933년 저작권 침해 손해배상 소송을 제기하여 승소했다. 1934년 조선어 표준어 사정위원회 위원으로 활동했다.

방신영은 『조선 요리제법』(광학서포)이란 근대 최초 요리책을 냈다. 그의 책은 1917년에 발간돼 1960년까지 44년간 33판의 개정, 증보를 거쳐 출간되었다. 방신영이 책을 집필하는 데 가장 기본이 된 것은 조상 대대로 전해 내려온 음식 문화를 바탕으로 한 어머니의 요리법이었다. 책은 밥, 국, 찌개, 전골, 찜, 볶음, 조림, 무침, 장아찌, 김치, 김장김치, 장, 젓, 나물, 구이 등으로 구성되었다. "나는 나의 어머니 앞을 떠나지 않고 날마다 정성껏 차근차근 일러주시는 대로 꾸준히 기록해놓은 것이 나중에 보니 꽤 많았다"고 그는 말한다.

조선 음식은 좋으나 깨끗하게 합시다

저는 금년 봄에 동경서 영양학을 마치였습니다. 제가 전부터 대단히 유의하여 연구하던 것임으로 동경서도 무한한 흥미를 가지고 공부하였습니다. 그동안에 제가 조선 음식에 대하여 생각한 바를 말하오면 외국 음식에 비하여 조선 음식은 발달된 것입니다. 그뿐 아니라 세계 음식에 비하여 상류는 못 될망정 중류 이상은 되리라고까지 생각하였습니다. 그러나 우리나라 음식은 조미법이 퍽으나 복잡하면서도 언제든지 거진 같은 것이 결점이올시다. 그것만을 개량하는 날이면 조선 음식은 퍽 담백한 맛있는 음식이 되겠지요. 그리고 조선 사람들이 음식을 대하는 태도라던지 또는 만드는 분량을 말하면 우리는 부끄러울 만치 깨끗지 않습니다. 즉 음식을 만들 때 한꺼번에 너무 많이 만들어서 같은 것을 먹고 또 먹다가 남기고 남긴 것을 또 먹는 것 등입니다. 그다음에 또 결점이랄 것은 한 가족이 각각 딴 상을 받는 것입니다. 그럼으로 대가족을 가진 이들은 온종일 부엌간에 사람이 떠날 수 없는 것입니다. (…) 먹는 일 때문에 날마다 온종일을 허비하면 그것 때문에 인생 전체를 허비하는 셈이 아니겠습니까? 이것이 우리 가정의 결점입니다. 우리는 그것을 얼른 못 고치고 인습의 힘을 크다고만 생각합니다.(<매일신보> 1926년 12월 19일)

◉ 이덕요(李德耀, 1897~1932)

이덕요

1897년 함흥에서 태어났다. 함흥공립보통학교를 1등으로 졸업한 뒤 함남 자혜의원 간호부과에 입학했다. 여기에서도 이덕요는 우등 졸업해서 처음으로 간호사로 취직했다. 그의 근무 능력은 "본시 심성이 인순하고 조행[221]이 단정함은 실로 모범적 여자라 칭할 만하고 국어가 능난하며 친절 간호에 감복된 환자는 찬성이 자자"하다며 소문이 날 정도였다.[222] 그 뒤 경성여자고등보통학교를 졸업하고 일본 도쿄 여자의학전문학교에서 공부했다. 그는 도쿄 생활 6년 만에 처음으로 우에노 공원을 구경할 정도로 학업에 열중했다. 그리고 여자학흥회 집행위원으로 활동했다. 1924년 도쿄 여자의학전문학교 졸업 뒤 귀국했다. 총독부의원에서 내과·소아과·산부인과 진료를 맡았다. 1928년 성실병원에서 일했으며, 1930년 낙원동에서 동양부인병원을 열었다. 그는 홍역, 종두, 백일해, 자궁병, 신경병, 소아 감기, 성홍열 등의 질병 기사를 신문에 실어 이름을 알렸다. 그리고 조선여성동우회에 관여했다. 1925년 한위건과 결혼했지만 남편이 조선공산당 제3차 검거 사건으로 1928년 중국으로 망명했다. 이덕요도 1931년 중국으로 망명했는데 얼마 안 돼 병으로 세상을 떠났다.

인습 타파가 목전의 문제

사람은 이 세상에 난 이상 누구나 동등의 생존권이 있다. 오직 돈 있는 사람 또는 남자에게 한하여만 이것이 특권 될 리가 만무하다. 그럼으로 이 생존권이 평등으로 보장되는 사회에서만 사람은 각기 개성을 발휘시킬 수 있고 따라서 인류의 문화는 향상될 것이다. 그러함에도 불구하고 이 원칙을 무시하는 사회나 인습이 있다 하면 그는 더 말할 것 없이 인류의 진화를 거스리는 것이 되고 말 것이니 인간의 본능적 충동은 의식 혹은 무의식적으로 충돌하여 합리적 사회를 창설하게 된다.

그러면 목하 조선의 형편은 어떠한가? 정치적으로 특수한 처지에 있고 사회적으로 아직 봉건적 사상이 농후한 것만큼 모든 제도와 인습이 우리의 개성을 발전시킴에 너무나 지장이 많다. 권력을 배경으로 한 소위 현행 법령이 불합리한 것은 두말할 필요도 없거니와 우리의 부형들이 양풍선속이라고 떠드는 전통적 인습의 폐야말로 지독하다.

세상 사람들은 흔히 조선 사람의 비운의 원인을 외래 정치적 관계에서만 찾으려 한다. 물론 그도 중대한 원인의 하나일 것은 명약관화의 사실이지마는 일변 봉건적 인습의 영향이 굉장한 것도 알아야 한다. (…) 재래 우리는 딴 문제에는 분개도 했고 투쟁도 해왔으나 이 고약한 인습에 대하여는 전반적으로 타파운동을 전개한 일이 없었다. 물론 인습 타파로 우리의 근본 문제가 해결될 바는 아니겠지마는 재래의 인습이 인간 개성 발전상 방해물이 되는 이상 우리는 적극적으로 타파운동을 전개하여야 할 줄 안다. 종래의 인습은 우리 여성에게 있어서는 더욱 가혹하다. 우리 여성은 이 불합리한 인습을 타파하기 위하여 굳게 모이라.(<동아일보> 1927년 7월 2일)

후기 핵심인물 12인의 기록

후기 핵심인물들은 지방 지회에서 활동하다 대의원으로 뽑혀 중앙 집행위원회에서 일한 사례가 많다. 김필애(김해지회), 박호진(경성지회), 강정임(대구지회), 김정원(청진지회), 유덕희(경성지회), 서석전(진주지회), 박영해(경성지회), 백덕수(평양지회), 김순실(동경지회), 박은덕(함흥지회), 성석순(진주지회), 김상순(경성지회) 등이다. 남겨진 글이 있는 경우만 소개하고 나머지는 짤막하게 그들의 활동을 소개하겠다.

◉ 김필애(金弼愛, 1897~?)

1897년 경남 김해에서 태어났다. 정신여학교를 졸업하고 일본으로 유학 갔다. 1919년 3·1운동이 일어났을 때 경남 마산 의신여학교 교사였다. 그는 의신여학교 학생 집에서 학생들과 함께 독립선언서와 격문을 인쇄하고, 태극기를 만들었다. 그리고 학교 등사기를 이용해 독립선언서를 인쇄했다. 3월 21일 구마산 장날에 독립선언서와 태극기를 치마 안에 감추어 가져가 만세운동을 했다. 1919년 대한민국 애국부인회 경상남도 지부장, 1924년 조선청년총동맹, 삼월회, 조선여성동우회, 경남 청년동맹, 김해 여자청년회, 김해 근우지회 등의 조직에 관여했다. 조선청년회 연합회의에 대표자로 출석해 만록총중에 홍일점[223]이라는 칭호까지 들었다 한다. 김필애는 김해 여자청년회와 근우지회를 조직 결성했으며 김해 여자 야학을 이끌었던 중심인물이다. 김해에서 3·8 여성의 날을 맞이하여 기념 강연회를 개최하기도 했다. 다음은 신문에 실린 그날 강연회 내용이다.

"경남 김해 청년동맹여자부에서는 지난 8일 국제 무산 부인데이를 당하여 당일 오후 8시 당지 여자야학강당에서 김애선 양의

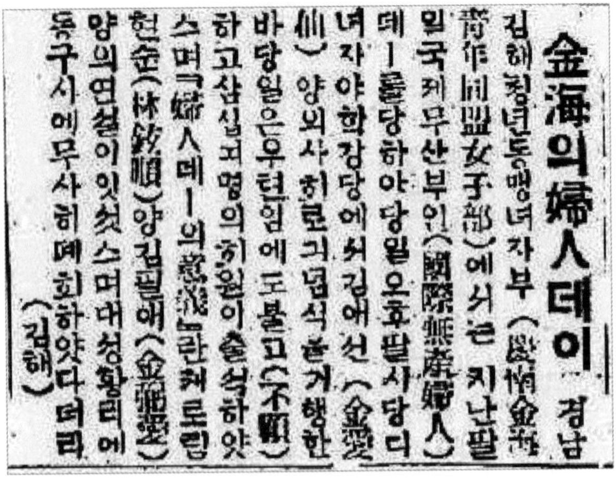
金海의婦人데이 경남
김해청년동맹녀자부(慶南金海
靑年同盟女子部)에서는 지난팔
일국제무산부인(國際無産婦人)
데ㅣ를당하야당일오후팔시당디
녀자야학강당에서김애선(金愛
仙)양외사회로긔념식을거행한
바당일은우텬임에도불고(不顧)
하고삼십여명의회원이출석하얏
스며「婦人데ㅣ의意義」란제로림
현순(林鉉順)양김필애(金弼愛)
양의연설이잇섯스며대성황리에
동구시에무사히폐회하얏다더라
(김해)

김해 여자청년회를 이끌었던 김필애가 소개된 기사 내용

사회로 기념식을 거행한 바 당일은 우천임에도 불구하고 30여 명의 회원이 출석하였으며 '부인데이의 의의'란 란제로 임현순 양 김필애 양의 연설이 있었으며 대성황리에 동 9시에 무사히 폐회하였다."[224]

◉ 박호진(朴昊辰, 1906~?)

1906년 평양에서 태어났다.[225] 평양 숭의여학교를 졸업하고 남경 고등여학교, 중국 광둥 대학(현 중산대학) 문과에서 3년 동안 공부했다. 상해 영어학교에도 재학했다. 귀국 뒤 중앙청년회동맹, 조선여성동우회, 조선청년총동맹, 천도교 여성동맹에서 활동했다. 신간회 경성지회 위원, 근우회 경성지회장이었다. 천도교 여자청년회는 1928년 4월 5일 중앙대교당에서 제1회 전국대표대회를 열어 근우회 지지 선언을 했는데 이는 박호진의 영향인 듯하다. 1930년 5월 청년총동맹 대표대회 사건으로 체포되었다가 석방되었다. 9월 후계 공산당 사건으로 검거되어 1932년 5월 출옥했다. 1934년 5월 17일 메이데이 격문 사건으로 경기도 경찰부에 검거되었다. 치안 유지법 위반으로 3년간 옥살이를 했다. 말에 조리가 있고 태도가 무겁고 동료 간에 신임을 많이 받았다고 한다.

박호진

새해부터는 무엇을 할까-직업소개와 간이식당 책임감과 성심으로 일하자

새해부터는 많은 공상이나 공론을 일삼지 말고 조그마한 일에도 책임감을 가지고 매사에 성의가 있도록 하고 싶습니다. 본시 무슨 일이든지 자기와 직접으로 이해관계가 있지 아니하면 성의가 나지를 않는 것입니다. 그러기 때문에 이를테면 근우회로만 말씀하더라도 회원들이 잘 모여서 화목하게 일을 해나가려면 무슨 재미가 붙을 만한 일을 꾸미지 않으면 아니 될 것입니다. 구태어 물으신다면 우리가 할 수 있는 범위 안의 일로는 여자의 직업소개소를 근우회에서 한번 세워보고 싶습니다. 그래서 침모, 안잠자기 어멈 같은 직업을 소개해주고 노동부인들의 모든 편의를 집안 식구와 같이 돌보아 주고 싶습니다. 아주 방안에만 들어앉았던 젊은 부인네들 중에는 이혼을 당하고 갈 곳을 몰라 방황하는 가엾은 구여성들도 여간 많지 않으니까요. 그네들에게 간편한 직업을 소개하는 것도 결단코 적은 일은 아닐까 합니다. 그다음에는 근우회에서도 여러 번 해볼려고 했던 일입니다만은 우리의 손으로 간이식당 같은 것을 경영해보고 싶습니다. 돈 없는 사람들이 실비만 내고 요기할 수 있을 만한 장소를 서울 안에 하나쯤 만들어 놓는 것도 실제적인 좋은 사업이 되겠지요. 그래서 우리와 같은 프롤레타리아가 음식집 같은 것을 만들었다가는 자금 문제는 둘째요 외상에 쓰러지고 말 것이니 길게 경영해 나갈지가 문제입니다, 나 개인으로는 새해부터 될 수만 있으면 매일 도서관이라도 다니며 사회과학 같은 좀 체계 있는 공부를 하고 싶습니다. 너무 무식한 사람만 많아도 물론 큰일입니다. 조선서는 고등유민이 될 수밖에 없는 지식계급이 많이 쏟아져 나오는 것도 큰일입니다마는 우리 운동자들이 너무 공부를 하지 않는 것도 통병입니다. 자리를 잡고 앉아서 공부를 할 여유도 없겠지요마는 그럴수록 자기 수양에 힘을 써야 할 것입니다.(<조선일보> 1928년 12월 21일)

◉ 강정임(姜貞姙, 1905~?)

1905년 경성에서 태어났다. 경성여자고등보통학교 사범과를 졸업한 뒤 부산공보 교사 생활을 했다. 1928년 근우 대구지회를 창립하고 대의원이 되었다. 1929년부터 근우회 중앙에서 활동하기 시작했다. 1931년 경기도 경찰부 고등과에 체포되었다. 체포된 이유는 알려지지 않았는데 조사를 받고 풀려났다.

강정임

1932년 근우회 운동은 어디로 가나? 문맹 타파로 기초 운동 삼아

신년이고 구년이고 인간 자신이 지여낸 어떤 시간적 한계를 넘는데 지나지 못하는 것이니 신년을 맞는다는 한 개 사실이 엄연히 진행되고 있는 이 현실을 어찌 좌우할 수 있으며 변환시킬 수 있겠읍니까마는 말하자면 관념적이나마 해가 바뀐다는 시간적 사실을 기회로 삼아 어떤 충동을 느끼게 되고 따라서 새로운 이상까지 생각해본다는 것이겠지요. 과거 1년간에 있어서 우리 여성 운동은 조선 사회에 있어서 다른 어느 것이나마 한가지로 퍽 침체하였다고 볼 수 있습니다. 그러나 이것도 책임 가진 운동자들의 노력 여하에 믿을 수도 없겠지요. 주위의 정세도 중대한 조건이 된다고 생각합니다. 새해를 맞으면서 무슨 포부가 있느냐고 물으심에는 좀 곤란합니다마는 나 개인으로는 무슨 희망 있다고 하면 신년에 있어서는 특별히 각 공장부인을 주 대상으로 하여 힘 미치는 데까지 문자 보급 운동 내지 계몽운동을 일으켰으면 합니다. 지금까지 세상에서 많이 떠든 말이 퍽 평범스럽게 들릴는지 알 수 없으나 우리는 이것을 기초로 삼아 이 토대 위에서 어떤 계획이라도 세울 수 있고 어떤 운동이라도 진전시킬 줄로 압니다.(<중앙일보> 1932년 1월 1일)

◉ 김정원(金貞媛, 1909~?)

김정원

1909년 함북 청진에서 태어났다. 경성 여자상업학교를 졸업하고 도쿄로 유학 갔다. 청진여자청년회 위원이었다. 별명은 설대(舌代)이다. 그것은 그가 어떤 친구에게 편지를 하는데 첫 꼭대기에 '말의 대신'이라는 뜻의 설대라는 말을 잘 쓰기 때문이라고 한다. 1929년 제2회 전국대회 전형위원, 중앙 집행위원, 제3회 전국대회 준비위원, 1930년 12월 18일 확대 중앙 집행위원회에서 중앙 집행위원으로 뽑혔다. 청진에서 일하다가 상무 집행위원으로 뽑혀 중앙으로 왔다.

이날을 맞으며, 오월 첫째 공일은 어린이날

어떠한 사람의 말을 들으면 어린 사람에게는 조직 순결한 천진성만이 가지고 있고 계급성은 없다고 하지만 그것은 절대의 모순이올시다. (…) 조선의 600만 어린이를 가진 이가 순연히 노동 농민의 속한 부모인 까닭에 자연적으로 계급적 지도가 필요하게 되는 것입니다. 이날에 있어서 이러한 계급에 있는 가정에서 특별히 한갓 주의할 것은 소년 독물이올시다. 지금까지 조선서 발행한다는 소년잡지를 보면 순전히 신화와 몽환담이며 그렇지 않으면 미담 같은 종류가 많은바 이런 것은 절대로 배격하지 않으면 안 될 것입니다. (…) 이와 같이 우리의 미래 운동을 생각게 되면 어린 사람이 지금까지 읽어왔다는 위에 말한 종류의 잡지를 배격하며 자연과학을 많이 실은 잡지를 많이 읽히도록 하는 것이 좋을 줄 압니다.(<조선일보> 1931년 4월 25일)

◉ 유덕희(柳德禧, 1906~?)

황해도 신천에서 1906년 태어났다. 경성 이화여고를 졸업했다. 조선여성동우회, 경성여자청년동맹, 중앙여자청년동맹, 신흥청년동맹, 신간회에서 활동했다. 격문 사건으로 한때 구속되었다. 신문에 소개된 그의 소식은 아래와 같다.

유덕희

"신천군 가산면 용천리 유덕희는 금년 29세로 거금 7, 8년 전에 경성이화고보를 마친 후 자기 고향에 돌아와 편모한 분을 모시고 동리 무산 아동 20여 인씩을 교육시켜 오며 불쌍한 아동에게는 교과서까지 사주며 수년 동안 한결같이 열심히 교수를 하여 일반은 칭송이 자자하다."[226]

◉ 서석전·박영해·백덕수·김순실·박은덕·성석순·김상순

서석전(徐石田)은 1898년 대구에서 출생했다. 대구 신명여학교를 졸업했고 대구 여자청년회를 창설했다. 진주 여자청년회 위원장이다.

박영해(朴暎海)는 경성지회 집행위원이자 대의원으로 중앙에 파견됐다. 조선여성동우회 또는 경성여자청년동맹에서 활동했다. 신문에 소개된 그의 활동 소식은 이렇다. "1925년 조선 기근 구제회에서 금반 홍수에 이재민을 구호하고자 활동하는 중에 있는바 조선여성동우회, 경성여자청년동맹에서도 조선 기근 구제회와 협력하여 활동하고자 경성역 방면에서 의연금도 거두며 식사 공급을 하는 중이라는데 그 씨명은 다음과 같다. 허정숙, 김조이, 고명자, 정봉, 박영해, 권일용, 이윤남, 문영희, 김수월, 함금숙."[227]

백덕수(白德秀)는 평양지회 창립위원, 집행위원, 대의원으로 중앙에서 활동했다. 오랫동안 평양 여성단체에서 활동했다. 1927년 조선 전기흥업주식회사 경영 평양부 외 정백동 탄광에서 가스가 폭발되어 갱내에서 일하던 노동자 16명이 땅속에 묻혀 죽은 일이 있었다. 평양 노동연맹은 정백동 탄광 노동자 참사 상황 보고 연설회, 참사자 추도회를 열었는데 백덕수도 연사로 참가했다.

김순실(金舜實)은 1927년 12월 27일 근우 동경지회 발기인회에서, 1928년 1월 22일 설립 대회에서 서무부 위원으로 뽑혔다. 1928년 4월 22일 제1회 동경지회 제1회 정기 대회에서 의장을 맡았다. 1928년 제1회 근우회 임시전국대회 전형위원, 그리고 중앙 집행위원으로 선출되었다. 1929년 제2회 전국대회에서도 중앙 집행위원으로 선출되었다. 1929년 도쿄 노동조합 부인부 책임자를 맡고 있었는데 1월 13일 갑자기 검거되어 취조를 받았다. 다음은 당시 신문에 실린 내용이다.

“재일본 동경 근우회 동경지회에서는 지난 3월 18일부터 근우회 선전 주간을 결행하였는데 23일에는 ‘봉건적 유습을 타도하자! 노예 교육 정책에 반대하자! 여성에 대한 일체 차별대우에 항쟁하자! 전 조선 피압박 여성은 단결하자!’ 등의 슬로건을 걸고 여성문제 대강연회를 불교청년회관에서 김순실의 사회하에 개최하였(다) (…) 30명의 연사는 전부 주의, 중지로 일관하여 장내에 입추의 여지도 없이 대만원을 이루어 1000명 청중에 노호는 임석한 경관에게 횡포 횡포를 연호하면서 종전에 보지 못하는 대성황으로 마치었다.”[228]

박은덕(朴恩德)은 1928년 제1회 전국대회 집행위원, 1929년 제2회 전국대회 중앙 집행위원으로 뽑혔다. 1929년 함흥지회 5월 24일 정기 대회에서 위원 그리고 전국대회 대의원으로 뽑혔다.

성석순(成碩順)은 1928년 제1회 전국대회 집행위원, 1929년 제2회 전국대회 대의원 자격 심사원, 임시 집행부, 전형위원, 중앙 집행위원으로 뽑혔다. 성석순은 1928년 4월 7일 진주지회 설립 대회에서 위원, 대의원으로, 1929년 지회장으로 선출되었다. 1929년 4월 20일 진주경찰서는 지회장 성석순을 불러 취조한 뒤 10일 동안 구류 처분을 했다. 3월 30일 목포근우지회 정기총회에 보낸 축문이 불온하다는 이유였다.

김상순(金相舜)은 제2회 전국대회 준비위원, 중앙검사위원, 제3회 전국대회 준비위원, 1930년 서면 대회 준비위원으로 뽑혔다. 1929년 근우회 중앙본부에서 일하면서 음악회 준비위원으로 활동하기도 했다. 김상순은 1928년 경성지회 재무부 위원, 1929년 경성지회 서무부 위원이자 대의원이었다. 1930년 경동지회 임시대회에서 집행위원장으로 선출되었다. 그리고 김상순은 1934년에 사망했다. 신문은 "근우회 경성부 동지회 집행위원장이었고 경성 여자소비조합의 간부이던 김상순 여사는 지난 17일에 돌연 병으로 사망하였다. 25일 오후 3시에 홍제리 화장장에서 여러 친지들의 회장으로 화장하였다"[229] 고 부고를 전한다.

이들 모두가 지방 대의원으로 있다가 중앙 집행위원회에서 일했던 인물들이다. 중앙본부에서 일하던 일부 근우 여성들은 지회 대의원 또는 집행위원으로 일하다가 전국대회에서 중앙 집행위원으로 선출되어 중앙에 파견되었다. 지방위원들이 중앙 집행위원 직책을 맡은 때는 대개 일이 있을 때마다 지방에서 중앙으로 올라왔고, 중앙 상무 집행위원 직책을 맡은 때는 지회 일을 정리하고 중앙본부로 출근하면서 중앙의 일을 했다.

1929년 중앙상무 집행위원이었던 김순희의 사례를 들면 어떻게 활동했는지 짐작할 수 있다. 김순희는 명천지회 집행위원이었다. 다음은 신문에 실린 그의 인터뷰이다.

기자: 고향이 명천이시라니 보통학교도 명천에서 마치셨나요?

김순희: 아니 저 러시아에서 마쳤습니다. 저의 집은 러시아에 있다가 한 7, 8년 전에 다시 나왔습니다.

기자: 그러면 이렇게 여성운동을 자각하시기는 언제부터인가요?

김순희: 바로 여학교에 들어가서부터입니다. 더욱 제가 다닌 학교는 종교 학교이니만큼 가진 구속이 심해서요. 그래서 언제 그들의 교육은 그 내면에 있어서 반드시 다른 어떤 정책이 숨어 있다고 생각할 때 더한층 그러한 그물을 벗어나 참으로 나를 살릴 새 길을 찾고 싶었습니다. 이렇게 지내는 동안에 4년을 마치고 작년 봄 학교를 나오게 되니 알던 모르던 바로 그 길로 나가게 되었지요. 아는 것이라고는 참으로 없지요.

기자: 상무시니깐 물론 당분간이라도 경성에 계시겠지요.

김순희: 네, 아마 그렇게 되겠지요. 그러나 저는 별로 이러한 도회에 있고 싶지 않습니다. 중앙으로 말하면 모든 것이 조직적으로 되어 있는 외에 일할 여러분이 계심으로 제가 안 하더라도 열렬히 해 나가지만 사실 농촌에는 일꾼이 없습니다. 따라서 아무것도 모르고 날마다 빈한과 무지에 시들어 가는 농촌을 이끌고 가는 것이 무엇보다도 저의 할 일이라고 생각합니다. 다만 잠깐 동안이라도 경성을 있게 된 동기는 물론 상무로서의 책임도 다하려고 한 것이지만 보다도 아직 제게는 여성운동자의 하나로서의 훈련과 교양이 없음으로 모든 점에 있어서 선각자인 여러분의 훈련과 교양을 받들려고

온 것입니다. (…) 취미란 그저 알기를 위하여 책 보는 것입니다. 그리고 일생을 통하여 운동에 몸을 바치는 것이 취미겠지요.[230]

역사의 스승,
조선 페미니스트들이 먼저였다

부추, 쑥갓, 가지, 호박, 깻잎마다 나는 독특한 향 때문에 나는 야채를 좋아한다. 여름엔 야채들을 아주 싼 가격에 먹을 수 있다. 시장에서 싱싱한 부추 한 단을 사왔다. 무쳐 먹고 남는 것은 파 대신 쓴다. 그래도 항상 부추 한 단을 빨리 먹기는 버겁다. 매번 일부는 버리기가 일쑤다. 그래서 생각해낸 방법이 싱싱할 때 부추 부침개를 해놓는 것이다.

어느 여름날 부침개를 하다가 근우회의 헝겊 단추를 생각했다. '어떻게 그들은 그런 생각을 했지. 정말 멋진 선배들이다.' '어떻게 제목을 달아야 할까?' 이리저리 머리를 굴리다가 무심코 깨달음이 왔다.

역사 공부를 시작할 때 나는 다른 역사학도들이 하던 것처럼 경제와 정치적 사건, 여기에 연루된 인물들을 연구했고 고민했다. 석사학위 논문으로 '제2대 국회의원 선거'를 쓸 때 국회의원들의 이력을 조사했다. 인물별로 카드를 만들고 조사하는 대로 추가 항목을 적었다. 그리고 자유당과 민주당의 주요한 정치가들의 이력을 조사하고 카드를 만들었다. 그런데 즐겁지 않았다.

여성의 역사 공부는 너무 힘들고 어렵다. 자료를 찾고, 정리하고. 매번 처음부터 시작한다. 이 과정에서 돋보기를 몇 번 바꿨다. 이제 자료 읽기도 힘겹다. 그래도 매번 자료를 정리할 때마다 즐겁다. 예기치 않은 일들을 벌이던 여성들의 역사에 항상 설렌다.

나는 내가 먼저인 줄 알았다. 일상이라는 프레임으로 역사를 분석하고 연구 대상을 파악하는 방식 말이다. 그런데 그들이 먼저였다. 그들의 실천과 경험이 먼저였다. 여성의 역사를 공부하면서 그들에게서 역사를 다시 배우게 된 셈이다. 조선 페미니스트들의 실천과 경험이 나를 일상으로 이끌었다. 여성의 역사가 아니었다면 나는 여전히 정치·경제적 사건과 인물들에 귀 기울이며 논평했을 것이다.

세상을 인식하는 방법과 대상도 그들에게서 배웠다. 그런 점에서 조선의 페미니즘과 페미니스트들은 역사의 스승인 셈이다.

● <표 1> 1927년~1930년 중앙(상무) 집행위원회 회의

일자	내용
	1927년
6월 15일	숙명여고 사건, 학생, 학부형, 학교 당국, 평의원 방문 조사
10월 15일	1년에 4번 정례회의 개최 결정, '회표', '회기', '회가', '기관지 발행' 논의
11월 1일	중앙고등보통학교 맹휴 사건 조사위원으로 심은숙·박호진 선정. 정치 연구부, 상무 증선 요구로 심은숙 추천
12월 1일	박신우 목포지회 설립 대회에 파견. 교양부, 제2회 부인 강좌 12월 개최 결정. 선전부, 15일에 부인강연회 개최. 조사부, 제일고등보통학교 맹휴 사건 조사
12월 20일	평양지회 발기와 창립 준비, 유영준 파견. 송년회는 12월 29일 오후 7시부터 동아일보사 강당에서 개최. 재경 여성단체 신년 간친회 개최 실행위원으로 유각경·정종명·신숙경 선정
	1928년
1월 15일	재만동포 동정 음악대회 개최 금지 질문위원으로 유영준·김선 선정. 조선일보 주최 바자회에 근우회 식당 설치. 교양부원 박원희의 영면으로 황찬희 보선
2월 1일	재만동포 구제 음악대회 수입금 100원을 재만동포 옹호동맹에 보냄. 선전 조직부, 선전대를 조직해 중요 도시를 돌며 선전 조직사업을 전개함과 함께 지회 설치를 촉진키로 함. 척사대회 개최
2월 10일	신고산지회, 대구지회 승인. 평양 학생 송별 강연회에 박호진 파견. 각 학교 남녀졸업생 석별 강연회 개최

1929년	
2월 4일	2월 15일 개최 예정인 중앙 집행위원회는 지방 위원들의 편의를 고려하여 서면대회 개최로 결정. 동래 집회에서 분리된 기장분회, 지회로 승인
2월 15일	회보는 매년 춘추로 발행하고 정칠성·한신광·허정숙·박호진이 책임 편집. 청진지회 분규, 신간 청진지회와 청진 청년동맹에 조사 의뢰하고 회답을 참작한 뒤 본부에서 조사위원 파견하기로 결정
3월 2일	마산지회 승인, 청진근우지회와 여청 분규 사건 조사위원 허정숙 파견
4월 26일	남선 지방 한재 구제 방침 지회로 보냄. 지방 순회강연회는 5월 10일부터 출발. 목포지회 해산 결정
6월 17일	전국대회를 오는 7월 19일, 20일 개최. 지회에서 보내온 기근 구제금, 경북 기근 구제회에 보내기로 결정. 목포지회 해산 전말 이유서를 각 지회에 발송
7월 9일	지방 순회 보고 강연 7월 15일 개최로 결정. 동경지회 정권 결의.
7월 22일	부산 여공 맹파 사건 조사 부산지회에 지령. 경찰 체포로 유치장에서 유산한 사건 조사와 환자 보호 결정
8월 26일	각 지회 노농 부인 통계를 1개월 이내에 조사 보고, 회관 건축 문제, 경성지회 승인, 만주 이재 동포 구제금 모집 등을 토의. 각 지부장에게 지부 사업 계획 작성 요구. 지방에 있는 중앙 상무위원 최옥동·김순희·박차정·백덕수에 귀환 독촉장을 발송. 각 지회에 8월 월말 경과보고 요청.
9월 2일	제2회 전국대회에서 결정된 야학 설치 위해 학무국 교섭위원으로 한신광·김수준·허정숙 선정. 지회 도 연합회 조직. 선전일에 각 지회에서 부인 운동회를 개최 선전. 진명여고보 사건은 경성지회에 조사 요구. 신창지회 승인. 회원과 위원 명부를 10월 중순까지 본부에 보고 요청. 각 부 1년 사업 방침을 토의 수리
10월 7일	명천 동북지회의 승인, 재령지회 설치 대회에 정칠성 파견, 지회 세칙 통과, 최옥동의 상무 사임과 김경선의 중앙위원 사임 수리

10월 15일	회관 건축은 종로에 2층 건물을 건축하기로 결정. 건축비는 기부금으로 충당하려고 허정숙과 정칠성이 종로서에 기부금 허가원 제출
10월 21일	만주 이재 동포 구제금과 물품 모집. 백덕수의 중앙 상무위원, 김경옥의 중앙위원 사임 수리. 김순희 조사부장 겸임
10월 31일	재령지회 설치, 박차정 파견. 진주지회 강습회, 정칠성 파견. 박차정 조사부장으로 선정
11월 10일	부인 강좌 개최, 서무부와 정문부에 맡김. 광주학생 분규 사건을 광주지회에 조사 요청
11월 25일	1월 5일로 중앙위원회 연기. 부인 강좌는 1930년 3월 하순으로 연기, 함남도 연합회에 허정숙 특파
1930년	
5월 12일	중앙 상무위원회 개최. 5월 27일 근우회 3주년 창립 기념일이므로 각 지회에 지령하여 전국적으로 근우회 기념식을 거행하게 하고 본부에서는 기념식 뒤 강연회 개최, 고 남강 이승훈 선쟁 장의에 조기와 조문 보냄, 서무부원이던 강정임은 조직부만 보기로 하고 출판부 박호진과 조사부 김순희가 겸임
6월 26일	울산지회 설립 대회에 정종명 파견, 인천지회 창립 기념식에 정종명·김순희·김정원을, 이원에서 개최되는 함남 여성운동자 간담회에 김순희·김정원 파견
7월 28일	수해 진상조사와 구제금 모집. 남조선 각 지회순회는 중앙위원 김필애 대신 정종명이 맡음, 전국대회 가을로 연기
11월 22일	임시 전체대회를 12월 6, 7일에 개최, 중앙위원 중 다수가 수감 또는 출타 그리고 주소 불명으로 중앙위원회를 개최할 수 없음. 이를 대행할 확대위원회를 12월 4일에 개최, 지회 집행위원회에서 전체대회 출석할 대표 결정을 요청
12월 6일	중앙 상무위원회 개최. 10일 천도교기념관에서 확대 중앙 집행위원회를 개최하기로 결의. 지방 위원들은 지회 증명서를 갖고 참석 요청

● <표 2> 연도별 지회 설치 현황

일자	지역	내용
		1927년
8월 22일	전북 전주	오후 3시 전주 청년동맹회관에서 발회식 거행. 근우회의 첫 지회.
8월 27일	경북 김천	근우회 본부 박호진, 황신덕의 방문을 기회로 상오 10시 금릉 청년회관에서 발기. 9월 2일 창립
11월 7일	전남 목포	오후 2시 희성유치원에서 설립 준비위원회 개최, 13일 청년회관에서 설립 대회 개최 결정, 창립 대회는 12월 3일 거행.
12월 22일	전남 담양	오후 8시 근우회 본부 박신우의 방문을 기회로 창립 대회 개최
12월 24일	평남 평양	오후 7시 평양기독교 청년회관에서 조신성, 백덕수 등이 지회 설치 준비회 개최
12월 27일	일본 도쿄	오후 1시 신간 동경지회 회관에서 발기인회 개최. 1월 중순 설립 대회 소집
		1928년
2월 7일	함남 신고산	오후 7시 '신춘 여자 대강연회'를 열고 근우 본부와 연락. 지회 설치 전형위원 선정. 25일 창립 대회 개최
2월 9일	경북 대구	발기 준비회 개최. 25일 설립 대회 개최
2월 12일	일본 교토	오후 1시 수평사 청년회관에서 설립 대회 개최.
2월 20일	경성	오후 7시 근우회관에서 발기 총회, 3월 24일 설립 대회 개최
3월 6일	강원 춘천	오후 7시 반 상업조합 회의실에서 발기회. 4월 3일 설치 대회

3월 8일	경남 김해	오후 10시 김해 청년동맹 여자부 초대로 김해 각 여자단체 대표자가 모여서 설립 발기회를 열고, 설립 준비위원 선발. 김해 여자청년회와 김해 신진여자회 등 해체.
3월 8일	일본 오사카	3월 8일 기회로 조선노동조합 부인부는 창립 준비회, 3월 16일 창립총회 개최
3월 11일	황해 사리원	오후 9시 강고명 집에서 10여 명이 창립 준비위원 선거
3월 18일	함북 나남	오후 8시 명성여자학원에서 설치 대회
3월 15일	함북 명천	오후 1시 명천 아간 공회당에서 30여 명의 회원과 300여 명 방청객이 모여 설치 대회 개최
3월 16일	경북 군위	오후 2시 설립 대회. 출석회원 70여 명, 본부 대표 우봉운 취지 설명
3월 26일	강원 강릉	오전 11시 청년동맹회관에서 설치 준비회. 6월 28일 설립 대회 개최
3월 27일	함북 웅기	발기 준비회, 4월 7일 오후 1시에 웅기 구락부에서 설치 대회 개최
3월 30일	만주 안동현	오후 8시 배달유치원에서 안동부인회 창립. 근우회와 같은 성질을 가지고 사업 진행 결의
4월 3일	경남 밀양	오후 9시 발기인 준비회, 4월 28일 창립 대회 개최
4월 7일	경남 진주	오후 3시 청년동맹 강당에서 설립 대회 개최
4월 11일	강원 고성	오후 8시 청년동맹회관에서 발기회 개최
4월 13일	함남 단천	오후 9시 이유라 집에 모여 설치 준비회 개최
4월 20일	경남 동래	동래 여자청년회, 오후 3시 반 동래유치원에서 강령과 목적이 근우회와 같다며 청년회를 해체, 지회 설치 준비위원회 개최

4월 24일	함남 북청	북청 여자청년회, 오후 7시 청년회관에서 해체하고 근우회 창립 만장일치로 가결, 5월 25일 설립 대회
5월 13일	함남 함흥	1927년 10월 본부위원 박원희·정칠성이 파견. 설치되지 못함. 오후 2시 함흥유치원에서 설립 대회 개최
5월 13일	함남 영흥	오후 1시 <동아일보> 영흥지국에 모여 발기회 개최, 19일 창립 대회 개최
5월 24일	평북 신의주	오후 9시 국경기자연맹 사무소에서 준비위원회, 6월 13일 오후 9시 공회당에서 설립 대회 개최
6월 1일	경남 부산	30여 명의 여성들, 청년동맹회관에 모여 지회 준비위원 선정. 6월 16일 중앙유치원에서 설립 대회 개최
6월 2일	경북 영천	오후 9시 청년동맹회관에서 창립 대회
6월 12일	평북 의주	설립 준비회 조직, 6월 25일 설치 대회 개최
6월 23일	간도 용정	오후 1시 간도지회 설치 촉성 대회 개회, 80여 명 참가
7월 1일	경남 하동	오후 3시 청년동맹회관에서 설립 대회 개최.
7월 9일	함북 청진	오후 8시 여자청년회관에서 설립 준비회, 19일 창립총회 개최
7월 16일	황해 해주	오후 8시 예배당에서 설립 및 발회식 개최
8월 6일	전북 군산	오후 8시 군산학원에서 창립 대회 개최
8월 21일	중국 창춘	직업부인회 발기회를 열고 규칙 제정과 총회준비를 토의, 근우부인회로 이름 바꿈
12월 17일	평남 진남포	오후 7시 비석리 엡윗청년회관에서 70여 명의 회원 참가로 설치 대회 개최
12월 30일	강원 원산	오후 8시 노동연합회관에서 창립 대회 개최

	경남 기장	설립 대회 일자 불명. 1929년 2월 29일 제1회 정기 대회 개최
	1929년	
2월 20일	경남 마산	오후 8시 이상만 집에서 발기인회, 3월 13일 오후 2시 독립마산예수교회에서 설립 대회 개최
3월 3일	제주	창립 대회 개최
3월 11일	함북 성진	오후 7시 곽두익 집에서 설치 대회 개최
3월 16일	함남 홍원	오후 7시 청년회관에서 발기 대회. 26일 설립 대회 개최
4월 2일	경북 영주	신간회 영주지회 강당에서 50여 회원의 참가로 설립 대회 개최
5월 2일	경남 통영	오후 1시 준비위원회. 6월 7일 오후 2시 청년회관에서 설치 대회 개최
5월 5일	함북 주을	경성 청맹회관에서 설치준비위원회 선정. 28일 오전 11시 주을역전 경성 청년동맹회관에서 설립 대회 개최
5월 11일	함북 온성	오후 1시 청년동맹회관에서 창립 대회 개최
5월 20일	황해 장연	오후 9시 경애보통학교에서 설립 대회 개최
5월 26일	경남 고성	청년동맹회관에서 설치 준비회 조직. 본부 위원 박호신 강연
5월 27일	함남 이원	여자청년회, 해체와 함께 지회 설립
5월 29일	전남 광주	오후 9시 흥학관에서 창립총회 개최
6월 5일	경남 양산	청년동맹회관에서 발기, 21일 오후 12시 설립 대회
6월 11일	전남 여수	심은숙 순회강연 계기로 오후 2시에 설립 대회 개최

6월 14일	경기 인천	오후 11시에 신간 인천지회 회관에서 설치 준비회 개최, 창립 대회 7월 5일로 결정
6월 14일	전남 순천	심은숙 순회강연 계기로 8일 오후 8시에 설립 대회 개최하려다 금지당함. 14일 오후 9시 순천유치원에서 설립 대회 개최
6월 15일	함북 길주	15일 천도교당에서 설치 대회 금지당해 6월 24일 설립 대회 개최
6월 15일	경기 개성	오후 8시 고려청년회관에서 본부 위원 정종명 사회로 설립 대회 개최
6월 28일	충남 신창	오후 8시 청년동맹 지부 회관에서 창립 대회 개최
6월 30일	함남 신포	오후 9시 청년동맹 신포지부 회관에서 설치 대회
9월 20일	충남 온양	제3회 집행위원회 개최. 창립일자 불명
10월 31일	함남 신흥	지회 설치하고자 준비, 허가 안 됨, 연기
11월 12일	황해 재령	본부 위원 박차정의 방문 계기로 오후 6시 반 동부유치원에서 창립총회
12월 8일	중국 연변	오후 2시 동흥중학교에서 설치 대회 개최
	1930년	
1월 18일	함북 회령	오후 8시 신간회관에서 설치 대회 개최
3월 18일	함북 무산	30여 명의 근우회원을 모집하여 지회 설치
3월 31일	경성 경동	경성 동부지대 여성 노동자들, 오후 9시 신간회 경성지회 회관에 설립 준비위원회 개최
6월 21일	경남 울산	오전 11시 청년동맹관에서 준비회를 열고 7월 12일 설립 대회 계획. 10월 16일 설치 대회 개최

주

1 정치·사회·문화적 변화에 대한 반발이자 과거로 회귀하려는 보수적 움직임. 미국 언론인 수전 팔루디가 자신의 책에서 제안한 개념이다.

2 '여성운동을 목적하는 근우회를 발기. 발기 총회는 26일', <조선일보> 1927년 4월 27일.

3 '조선 여자 해방을 목표한 단일단', <중외일보> 1927년 4월 27일.

4 공평생, '여자 외국 유학생의 간친의 모임을 듣고', <조선일보> 1927년 4월 18일.

5 '조선 여자 해방을 목표한 단일단', <중외일보> 1927년 4월 27일; '여성운동을 목적으로 하는 근우회를 발기', <조선일보> 1927년 4월 27일; '근우회 발기회 조선 여성의 전국적 기관으로', <동아일보> 1927년 4월 27일.

6 '각계 여성을 망라한 근우회 발기 총회', <동아일보> 1927년 4월 28일; '창립총회위원회', <조선일보> 1927년 4월 28일.

7 '근우회 발기 후보 여자의 단결 향상을 도모 창립 대회는 5월 중순', <중외일보> 1927년 4월 30일; '근우회 발기 위원회, 창립총회를', <조선일보> 1927년 4월 30일.

8 '근우회 창립 대회 5월 27일에 대회 당일엔 방청권 발행 전선 각 단체에 공문 발송', <중외일보> 1927년 5월 21일; '근우회 준비 위원 결의안. 회원은 증모 중', <조선일보> 1927년 5월 21일; '여성단체 근우회 창립 대회는 27일', <동아일보> 1927년 5월 21일; '근우회 창립총회 27일에 개최', <조선일보> 1927년 5월 25일.

9 '근우회 창립 취지 발표 대회는 금월 하순 전 조선에 뜻있는 여성, "단결하자 분투하자"', <중외일보> 1927년 5월 11일; '근우회 발기 취지', <동아일보> 1927년 5월 11일.

10 '근우회 창립 대회 의안 결정 27일에 대회 개막', <중외일보> 1927년 5월 25일.

11 '근우회 창립총회에 관한 건', 경종경고비(京鍾警高秘) 제5865호, 『사상 문제에 관한 조사 서류』 2, 1927년 5월 28일(국사편찬위원회).

12 최은희, 『한국 근대 여성사(하)-추계 최은희 전집 3』, 추계 최은희 문화 사업회, 1991, 224쪽.

13 '각 방면 망라 근우회 창립', <동아일보> 1927년 5월 29일.

14 '조선 여성의 지위 향상을 위한 근우회의 창립완성 성황리에 창립총회도 원만히 마치고 앞으로 활동할 만한 포부도 결의하여', <중외일보> 1927년 5월 29일; '각항 결정

만세리에 폐회', <동아일보> 1927년 5월 29일; '회중 천명의 성황 근우회 창립 완료', <조선일보> 1927년 5월 29일.

15 '4월 16일 '여자 날'로 결정', <동아일보> 1927년 5월 29일.

16 '이야기거리', <조선일보> 1927년 6월 19일.

17 '희유의 성황을 이룬 근우회 발회식', <조선일보> 1927년 6월 19일.

18 '근우회 발회식', <동아일보> 1927년 6월 17일.

19 '여성의 반역', <조선일보> 1927년 8월 15일.

20 '논설, 근우회의 창립을 보고', <중외일보> 1927년 4월 29일.

21 월엄동인, '근우회의 발기를 보고 (下)', <중외일보> 1927년 4월 29일.

22 '1인1화 근우회에 희망, 홍명희 씨 담', <동아일보> 1927년 5월 29일.

23 '근우회 창립 대회를 보고', <동아일보> 1927년 5월 31일.

24 '근우회에 대하여', <조선일보> 1927년 4월 30일.

25 '시평, 근우회의 창립', <조선일보> 1927년 5월 27일.

26 '논설', <중외일보> 1927년 5월 30일.

27 차상찬, '사회에 대하 책임심 여자에게 필요', <동아일보> 1927년 6월 2일.

28 '논설: 통일운동과 중심인물의 요구', <중외일보> 1927년 4월 30일.

29 '근우회에 대하여', <조선일보> 1927년 4월 30일.

30 '시평, 근우회의 창립', <조선일보> 1927년 5월 27일.

31 '시평, 근우회의 발회식', <조선일보> 1927년 6월 19일.

32 '상무위원 7명 선정, 근우회 제1회 집행위원회서', <중외일보> 1927년 5월 31일 ; '근우회 위원회', <동아일보> 1927년 5월 31일.

33 '근우회의 전 조선 순회강연. 집행위원회에서 결의', <조선일보> 1927년 7월 3일.

34 '근우회 제1회 중앙위원회 부서를 결정', <중외일보> 1928년 7월 26일.

35 '근우회 중앙위원회의 건', 경종경고비(京鍾警高秘) 제8245호, 『사상 문제에 관한 조사 서류 4』, 1928. 7. 17(국사편찬위원회)

36 '근우회 대회에 행동강령과 의안', <조선일보> 1929년 7월 25일; '여성에 대한 일절 차별 철폐', <동아일보> 1929년 7월 25일.

37 '근우위원회', <동아일보> 1929년 9월 25일.

38 '재일 노동자 송환과 전주여고생 문제', <조선일보> 1929년 9월 25일.

39 '근우 중앙위원회 중요 사항 등 결의 회관 건축, 기관지 발행 등', <중외일보> 1930년 4월 27일.

40 '근우회본부 중앙위원회 여러 사항을 토의', <조선일보> 1930년 5월 14일.

41 '근우회의 결의', <조선일보> 1930년 6월 11일.

42 '근우회 공문 소관 경찰이 금지', <조선일보> 1930년 8월 7일.

43 '근우회의 교양운동 첫 사업으로 부인 강습 오는 7일부터 2주일간 부인 강습회를 개최한다', <중외일보> 1927년 6월 30일.

44 '근우회의 부인 강습 그 일정과 과목', <중외일보> 1927년 7월 6일.

45 '부인을 위한 학술 강좌', <동아일보> 1927년 7월 9일.

46 '부인 강좌와 근우 대회', <동아일보> 1930년 4월 6일.

47 '근우회 부인 강좌', <조선일보> 1930년 4월 23일.

48 '근우회의 기념 강연 삼 주년 기념', <조선일보> 1930년 5월 22일; '근우 기념 강연 금지 종로서에서', <중외일보> 1930년 5월 24일.

49 '여성문제 대토론', <동아일보> 1927년 10월 20일; 이 날짜 신문에는 김기옥으로 나오지만 다른 기사들에는 김분옥으로 나온다.

50 '조선 여자 해방에 경제 독립이냐 지식 향상이냐', <동아일보> 1927년 10월 22일; '성황 이룬 근우 토론회. 여류 웅변가들의 열변에 만장의 관중은 취여광', <조선일보> 1927년 10월 22일.

51 '경제 독립이냐 지식 향상이냐', <동아일보> 1927년 10월 23일.

52 '근우회 지방 순회', <조선일보> 1929년 5월 9일.

53 '여성문제 강연을', <조선일보> 1929년 5월 22일.

54 '근우 순강대 진남포에서 성황', <조선일보> 1929년 5월 29일.

55 '근우 순회강연. 인천에서 성황', <조선일보> 1929년 6월 18일.

56 '근우회 지방 순강을 밀양서 돌연 금지', <동아일보> 1929년 5월 27일.

57 '근우 순강 성황. 청주에서', <조선일보> 1929년 5월 22일.

58 '근우 순강 성황. 전북 전주에서', <조선일보> 1929년 5월 27일.

59 '인물 불온하다고 근우 강연 금지. 광주에서', <조선일보> 1929년 5월 29일.

60 '강연도 금지하고 연사까지 구류 처분', <조선일보> 1929년 6월 7일.

61 '근우 순강 성황', <동아일보> 1929년 5월 31일.

62 '웅기에서 근우 순강 중지. 운동회 중이라고', <조선일보> 1929년 6월 21일.

63 '근우회 순회 보고 강연회', <조선일보> 1929년 7월 15일.

64 '결혼 3주일에 신부가 탈출 파혼 근우지회까지 활동 병신신랑과 속아 결혼하고 장래를 위하야 파혼한 여성', <중외일보> 1930년 1월 30일.

65 '근우 상무위원회', <조선일보> 1929년 7월 24일.

66 이씨(李氏) 입원, <동아일보> 1929년 7월 25일.

67 '교원이 분로하여 학부형 개별 방문', <동아일보> 1927년 6월 12일; '숙명여교 문제로 근우회 분기 긴급 위원회를 열고서 조사위원 3씨 선정', <중외일보> 1927년 6월 12일.

68 '전쾌생 우복 발병 재차 삼차로 입원중', <동아일보> 1929년 9월 4일.

69 '백주회관에 침입 근우회원을 농락', <동아일보> 1930년 1월 8일.

70 '취체하러 간 경관이 근우 회원에게 비행', <조선일보> 1930년 1월 8일.

71 '근우 회원에 비행한 경관', <조선일보> 1930년 1월 12일; '비행 경관 규탄 연설 준비위원회 금지 종로서에서 금지하여 근우회 대책 강구', <중외일보> 1930년 1월 12일.

72 '근우 상무 결의 별건곤 비매동맹', <중외일보> 1930년 3월 16일; '별건곤 비매동맹 근우회 본부에서', <조선일보> 1930년 3월 15일.

73 <별건곤> 26호, 1930. 2, 90~91쪽.

74 '별건곤 박멸 이유서 우송의 건', 발신자 종로경찰서장, 수신자 경성지방법원 검사정(006466-002-0440)

75 P. M. S, '일 무명 여성의 명사 매도록(罵倒錄)', <별건곤> 26호, 54~58쪽.

76 '근우 경지 정기 대회성황', <중외일보> 1930년 3월 17일; '근우 경성지회 결의와 부서 갱신', <동아일보> 1930년 3월 17일.

77 '별건곤에 대한 근우 연설 금지', <조선일보> 1930년 3월 25일.

78 정종명, '풍기숙청에 필요, 별건곤에 대한 비판과 요망', <별건곤> 제10호, 1927, 110쪽.

79 '근우 전국대회 제1회 준비위원회', <동아일보> 1928년 4월 20일; 대회 준비위원회의 구성은 '위원장 정종명, 위원 방신영, 김동준, 홍애시덕, 우봉운, 심은숙, 박호진, 최은희, 황신덕, 박경식, 문인순, 허정숙, 정칠성, 이현경, 조원숙, 유각경, 유영준, 이경희, 강정희, 황찬희, 박영해 등'이라고 조선일보는 보도했다.('조선 여성의 단일당인 근우회 대표 대회', <조선일보> 1928년 4월 17일).

80 '근우 대회 금지', <동아일보> 1928년 5월 13일.

81 경기도 경찰부, 『치안 개황』, 1928, 25~26쪽.

82 경기도 경찰부, 『치안개황』, 1928, 27~28쪽(김준엽·김창순 공저, 『한국 공산주의 운동사』 3, 청계연구소, 1986, 80~81쪽 일부 재인용).

83 '근우 전국 임시대회를 개최', <중외일보> 1928년 6월 5일.

84 '근우 대회 준비 집행위원회', <동아일보> 1928년 7월 8일.

85 '50여 대의원 열좌·수천 방청객 살도, 중요 포위의 경계리', <중외일보> 1928년 7월 16일.

86 '난산 또 난산으로 근우대회 수개막, 정권된 동경지회 의원자격 문제로', <중외일보> 1928년 7월 16일.

87 '양파로 대립노호 장내 극도로 소연 의장 불신임 문제와 목포문제는 논쟁을 거듭하다가

겨우 낙착돼 근우대회 제2일', <중외일보> 1928년 7월 17일.

88 '근우회 전국 임시대회 상황 보고', 경종경고비(京鍾警高秘) 제8038호,『사상 문제에 관한 조사 서류』4, 1928. 7. 18; '근우회 임시전국대회 개최 상황', 경고비(京高秘) 제4500호,『사상 문제에 관한 조사 서류』4, 1928. 7. 21.

89 '사설 근우회 대회를 방관하고', <중외일보> 1928년 7월 16일.

90 '근우 전국대회 준비로 부서 분담', <조선일보> 1929년 7월 5일; '근우 전국대회의 준비위원회 개최', <동아일보> 1929년 7월 6일.

91 '근우 전국대회 17일부터 개최', <동아일보> 1929년 7월 10일.

92 『사상 문제에 관한 조사 서류』, 212쪽.(김준엽·김창순, 앞의 책, 90~91쪽 재인용)

93 '근우 전국대회', <동아일보> 1929년 7월 27일; '근우 전국대회 금일부터 개회', <조선일보> 1929년 7월 27일.

94 '축문, 축사 답지 근우 대회 개막. 오전 중에는 임시 집행부만 선거, 오후부터 토의 진행', <조선일보> 1929년 7월 28일; '대의원 사정 임시 집행부 선거', <동아일보> 1929년 7월 28일.

95 '동경 목포양지회 재조직과 복권', <동아일보> 1929년 7월 29일.

96 '회관 건축 등 중요 의안 통과', <동아일보> 1929년 7월 30일.

97 '사상 문제에 관한 조사 서류', 221쪽(김준엽·김창순, 앞의 책, 94~95쪽 재인용).

98 '근우회 대회에 행동강령과 의안. 여성에 대한 차별폐지 기타문제, 본부 위원회에서 결정', <조선일보> 1929년 7월 25일; '여성에 대한 일절 차별 철폐', <동아일보> 1929년 7월 25일.

99 '근우회 제2회 전국대회 회의록 우송의 건', 발신자 종로경찰서장, 수신자 경무국장, 006466-002-0199; '근우회 제2회 전국대회 회록', 경종경고비 제11836호,(남화숙, '1920년대 여성운동에서의 협동 전선론과 근우회',『한국사론』25, 1991, 214~215쪽 재인용).

100 '근우회 전국대회금시 간부들이 불온타는 이유로 임시대회를 준비', <중외일보> 1930년 4월 11일.

101 '근우위원회도 금지 대책강구', <중외일보> 1930년 9월 28일.

102 '근우집회금지와 서면대회의 준비', <조선일보> 1930년 10월 2일.

103 김준엽·김창순, 앞의 책, 100쪽.

104 '근우 확대 중앙집위원회 명일 천도교기념관서', <조선일보> 1930년 12월 18일.

105 '임시 집행부 선거 각 지회 상황 보고', <조선일보> 1930년 12월 19일.

106 '농촌문맹 퇴치와 미신과 인습을 타파', <동아일보> 1930년 12월 20일.

107 '근우 전체대회 무기로 연기', <동아일보> 1931년 6월 30일.

108 '처음으로 흉금을 풀고 간담을 토한 근우 간친회', <조선일보> 1927년 7월 4일; '근우 간담회 대성황 가장항렬과 무언극 사진 화기애애리에 산회', <중외일보> 1927년 7월 4일.

109 '근우회 간담회 대성황리에 종료', <동아일보> 1927년 7월 4일.

110 '근우회 창립 1주년 기념', <동아일보> 1928년 5월 12일.

111 '근우 본부 기념식 27일 밤에', <조선일보> 1930년 5월 26일.

112 '1000여 관중으로 근우 기념 성대', <조선일보> 1930년 5월 29일.

113 '근우회 제1회 선전일', <동아일보> 1927년 7월 7일.

114 '근우회 선전일 가두에서 활약 연두색 띄를 두른 회원들이 단추를 팔며 선전에 힘쓸터', <매일신보> 1927년 7월 16일.

115 '근우회의 제1회 선전일', <조선일보> 1927년 7월 7일.

116 '논설 여성의 야전', <중외일보> 1927년 7월 16일.

117 '근우회의 제2회 선전일은 명일', <조선일보> 1927년 7월 15일.

118 '근우회의 회원 방문', <조선일보> 1927년 9월 17일.

119 '근우회의 회관완정', <조선일보> 1927년 9월 25일.

120 '특지가 삼인', <조선일보> 1927년 10월 4일.

121 雙六. 주사위와 말로 하는 민속놀이의 일종.

122 '조선 초유의 여자 실내경기회', <조선일보> 1927년 10월 22일.

123 '근우 예회 끝에 여자 실내경기. 본사 우층에서. 주객이 흥미진진', <조선일보> 1927년 10월 24일.

124 '재만동포 동정 음악대회 근우회 주최', <동아일보> 1927년 12월 29일.

125 '자선 음악대회 근우회 주최로', <동아일보> 1928년 1월 21일.

126 '근우회의 주최인 신춘 음악대회. 28일 밤 중앙기독교청년회관에서', <조선일보> 1928년 1월 28일.

127 '근우회 수해의연', <중외일보> 1928년 10월 5일.

128 '근우회 본부 통문 우송의 건', 경종경고비(京鍾警高秘) 제6136호, 『사상 문제에 관한 조사 서류』 7, 1929. 5. 10.

129 '근우회 기념식 양 여사의 강연도 있었다', <매일신보> 1927년 8월 28일.

130 황신덕, '조선 부인운동의 사적 고찰', 『학해』, 1937(윤선자, '호남 지역 근우회의 설립과 활동', 『한국독립운동사연구』 23, 2004, 108쪽 재인용).

131 박혜란, '1920년대 여성청년단체의 조직과 활동', 『한국 근현대 청년운동사』, 풀빛, 1995, 171쪽.

132 '목포 근우의 지회 분규로 정종명 씨 출장', <조선일보> 1929년 3월 30일.
133 '근우 목포지회 긴급위원회 개최', <동아일보> 1929년 5월 4일.
134 '근우 청진지회 창립', <매일신보> 1928년 7월 27일.
135 '청진 여자청년회 분규. 점차 확대', <조선일보> 1929년 2월 7일.
136 '문제 중의 청진여청 해체키로 결의', <조선일보> 1929년 5월 5일.
137 '근우 경성지회 설립 준비 23일 밤에 설립 준비회', <중외일보> 1928년 2월 23일.
138 '즉석에 준비위원회', <동아일보> 1928년 3월 26일.
139 '근우 경성지회 발회식 거행', <동아일보> 1928년 3월 31일.
140 '근우 경성지회 설치 대회 제 의안 24일 오후에 거행 남자는 방청권 필요', <중외일보> 1928년 3월 24일.
141 '근우 경성지회 제1회 위원회', <동아일보> 1928년 4월 5일.
142 '근우 경지 주최 신춘 음악곡목', <중외일보> 1928년 4월 7일.
143 '성황으로 맛친 근우 경지 대회', <조선일보> 1929년 3월 25일; 새로 뽑힌 위원은 황찬욱, 김상순, 심은숙, 허정숙, 김숙, 김한득, 이경희, 박호진, 박영해, 신정균이며 동 후보위원 서석전, 우봉운, 이재순, 한복완, 최종숙이고, 검사위원 손메례, 한신광, 김용준 동 후보위원 정자영, 길정희, 대의원은 정종명, 심은숙, 허정숙, 한신광, 박호진, 김숙, 정칠성, 김선이며 동 후보 김상순, 손메례, 우봉운, 박영해 등이다.
144 '근우회 주최 여성문제 강연 23일 밤 천도교기념관에서', <조선일보> 1929년 11월 22일.
145 '근우 경지 정기 대회 성황', <중외일보> 1930년 3월 17일; '근우 경성지회 결의와 부서 갱신', <동아일보> 1930년 3월 17일; 집행위원장 서석전, 집행위원 이경희·정윤희·정정옥·이덕요·김숙·김광호·박복희·오순엽·한신광·신정균·최의순, 집행위원 후보 김수월·정순옥·김상화·이경자·홍은희이고, 검사위원은 우봉운·김수준·정종명, 검사위원 후보는 손메레·김선 등이다. 대의원은 김상순·한신광·정종명·정칠성·김수준·박호진·우봉운, 대의원 후보는 김숙·서석전·이경희 등이다.
146 성남생, '평양시화 근우지회 창립', <동아일보> 1928년 2월 4일.
147 '근우회관 신축 여자 실업 장려회 조직', <동아일보> 1931년 1월 3일.
148 '새해의 사업은 여성의 공장', <조선일보> 1931년 1월 2일.
149 성매매, 아편 거래 등이 이루어지는 범죄 소굴을 비유적으로 이르는 말.
150 '춘천시화, 근우회 지회 출현', <조선일보> 1928년 3월 23일.
151 '근우 회령지회 정기 대회 성황 10개 「스로=간」을 내여 지난 8일에', <중외일보> 1930년 4월 15일.
152 '국제 부인일과 동경 근우 결의', <조선일보> 1928년 3월 5일.

153 '주의, 중지로 일관한 여성문제 대강연 근우회 동경지회의 주최 종래에 업는 대성황으로', <중외일보> 1928년 4월 14일.

154 '노동자의 시장획득 의식훈도', <조선일보> 1930년 11월 2일.

155 '김해 여자 야학 근우지회 인수', <동아일보> 1928년 12월 27일.

156 '근우 원고 압수', <중외일보> 1929년 9월 30일.

157 '근우 원고 압수', <동아일보> 1929년 12월 20일.

158 '여성단체 방문 1', <조선일보> 1930년 6월 6일

159 여원 편집부, '나의 호소', <여원> 5월, 1962, 358쪽.

160 추계 최은희 문화사업회, 1991, 『한국 근대 여성사 하-추계 최은희 전집 3』, 231~234쪽.

161 '대조선 개국 오백', <독립신문> 1897년 8월 17일.

162 '여자참회로 집회를 금지', <조선일보> 1930년 1월 1일.

163 '홍원서에서 4여사를 검거 취조', <조선일보> 1929년 4월 17일.

164 '부형을 불러다가 설유 후에 방면', <조선일보> 1929년 4월 19일.

165 '방청 금지코 근우대회 허가', <동아일보> 1930년 4월 7일.

166 '근우회 대회에 기자 입장 거절', <중외일보> 1930년 4월 12일.

167 '토의 사항은 전부를 금지 목포 근우대회', <동아일보> 1930년 4월 14일; '목포 근우대회', <조선일보> 1930년 4월 14일.

168 '여성문제 강연회', <동아일보> 1928년 7월 11일.

169 '근우임총풍파', <조선일보> 1929년 12월 10일.

170 '신흥근우회. 설치 대회 금지', <조선일보> 1929년 11월 2일.

171 '무산 근우회 설치를 금지', <동아일보> 1930년 3월 29일.

172 '각 단체 집회 금지', <조선일보> 1930년 1월 21일.

173 '이건 너무 심하다 당국의 언론 취체', <동아일보> 1931년 1월 9일.

174 '강연을 금지하고 연사까지 검속', <동아일보> 1927년 10월 14일.

175 '우중 성황 일운 여성문제 강연 진행 중 중지', <중외일보> 1928년 9월 19일.

176 '여성문제 강연금지', <동아일보> 1929년 11월 28일.

177 '근우회 주최 의주 학술강연 내 15일에', <동아일보> 1930년 9월 7일.

178 '재만동포 구금 의연자에게 환부', <조선일보> 1929년 9월 23일.

179 '근우회 명천지회 농민 위안 음악 남자 악사 출연금지', <동아일보> 1928년 8월 25일.

180 '재외 여자 유학생 환영회도 금지', <동아일보> 1929년 8월 7일.

181 '함남 여성 간담회 금지 이원 경찰이', <조선일보> 1930년 2월 5일.

182 '이원 근우지회 부인 데이 금지', <조선일보> 1930년 10월 19일.

183 규정을 지키도록 강제함.

184 '야학이란 야학은 모조리 금지', <조선일보> 1929년 8월 10일.

185 '당국의 명령으로 담양 여학원 해산', <조선일보> 1931년 6월 22일.

186 '김해 양 학교 설립 불허', <조선일보> 1929년 6월 13일.

187 '김해 노야 진정원에게 도에서 인가를 언명; 근우지회에서도 도 당국에 진정', <조선일보> 1929년 8월 30일.

188 '폐쇄령에 항의하던 김해야학 해산', <조선일보> 1930년 12월 12일.

189 '평양 근우야학원에 송전을 돌연 중지', <조선중앙일보> 1934년 11월 8일.

190 '근우 대구지회 성황으로 설치', <동아일보> 1928년 2월 27일; '내집한 회원 200여 명', <조선일보> 1928년 2월 28일.

191 '진주 근우회 월례 토론회', <중외일보> 1928년 7월 6일.

192 '근우 밀양지회', <동아일보> 1928년 4월 26일.

193 '이재민 구제 행상', <조선일보> 1929년 11월 1일; '청진 경찰의 무리', <조선일보> 1929년 11월 26일.

194 '지방 평단', <조선일보> 1929년 7월 20일.

195 '혼인식 축사 말미로 신의주 대검거 선풍', <조선일보> 1929년 11월 15일.

196 '사상운동자 사진 2000여 장을 수집', <조선일보> 1929년 4월 27일.

197 '조직적 운동인 것 들어', <조선일보> 1930년 3월 20일.

198 창립 기념 준비위원은 강정희, 심은숙, 조원숙, 이경희, 최은희, 황찬희이다. <조선일보>에는 준비위원으로 김동준과 박경식이 포함되어 있고, 정종명과 차사백은 5월 3일 준비위원회 회의에서 위원으로 활동하게 된다.

199 '조선여자해방을 목표한 단일단 조선여자라는 공통관념 각 계급을 망라발기', <중외일보> 1927년 4월 27일.

200 정종명, '선구 여성들의 신년 신기염', <동아일보> 1928년 1월 1일.

201 우봉운, '청춘을 앗기는 가인애사 -身老心不老', <삼천리> 제7권 제3호, 1935, 107쪽.

202 不絕히. 끊임없이 계속.

203 '숙명고 사건 진상조사 결의', <조선일보> 1927년 6월 16일.

204 관상자, '사랑이 잡아간 여인군', <별건곤> 제57호, 1932, 40~41쪽.

205 '노동복의 대행진, 계급적 전위의 기를 들고 일백 낭자군이 단결, 경성 여자소비조합 방문기', <삼천리> 제12호, 1931, 47쪽.

206 '부인운동의 선구 신정균 여사 별세', <조선일보> 1931년 7월 2일.

207 '부인기념일과 대구 부인 강연', <조선일보> 1925년 3월 8일.

208 '대구 사회단체 개관', <별건곤> 제33호, 76쪽.
209 僭濫하다. 분수에 넘치다. 지나치다.
210 '조선인은 3명뿐', <조선일보> 1923년 6월 9일.
211 '조선 각계 인물 온파레드', <혜성> 1-6, 1931, 85쪽
212 '금년 해외에서 업을 마칠 여성들 (9)', <조선일보> 1926년 3월 24일.
213 轎軍. 가마.
214 조원숙, '가장 통쾌하였던 일, 교군 타고 도망올 때', <별건곤> 제8호, 1927, 57~58쪽.
215 조선총독부 엮음, 신종원·한지원 옮김, 『조선 위생풍습록』, 민속원, 2013, 5쪽.
216 行用하다. 두루 널리 쓰다.
217 '노어 연구 개강', <동아일보> 1925년 10월 25일.
218 '본지 전 부인 기자 박경식 씨', <신여성> 11월호, 1932, 33쪽.
219 妾置家. 따로 살림을 차림.
220 '여류 사회운동가 박원희 여사 장서 각 사회단체 연합장', <중외일보> 1928년 1월 7일.
221 操行. 태도와 행실.
222 '지방 매일: 함경남도, 함흥', <매일신보> 1914년 5월 9일.
223 萬綠叢中紅一點. 다수 남자들 사이의 여자.
224 '김해의 부인데이', <동아일보> 1928년 3월 18일.
225 경성삼천리사에서 발행한 『조선사상가총관』에는 신의주 출생으로 나와 있다.
226 '유덕희 여사 미거', <중앙일보> 1933년 1월 7일.
227 '수재민과 응급 대책 '열열한 동포애로 상부상조하라'', <동아일보> 1925년 7월 20일.
228 '주의, 중지로 일관한 여성문제 대강연 근우회 동경지회의 주최 종래에 업는 대성황으로', <중외일보> 1928년 4월 14일
229 '전 근우지회 간부 김상순 여사 사거', <조선일보> 1934년 2월 26일.
230 '학교를 떠나 사회생활에 2. 여성운동자가 먼저 교양 있어야, 근우회 상무 김순희 양', <조선일보> 1929년 10월 3일.

⦿ 웹사이트

- 국립중앙도서관(https://www.nl.go.kr)
- 국사편찬위원회(한국역사정보통합시스템, http://www.koreanhistory.or.kr/)
- 네이버 뉴스 라이브러리(newslibrary.naver.com)
- 독립기념관(한국 독립운동 정보 시스템, https://search.i815.or.kr/main.do)
- 대한민국 신문 아카이브(https://www.nl.go.kr/newspaper/)

⦿ 자료

- '근우회 창립총회에 관한 건', 경종경고비(京鍾警高秘) 제5865호, 『사상 문제에 관한 조사 서류』 2, 1927.5.28.
- '근우회 중앙위원회의 건', 경종경고비 제8245호, 『사상 문제에 관한 조사 서류 4』, 1928. 7. 17.
- '별건곤 박멸 이유서 우송의 건', 발신자 종로경찰서장, 수신자 경성 지방법원 검사정006466-002-0440
- '근우회 전국 임시대회 상황 보고', 경종경고비 제8038호, 『사상 문제에 관한 조사 서류』 4, 1928. 7. 18.
- '근우회 임시 전국대회 개최 상황', 경종경고비 제4500호, 『사상 문제에 관한 조사 서류』 4, 1928. 7. 21.
- '근우회 제2회 전국대회 회의록 우송의 건', 발신자 종로경찰서장, 수신자 경무국장, 006466-002-0199
- '근우회 본부 통문 우송의 건', 경종경고비 제6136호, 『사상 문제에 관한 조사 서류』 7, 1929. 5. 10.

⦿ 신문

<독립신문> <동아일보> <매일신보> <조선일보> <조선중앙일보> <중외일보>

⊙ 잡지

<국민보> <동광> <별건곤> <삼천리> <실업지 조선> <혜성>(국사편찬위원회)
<근우> <신가정> <여성> <여성공론> <여성지우> <여인> <여자지남>
<여자계>(아단문고 기획실, 『아단문고 미공개 자료총서 2014』, 소명출판사, 2014)
<여원>

⊙ 단행본

- 강만길·성대경 엮음, 『한국 사회주의운동 인명사전』, 창작과비평사, 1996
- 경성삼천리사 편집국(김동환), 『조선사상가총관』, 경성삼천리사, 1933
- 경기도 경찰부, 『치안개황』, 1928
- 김경일 편, 『한국민족 해방운동자료집』, 영진문화사, 1993
- 김경일 외 지음, 『한국 근대 여성 63인의 초상』, 한국학중앙연구원 출판부, 2015
- 김준엽·김창순 공저, 『한국공산주의운동사』 2·3·5, 청계연구소, 1986
- 신주백, 『1930년 민족 해방운동론 연구: 국내 공산주의운동 자료편』1, 새길, 1989
- 박용옥, 『한국 여성 항일운동사 연구』, 지식산업사, 1996
- 이임하, 『조선의 페미니스트』, 철수와영희, 2014
- 정요섭, 『한국 여성운동사』, 일조각, 1974
- 중앙여자중고등학교/3·1선도자 찬하회, 『구원의 햇불』, 대한교과서주식회사, 1971
- 최은희, 『한국 근대 여성사(하)-추계 최은희 전집 3』, 추계최은희문화사업회, 1991

⊙ 논문

- 가와나 유우코, '1920년대 조선 여성의 일본유학과 여성해방론', 연세대학교 사학과 대학원 석사학위 논문, 2015
- 강미애, '일제하 근우회 연구-중앙본부 및 지회활동을 중심으로', 동국대학교 교육대학원 석사학위 논문, 1992
- 강영주, '국학자 홍기문 연구', 『역사비평』 가을호, 2004
- 스가와라 유리(菅原百合), '1920년대의 여성운동과 근우회', 연세대학교 대학원 한국학협동과정, 2003
- 김경일, '1920~30년대 한국의 신여성과 사회주의', 『한국문화』 36, 2005
- 김광식, '조선 불교 여자청년회의 창립과 변천', 『한국 근현대사 연구』 7, 1997
- 김도경, '대중잡지 별건곤의 여성운동과 여성운동자 재현 방식', 『우리말글』 71, 2016
- 김성은, '신여성 방신영의 업적과 사회활동', 『여성과 역사』 제23집, 2015

- 김성은, '일제 식민지 시기 황신덕의 현실 인식과 운동 노선의 변화 양상', 『한국 인물사 연구』 23, 2015
- 김은하, '일제 강점기 경북 지역 근우회 운동', 계명대학교 대학원 역사학과 석사학위 논문, 2011
- 김정연, '근우회 연구', 이화여자대학교 교육대학원 석사학위 논문, 1995
- 김정인, '근우회 여성운동가들의 교육 계몽론', 『교육철학 연구』 제41권 제4호, 2019
- 김정희, '일제하 동래 지역 여성 독립운동에 대한 일고-근우회 동래지회를 중심으로', 경성대학교 사학과 석사학위 논문, 1996
- 남화숙, '1920년대 여성운동에서의 협동 전선론과 근우회', 『한국사론』 25, 1991
- 박상준, '1920~30년대 평양 지역 여성운동의 전개와 성격-평양 여자기독교청년회와 근우회 평양지회를 중심으로', 『한국 독립운동사 연구』 제71집, 2020
- 박순섭, '1920~30년대 정칠성의 사회주의운동과 여성해방론', 『여성과 역사』 제26집, 한국여성사학회, 2017
- 박순섭, '정칠성-여성 노동자를 대변한 근우회의 리더', 『내일을 여는 역사』 6, 2019
- 박용옥, '근우회의 조직과 활동', 역사학회 엮음, 『한국 근대 민족주의 운동사 연구』, 일조각 1987
- 박혜란, '1920년대 여성청년단체의 조직과 활동', 『한국 근현대 청년운동사』, 풀빛, 1995
- 배상미, '식민지 조선에서의 콜론타이 논의의 수용과 그 의미', 『여성문학연구』 제33호, 2014
- 송성안, '근대 마산 지역 학생의 항일운동 경험과 3·15 의거', 『인문사회』 21, 2016
- 송연옥, '야마카와 기쿠에와 황신덕: 제국 일본과 식민지 조선의 여성 리더의 만남과 엇갈림', 『여성과 역사』 15, 2011
- 송연옥, '1920년대 조선 여성운동과 그 사상-근우회를 중심으로', 일본 교토 대학교 인문과학연구소, 『한국 근대 사회와 사상』, 중원문화사, 1981
- 신영숙, '근우회에 관한 일연구', 이화여자대학교 대학원 사학과 석사학위 논문, 1978
- 양애리, '근우회에 대한 일고찰-1920년대의 여성단체와의 관계를 중심으로', 성신여대 사학과 석사학위 논문, 1982?
- 오숙희, '한국 여성운동에 관한 연구-1920년대를 중심으로', 이화여자대학교 여성학과 석사학위 논문, 1987
- 윤선자, '호남 지역 근우회의 설립과 활동', 『한국독립운동사연구』 23, 2004
- 윤정란, '황애덕과 대한민국 애국부인회', 『숭실 사학』 제22집, 2009
- 윤정란, '한국 기독교 여성들의 근우회 탈퇴 배경에 관한 연구', 『한국기독교와 역사』 8,

한국기독교역사연구소, 1998

- 이동순, '여성운동가 현덕신 연구', 『문화와 융합』 통권 65집, 2020
- 이상섭, '1930년대 항일학생운동에 대한 일고찰', 동국대학교 사학과 석사학위 논문, 1993
- 이애숙, '정종명의 삶과 투쟁-민족과 여성의 해방을 위해 싸운 한 여성투사 이야기', 한국여성연구소, <여성> 3, 1989
- 이영희, '근우회에 대한 일고찰', 성균관대학교 교육대학원 석사학위 논문, 1985/6
- 이태숙, '<근우>와 붉은 여성-새로운 여성전통의 창조', 『여성문학연구』 제28호, 2012
- 이꽃메, '한신광: 한국 근대의 산파이자 간호부로서의 삶', 『의사학』 제15권 제2호, 2006
- 이꽃메, '일제 강점기 산파 정종명의 삶과 대중운동', 『의사학』 21(3), 2012
- 장인모, '1920년대 근우회 본부 사회주의자들의 여성운동론', 『한국사 연구』 142, 2008
- 장인모, '근우회를 통해 본 일제시기 사회주의 여성의 여성운동론', 고려대학교 대학원 한국사학과 석사학위 논문, 2007
- 장원아, '근우회와 조선 여성해방 통일전선', 『역사문제 연구』 42호, 2019
- 정세현, '근우회 조직의 전개', 숙명여자대학교 아시아여성연구원, 『아세아 여성 연구』 11, 1972
- 정혜정, '일제하 식민지 여성 해방운동과 동아시아: 천도교 박호진의 사회 연합운동과 생활 담론을 중심으로', 『평화와 종교』 8호, 2020
- 조경미, '1920년대 사회주의 성격에서 본 근우회', 『숙명 한국사론』 창간호, 1993
- 최숙경·이배용·신영숙·안연선, '한국 여성사 정립을 위한 여성 인물 유형 연구-3·1운동 이후부터 해방까지', 『여성학 논집』 제10집, 1993
- 최은경, '일제 강점기 조선 여자 의사들의 활동-도쿄 여자의학전문학교 졸업 4인을 중심으로', 『코기토』(부산대학교 인문학연구소) 80, 2016
- 한규무, '일제하 한국기독교 여성운동과 근우회', 『한국기독교와 역사』 3, 1994
- 한국여성연구회 여성사 분과, '근우회운동', 『한국 여성사-근대편』, 풀빛, 1992